蔣中正日記

Chiang Kai-shek Diaries, 1953

◆民國四十二年◆

民國歷史文化學社　　　國史館　Academia Historica

感謝

蔣經國國際學術交流基金會
世界大同文創股份有限公司

贊助出版

編輯凡例

一、本書為蔣中正民國四十二年 (1953) 日記，係根據日記原件打字排版。

二、本書卷首列有總序，旨在說明蔣日記之整體歷史意義與價值。

三、本書各年各冊均精選國史館授權使用照片若干幀，與日記內容呼應，不無左圖右史之義。後附索引，意在讀者易於檢索、利用。

四、日記內容本分「雪恥」、「注意」、「預定」等欄目者，本書均依照原有欄目處理。日記原件每月起始有「本月大事預定表」；每週附有「上星期反省錄」、「本星期預定工作課目」；每月月底附「上月反省錄」，全年日記之末並以「雜錄」、「姓名錄」殿之。本書悉依原有形式出版。

五、同日日記遇有草稿、抄稿、秘書抄稿並存時，則以最完整稿置前，其餘附後。

六、日記內文提及之相關人物與重要事件，編輯整理時酌加頁註。相關人物第一次出現時，當頁註釋其全名及當年或前後之職銜，以利查考。外國人名第一次出現時，當頁註釋其拉丁化全名，以資識別。

七、本書用字尊重現今常用字，俗字、簡字、古字等異體字改為正體字。惟遇通同正體字時，為因應讀者閱讀習慣及通俗用法，採用現今通用正體字，如「并」改為「並」，「証」改為「證」，「甯」改為「寧」等。

八、日記用詞保留當時用法，不以錯字視之。若與現今用詞有差異處，遵照蔣中正個人習慣用法，如：舊歷、古鄉、托管、烏乎、處治、火食、琉璜；及部分地名如：大坂、蔣林、角畈山。

九、日記中遇明顯錯別字詞，在該字後以〔 〕符號將正確字詞標出。遇
　　明顯漏字，則以〔＿〕符號將闕漏字詞補入。無法判明者，則加註
　　「原文如此」。本書收錄日記中所附帶之信函、手令、批示等稿件，
　　非蔣原筆跡手稿者，以楷體字體表示。

十、日記中遇損壞、破損而無法辨識字跡者，以■表示。

十一、日記中提及人名偶有筆誤，以錯字訂正形式處理；外國人名譯音有
　　　前後不一致情況時，但見索引，不另做處理。書中出現編目「一、
　　　一、一、一、」者，為遵照原稿設計，不予修改。

十二、標點符號除原稿上所加之問號、驚嘆號、引號等外，僅以「，」
　　　「、」「。」「：」標之。

十三、本書涉及人物、事件複雜，議題涵蓋廣泛，編者思慮難免不周，如
　　　有錯誤疏漏，尚請讀者不吝指正，以便日後修整。

序　一

　　蔣中正，學界通稱為蔣介石，是國家級和世界級的領袖人物，早為史家研究的對象。日本學界有蔣介石研究會，臺灣中央研究院近代史研究所有蔣介石研究群，浙江大學有蔣介石研究中心，而學者個人研究蔣介石者，如楊天石、山田辰雄、黃自進等皆為名家。近年臺海兩岸各大學和研究機構，以蔣介石為主題所開的研討會，如「蔣介石與抗日戰爭」、「蔣介石與抗戰時期的中國」、「蔣介石與世界」、「日記中的蔣介石」、「蔣中正日記與民國史研究」等，亦結集了許多研究蔣介石的成果。

　　史學界之所以熱衷於蔣介石研究，除蔣之歷史地位重要外，蔣介石日記開放給史學界使用亦為重要因素。蔣日記初由自己保管，1975 年蔣介石死後由其子蔣經國保管，1988 年蔣經國死後由其子蔣孝勇保管，蔣孝勇死後由其妻蔣方智怡保管。蔣介石原望其日記存於臺灣，於其逝世五十一年後（2026）開放，後因蔣孝勇夫婦移居加拿大，日記乃被帶到該處。2005 年蔣方智怡將日記移存美國史丹佛大學胡佛研究所，並授權該所保管，2006 年起分批開放蔣日記給學者作為研究之用。蔣介石日記開放給學者作為研究之用後，各國學者紛紛前往史丹佛大學閱讀，學者並開始以蔣日記為主要資料寫論文或專書，使蔣介石的研究成果更為深入與豐富。

　　蔣介石日記，從 1917 年起記到 1972 年 7 月止，凡五十五年，四百五十萬字。其中 1924 年日記失落，1917 年的日記為回憶幼時至 1917 年之重要記事，僅約萬餘字。這五十五年，蔣追隨孫中山，並以繼承孫中山的革命志業自居，日記中所記，為民國史留下重要史料。日記史料往往反映一

個人的性格，蔣為軍人出身，做了國家領袖以後，對友邦，只望協助，不喜干涉；對部屬，只望服從，不喜爭權奪利。譬如抗戰勝利後，國家進入憲政時期，蔣的權力受約束，不能全力應付危局，乃制定動員戡亂時期臨時條款，使權力超出憲法以外；又如 1949 年 1 月，國民黨對共產黨有主戰主和之分，蔣主戰，副總統李宗仁主和，蔣辭職下野，另成立總裁辦公室，以黨領政領軍。及李宗仁避往美國，蔣復行視事，始得統一國家事權。

　　由蔣之日記，可略窺蔣之終生志業。但將蔣日記作為史料，像許多其他日記一樣，有不易了解處。譬如記朋友不稱名而稱號，記親戚和家人不稱名而稱親屬的稱謂或暱稱；對不便明說的事吞吞吐吐，語焉不詳；記事突兀，背景不明。在這種情形下，如能對日記作箋注，即可增加對日記內容的了解，由國史館授權，民國歷史文化學社所出版的《蔣中正日記》，即為箋注本，當能應合讀者需要。是為序。

中央研究院院士　張玉法

於翠湖畔寓所

2023 年 5 月 20 日

序 二

一部罕見的國家領導人日記

2006 年，「蔣中正日記」的開放，是民國史研究重要的里程碑；
2023 年，《蔣中正日記》的正式出版，更是推展民國史研究令人矚目的
一頁。

和蔣中正同時的美國總統羅斯福（Franklin D. Roosevelt,1882-1945）、
英國首相邱吉爾（Winston Churchill,1874-1965）、蘇聯共黨中央總書
記史大林（Joseph Stalin,1878-1953）、德國納粹頭子希特勒（Adolf
Hitler,1889-1945），都稱得上是當年掀動國際風雲的「大人物」。羅斯福
不寫日記，史大林沒有日記，邱吉爾的《第二次世界大戰回憶錄》，於
1953 年得過諾貝爾文學獎，具有的是文學創作之美的價值，畢竟不屬於歷
史，也不是日記；1983 年號稱「新發現」的六十卷「希特勒日記」，轟
動一時，僅僅十天之後，即被證明是舊貨商牟利的贗品。蔣中正（介石，
1887-1975）應該是同一時代世界重量級人物中，唯一真正留有五十五年
個人日記的領導人。

蔣日記不是中國傳統史官代撰的起居注，也非皇朝實錄，這部當代政
治領袖用毛筆楷書親自書寫超過半世紀的日記，記錄一位曾是滬濱浪蕩子
走向全國性政治人物的發跡過程，又提供一個「大」又「弱」的古老國家
政治領導者，如何想方設法謀求一統天下，並期盼與國際接軌的一段艱難
歷程的重要見證，是十分罕見的歷史素材。

有些審慎的歷史學者提醒道：「日記」作為史料，要分辨「真實的蔣」（person），與蔣「要我們知道的蔣」（persona），日記中能讀出真實的蔣，才是本事。蔣中正的日記複印本開放已逾十年以上，閱者、使用過的學者上千，沒有人懷疑它的真實性，沒有人說它是為別人寫的。作為民國歷史研究的第一手資料，作為民國史最珍貴史料，蔣中正日記的重要不可忽視，相當值得出版。

日記的本質與運用

日記本屬個人生活方式的記錄，是「我之歷史」，但不能沒有社會性──涉及他人、他事的記載，日記歷史文獻價值因此存在。故就歷史研究言之，史家早就視日記為史料之一種重要形式。清季以降，士紳大夫、知識分子寫日記者頗不乏人，日記創作風氣鼎盛。日記固屬私人，但頗多日記出諸官紳，所記內容，自不僅止於私密之內心世界，實多有涉軍國大事要聞者，於是日記又成為認識公眾歷史的重要憑藉。日記既有公、私之記載，也因此能打破正史之文獻表述與壟斷。所以「日記學」在近代史學研究中，不能不為史學界所看重。文化史家柳詒徵謂：「國史有日歷，私家有日記，一也。日歷詳一國之事，舉其大而略其細；日記則洪纖畢包，無定格，而一身一家一地一國之真史具焉，讀之視日歷有味，且有補於史學。」正因日記內容「洪纖畢包」，材料廣泛，如記載時間拉長，固為多元歷史留下大量線索，提供歷史研究絕佳素材，同時是執筆者記錄當下作為自行修身、事後檢討反思的依據，此即宋明理學家「自勘」、「回勘」的工夫，曾國藩的日記、蔣中正寫日記，多寓此意。蔣中正記日記，在生前即囑秘書作分類工夫，「九記」、「五記」及「事略稿本」均有自省及建立形象作用。以日記為主體，衍生出不同類型的版本，內容不免有取捨不同，品人論事可能輕重不一，而這正是「日記學」有趣的課題。多年以來，靠蔣日記撰寫出來的傳記，不在少數，論者已多，不待贅述。

1961 年 12 月，中央研究院院長胡適談到「近史所為什麼不研究民國史」，表示「民國以來的主要兩個人，一位是孫中山先生，他的史料都在

國史館裡；還有一位是蔣介石先生，他的史料誰能看得到？」這樣的情況，終於在 1980 年代以後出現了變化。1987 年 7 月 15 日，蔣經國總統宣告臺灣「解嚴」。對中國近代史的研究而言，實亦一嶄新局面的出現。新時期尤其受歷史學者歡迎的是，史政機構史料的空前開放。1990 年國民黨黨史會率先把重要史料一口氣開放到 1980 年代；國史館於 1995 年奉命接管近三十萬件的《蔣中正總統文物》（即「大溪檔案」），兩年後全部正式開放，對民國史學者而言，好比是近代史學界的一顆震撼彈。可以說，胡適眼中視若「禁區」的蔣中正時代史料，在蔣逝世三十年後，基本上已全數向學界開放了。這批史料的的確確是研治國民政府軍事史、政治史的稀世之寶，如今能全部亮相，是十幾二十年前歷史學者不敢想像的事，而這些正是能和「蔣中正日記」相互對應參證不可或缺的重要史料。

史家陳寅恪曾說：一個時代之學術，必有其新材料與新問題；取用新材料以研究新問題，則為此時代學術之新潮流。1960 年代兩岸對峙局面初成，修纂民國史之議，浮上檯面，民國史料的整理、開放，實極迫切。1990 年代以降，在臺北的國史館對蔣中正總統文物的整理、開放，甚至是出版工作，無疑具相當關鍵作用。1975 年，蔣中正總統過世後，「蔣中正日記」和後來的經國先生日記，從臺北移到加拿大，2004 年暫時落腳美國史丹佛大學胡佛研究所檔案館（Hoover Institution Archives, Stanford University），2023 年回歸臺北，這一段兩蔣日記「出走」「回來」的過程和故事，已為眾人所熟知。2006 年，存放在胡佛研究所的「蔣中正日記」決定率先向學界公開，這無疑的更進一步帶動了學界「蔣中正研究」與民國史研究的熱潮與興趣。蔣日記又促成了民國研究熱，其內容包含日記所涉新資料的挖掘、運用，研究範圍與議題的提出、研究途徑與方法的更新，以及如何重新看待「民國」等，這些討論與探索，使蔣中正研究、民國史研究更為紮實，也綻放出新的面貌。

日記外型

蔣中正自始所使用之「日記本」是有固定格式，早期使用商務印書館印製的「國民日記」，爾後自行印製固定格式，除每日記事外，每年有

該年大事表，每月有本月大事預定表、本月反省錄（後改為「上月反省錄」），每週有本週反省錄（後改為「上星期反省錄」）、下週預定表（後改為「本星期預定工作課目」）。蔣氏日記持續以毛筆書寫，除每日記事外，每週、每月、每年開始必定按照上述表、錄，檢討上週、上月之施政或個人行事，思考本週、本月、本年之預定工作，每年年終會對全年之政治、外交、黨務、軍事等工作進行分項檢討。1925 年 6 月沙基慘案之後，蔣痛恨英帝國主義者慘殺無辜中國軍民，日記稱英國為「陰番」以洩憤，並每日立下格言、標語誓滅「英夷」，時間長達一年又兩個半月。1928 年「五三慘案」發生後，有感於國難深重，自身責任重大，「國亡身辱」，集國恥、軍恥、民恥「三恥」於一身，於是年 5 月 10 日記道：「以後每日看書十頁，每日六時起床，紀念國恥。」此後，每天的日記前必記「雪恥」一項，以誌不忘國恥。抗戰勝利後，蔣氏 1945 年 9 月 2 日自記：「舊恥雖雪，而新恥又染，此恥又不知何日可以湔雪矣！勉乎哉！今後之雪恥，乃雪新恥也，特誌之。」1949 年來到臺灣，日記中雪恥一欄仍不間斷，因為「新恥」未止。

蔣中正日記的內涵

平心而言，從蔣的日記中的確可以看出作為一個從「平凡人」到「領導者」的心路歷程，無需刻意神聖化，也不必妖魔化。

許多人都知道蔣是用度非常節儉的一個人，他補破衣、不挑食，一口假牙，吃東西十分簡單。蔣不喝酒、不吸煙，只喝白開水，其實生活很是平淡。從他的日記中可以體會到，他是很容易結盟，又是容易結仇的人。結盟或許與上海的生活經驗有關，結仇就可能涉及他的個性。他的日記中看出他對人物批評十分苛刻，有軍人作風，黃埔軍校畢業生拿到校長所贈的寶劍上都刻有「不成功便成仁」的字眼，既現代又傳統。但因為他喜歡讀書，所以跟一般純粹的武人仍有不同，能趕上時代，展現一些文人氣息。他自承脾氣暴躁，對文官雷霆責罵，對武人甚至拳打腳踢，日記中常為自己的錯誤「記大過」，也常懺悔，雖然一直想克制自己，但是個性似乎不

易改變。1960 年 11 月，蔣對第九十九師師長鄧親民所製小冊內容不當，大動肝火，聲嘶力竭叱責，以致喉裂聲啞，半年之久，元氣才告恢復。蔣勤於任事，甚至過火，越級指揮壞了戰局，修整文稿苦了文字秘書。大小事情都會過問，碰到交通阻梗，親出指揮，看到街道周邊髒亂，就會破口大罵指斥官員。這些個性的表現，在日記中都可覆按。這正是親近幕僚楊永泰所講的，他「事事躬行」，常致「輕重不均、顧此失彼」。盟兄黃郛則批評他有「毅力」而欠「恢弘」之氣象，均屬中肯之語。

一般人展讀別人日記，除了「偷窺」心理外，多半對主人公不免有先入為主的印象。蔣中正從一介平民到作為一個國家領導人，他奮鬥的歷程，後人難免加油添醋、說三道四。如果平實的對蔣中正日記進行觀察，會覺得他是一個民族主義者，是孫中山的信徒，是一位虔誠的基督徒，他不喜歡英國，嫉俄、日如仇讎；日記中顯示他知道自己學養不足，常師法先賢、勤讀宋明理學。1930 年代當了中央領袖，還特別禮邀學者進行「講課」，甚至不斷向「敵人」學習，有他堅持與成功的一面。但長時期以來，尤其是部分西方媒體和他的政敵，一直視他扮演的是一個「失敗者」的角色，因此多從負面來理解。

蔣中正當過軍校校長、軍隊總司令、軍事委員會委員長、黨的總裁、國家主席、總統，一生的作為不能樣樣令人滿意，當然有多方面的因素，例如說在大時代裡頭要重建一個近代國家的制度與規模，當時確實缺少一個可以運作的規則；在兵馬倥傯中還要對付內外的腐敗與變亂，何況想迅速建立「近代國家」本來就是一種苛求，幾近不可能的任務。外交是內政的延長，蔣大半輩子與美國人打交道，他的「美國經驗」，酸甜苦辣備嘗，因國力弱，政治不上軌道，一路走來需要美利堅的扶持，根本上又難符美國「要一個強大而親美的中國」的期盼。在 1930 年代之後，美國由扶蔣、輕蔣、辱蔣，甚至倒蔣的戲碼，輪番上演，是有原因的。蔣一生對日本、美國愛恨交加，日記中透露了諸多內心穩忍的秘辛與苦楚。其次，蔣當時確實不夠重視黨組織，大部分的心力不是放在軍事，就是放在對付敵人。從某個角度看，1920 年代孫中山依違於英美政黨政治與列寧式政黨之間，

所幸蔣沒進一步學取極端嚴格的動員性政黨組織模式，保有了憲政理想。但底層力量的薄弱，派系對權力的競逐，則加深他的黨組危機。1940 年11 月，在日記中他自承「一生之苦厄，全在於黨務也」。從另一角度看，孫中山西方民主政治的理想，他遵循，也心嚮往之，但最終做到的只是徒有其名而無其實。另外，他在群雄中要衝出頭是有很多困難的，他的輩分比較低，多半的成功是靠謀略與機運。1920 年代的北伐及其後，急功近利，對各地軍閥採取收編、妥協政策，結果形成一個諸多山頭的統一，他似乎只成無奈的「盟主」。同時當他有權力之後又甚為自負，不太接受挑戰，一方面是尊嚴的問題，一方面是權力意識，一方面是支撐他地位的架構，一方面是財政來源的困難，最後可能涉及到家族的網絡問題。他身處在農業社會傳統未褪盡，資本主義浪潮下「現代國家」制度尚待建立的威權時代，他的作為與形象很難符合後人的要求與期待，他做事的動機和過程，大多可以在他的日記中捕捉、體會。

蔣中正日記的重要性已如上述，讀者讀過之後更大的感受：這是一套有血、有肉、有靈魂的資料。1920 年代之後，日記中許多蔣、宋、孔有關國家大事、家中生活細節的諸多紀錄，正顯現他們平實居家生活的寫照。他除了讀書外，喜歡旅遊，對奉化「古鄉」，頗有依戀之情。平日生活不失赤子之心，1933 年10 月4 日，中央忙於應付日本侵略，又忙於對付中共問題時，他「與妻觀月，獨唱岳飛滿江紅詞」，這與蔣平日予人嚴肅刻板印象，頗有落差。可見這日記提供的不只是歷史的發展線索，更重要的是人性的揭露。歷史的研究本來就應該以人性作基礎，作有「人味」的研究，這套日記正好提供了一份珍貴的原料。

蔣中正日記的公開，迄今已十數年，對海峽兩岸、英日美近代史學界，究竟造成多大的影響？「蔣中正日記」自2006 年開放以來，引來各地史學家競相閱覽、關注與利用，是不爭的事實。除海峽兩岸學者有大量論著，忙著開會、籌組成立研究中心、讀書會之外，西方學界也開過幾次以蔣日記為主體的學術會議。不同國家的學者如陶涵（Jay Taylor）、米德（Rana Mitter）、方德萬（Hans van de Ven）、戴安娜 · 拉里（Diana

Lary）、潘佐夫（Alexander V. Pantsov）等，近年均從不同角度切入，注意到日記的利用，其重要研究成果，有目共睹。即以潘佐夫的《蔣介石：失敗的勝利者》一書言，大量利用蔣的日記，又用俄羅斯的俄文檔案比證，娓娓道來，讓人覺得他真是講故事的高手。齊錫生的中文近著《分崩離析的陣營：抗戰中的國民政府，1937-1945》，其取蔣日記加之中西方檔案作精準比較，史事正負面並陳，同時賦予客觀詮釋，令人耳目一新。這說明研究者、讀者對日記有重大依賴，均能從中直接得到啟發，也就是說，對民國史研究，「蔣日記」之為用，是有相當積極而重要意義。

根據手稿本出版

蔣中正之日記，特別值得一談的是蔣記日記的時間長達半個世紀以上（共五十五年六十六冊），絕對難得。現存的日記，1915 年只有山東討袁一星期的記事，其他都在 1918 年冬永泰之役中喪失。1916 到 1917 年的日記也可能因為 1918 年在廣東戰役中遺失。1924 年正當孫中山致力改善中蘇關係、積極推動國共合作之際，蔣這一年日記則遍尋不著，誠為全套日記出版的最大遺憾。對 1918 年以前的行事，蔣曾經幾度補述，有一部份詳細敘述了他幼年的回憶，附在日記手稿之前；有一部分放在 1929 年 7 月的雜記及 1931 年 2 月的回憶中，嚴格說來不算是日記。1918 年以後雖有部分潮濕霉爛、水漬污染（尤其 1935-1936 年），所幸修補之後，大體完整。

從外型上看，蔣中正日記分為四種形態：蔣中正日記原本、蔣中正日記手抄本、蔣中正日記複印本及蔣中正日記微卷；放在胡佛研究所的蔣中正日記複印本是提供學者閱讀者。事實上，日記的版本應該只有一種，即是目前暫存美國史丹佛大學胡佛研究所之日記原本的「手稿本」，其他所有與日記相關的「版本」，都是由「手稿本」發展出來的。這套《蔣中正日記》是依據原件一個字一個字「刻」（Key）出來的，絕對真實，可靠性無庸置疑。附加的註腳，力求周延，同時方便讀者的索解。

這是學術界、出版界的盛事

日記不可能是個人全部生活的百科書全書，不能求全。日記記載的主觀性與選擇性也顯然的，故而日記史料的利用，更需要其他材料的對應和比較，是而斷章取義、各取所需、過度詮釋，都非所宜。歷史家有好的材料，更應具有好的歷史研究素養和技藝，這是學者可以同意的共識。

過去幾年，能親自參閱蔣中正日記者，畢竟有限，於是許多抄錄者形成的《蔣中正日記》地下版充斥，揭密居奇者正不在少，故而學界及社會各界要求正式出版蔣日記的呼聲極高。最近，日記出版的時機已告成熟，我們的出版立場是學術的、嚴謹的，我們的要求是明確的，這一定會是學界、社會各界期望的出版方向！

我們感謝蔣家家人的同意、國史館陳儀深館長的出版授權、蔣經國國際學術交流基金會錢復董事長、朱雲漢前執行長及今執行長陳純一先生對本案的贊助、世界大同文創公司的支持，使日記順利出版。當然，史學界的朋友，我們曾為蔣中正的善政、失政與作為爭得面紅耳赤，也曾為日記中一個字、詞的辨識吵得翻天覆地，我們的真情是為學術，最大「野心」是努力以嚴謹、負責態度維護出版品水平。這一方面，我們學社同仁自董事長至編輯同仁的付出與辛勞，全在不言中。

我們自信這會是一套擁有「精準」、「正確」特質，具權威性版本的《蔣中正日記》。相信這絕對是民國史、近代中國出版史的一椿盛事。

民國歷史文化學社社長　呂芳上

2023 年 8 月 10 日

序 三

　　蔣中正，字介石，浙江奉化人。早年在中國率軍東征、北伐、領導對日八年抗戰，到戰後由訓政走向憲政，於 1948 年當選行憲後第一任總統。1949 年中央政府遷臺後，蔣氏於 1950 年宣布復職為總統並得到美國的支持，迄 1975 年過世為止，是近半個世紀以來統治臺灣最久的領導人，對近代東亞歷史的發展影響深遠；而蔣中正在臺灣，人們對他的評價卻褒貶不一，可說是毀譽參半。

　　中日戰爭的勝利是蔣中正政治生涯的最高峰，獲譽為世界四強的「偉大領袖」，但短短不到四年時間，就從高峰跌到谷底，變成中共口中的「人民公敵」。另一方面，在威權統治時期的臺灣，他被黨國體制宣傳為「民族的救星」、「世界的偉人」，迄 1987 年解嚴之後，臺灣社會與學界才逐漸擺脫言論自由、思想自由的限制，重新審視蔣中正的歷史定位。直至今日，不論是海峽對岸，或是臺灣社會內部的不同群體，都對蔣中正的功過得失，存在著相當對立與矛盾的詮釋，離所謂的「蓋棺論定」，可能還有一段遙遠的距離。

　　關於蔣中正的學術研究，其契機始於 1995 年總統府分批將「大溪檔案」（即「蔣中正總統檔案」）從陽明山中興賓館移轉至國史館庋藏。該批檔案，是蔣中正統軍領政期間之親筆手稿、文件、電令、諭告，也有經過幕僚統整之檔案彙編、事略稿本，並有蔣氏之相關文物照片等，時間涵蓋 1924 年至 1975 年，為研究蔣中正生平及國民政府、國共內戰、1949 年至 1975 年間中華民國在臺灣之歷史的珍貴重要史料。經過本館初步編目

整理，兩年後即全部正式對外公開，是當年學術界的一大盛事。其後，本館更在「蔣中正總統檔案」的開放基礎上，為開拓研究視野並嘉惠學界，從中披沙揀金，先後出版《蔣中正總統事略稿本》82 冊、《蔣中正總統五記》、《蔣中正先生年譜長編》12 冊，後續並將觸角拓展至戰後臺灣史，先後出版《中華民國政府遷臺初期重要史料彙編－中美協防、臺海危機》5 冊及《二二八事件檔案彙編（17）－大溪檔案》等，這些都是完整取材自「蔣中正總統檔案」的原始文獻，從以上出版主題的多元性來看，不難一窺近 30 萬件的「蔣中正總統檔案」，絕對是中華民國史研究者必須參考的材料。

1988 年蔣經國總統逝世後，蔣家家人將兩蔣日記攜至海外，最終寄存於美國史丹佛大學胡佛研究所檔案館。2006 年史丹佛大學胡佛研究所檔案館正式對外開放《蔣中正日記》的閱覽服務，以致以《蔣中正日記》為文本的歷史書寫，方興未艾。本人為了研究二二八事件、1949 大變局、兩次臺海危機以及 1971 年失去聯合國席位的經過等大問題，亦屢次飛去史丹佛大學抄錄蔣日記。隨著日記內容的不斷披露，海峽兩岸與國際漢學界都有研究蔣中正的學界團體與國際會議，出版的研究論著更是隨著時間累積而呈倍數成長。然而受限於時間與成本，絡繹不絕前去史丹佛大學抄錄的學者，往往只能選擇自己最需要參考的部分，而難窺其全貌，這也使得至今《蔣中正日記》雖有多種版本在坊間流傳，但終究都不是正確而完整的內容。

《蔣中正日記》起自 1917 年，迄至 1972 年 7 月止，除了 1924 年份佚失外，大致完整地保存了蔣中正一生橫跨 55 年的日記，其內容不僅是私人之內心世界，更多涉及軍國大事要聞者，對於歷史研究之重要意義，實不言可喻。本館掌理纂修國史及總統副總統文物之典藏管理及研究，長期致力爭取兩蔣日記返國典藏，歷經 10 年纏訟，終於在 2023 年臺灣及美國法院都將兩蔣父子「任職總統期間的」文物所有權判給國史館；加上從 2014 年呂芳上前館長開始、歷經吳密察前館長以及本人任內的溝通努力，陸續得到蔣家後人的捐贈，今日國史館遂擁有這批兩蔣文物的完整所有

權。有鑑於社會各界對於開放日記之殷切期盼，本館立即著手規畫《蔣中正日記》的出版工作，惟考量日記內容卷帙浩繁，決定先從蔣中正就任中華民國行憲後第一任總統任期（1948-1954）的日記開始出版，後續再根據任期及年度依序出版。

這次《蔣中正日記》之所以能夠快速而順利出版，要感謝呂芳上前館長所主持的民國歷史文化學社，因學社內的編輯同仁早已著手校正日記內容的正確性，也為日記中提到的人物及事件作註解，使得日記的深度、廣度大為提升。相信藉由《蔣中正日記》的出版，必定有助於呈現一個有血有肉、在感情上常常天人交戰、在理性上屢屢自我挑戰、在政治上功過參半的政治人物，也就是更真實的蔣中正。

國史館館長

2023 年 8 月 31 日

蔣中正日記
Chiang Kai-shek Diaries

圖像集珍

日記原件。1953 年 1 月 1 日。

「對三軍克難英雄點名，致訓、給獎
畢，已十二時矣，乃到中山堂宴克難
英雄，訓話。」（1月1日）

「朗誦元旦告書。」（1月1日）

「午課後，與經兒、武孫同至觀音山之觀音寺遊覽，其右後方之夜光圓風景頗
為幽雅。」（1月1日）

「召見菲國球隊與我克難球隊隊員後，與學員聚餐。」（1月5日）

「（昨）晚課後，宴美國顧問團及藍欽公使等，玩弄反共勝利棋畢，廿二時散會。」（1月14日）

「膳後月下散步，與武、勇
遊樂也。」（1月22日）

「晚宴美軍援局長歐姆斯脫，余惟一要求中、美共同作戰，聯合參謀處之
從速組成是也。」（2月7日）

「午刻與兒孫在昨遊之處（海濱）照相取樂。午課後帶兒孫等登旗山燈塔，眺覽高雄全境。其實旗津區濱海風景，比市區更為優勝也。」（2 月 13 日）

「昨晡由旗山乘渡，便遊愛河口，乃知高雄港區之寬大深長，其形勢與地位之優良，超越於基隆數倍，將來小港之南口開通，則青島亦不能比勝矣。」（2 月 14 日）

「九時由澄清樓出發,經臺南市直達虎頭埤臺南師管區新兵訓練所,巡視一匝。」(2月23日)

「十時入府時遇見西班牙外長馬丁亞達和,乃先予握手歡迎,言別。」(3月4日)

「約見布立斯等美安全總署視察團五人,談半小時辭去。」(3月4日)

「召見游擊英雄（浙海）五人。」（3月9日）

「晚宴霍華德君夫婦，彼為美友中對我最忠實之良友，無論我在如何失敗之中，彼乃始終一致，為我宣傳與努力援助。」（3月16日）

「朝課後九時半入府，舉行美大使呈遞國書儀式。」（4月2日）

「到婦聯會三周年紀念。」（4月17日）

「十時入府，召見留日臺僑卅餘人後會客。」（5月6日）

「昨晡獨往研究院巡視後回，約美參議員寶克生、麥紐生來見。寶則
初見，其面容談笑甚肖愛克也，對余倍致精誠。」（6月5日）

「朝課後九時到鳳山陸軍官校，舉行建校廿九年紀念及第廿四期畢業典禮，致訓後參觀演習，巡視教育設備，比之去年大有進步，聚餐致詞後回。」（6月16日）

「九時到臺中機場，參觀噴射機成隊表演，此為該式飛機首次來臺，是亦三年來所日夕想望者，今竟第一次來到，乃亦自助人助，埋頭苦幹之效也。」（6月20日）

「晚宴檀香山華僑觀光團。」（7月19日）

「入府召見香港珠海大學學生。」（8月18日）

「約見韓國國會議長申翼熙君茶點。」（8月21日）

「朝課畢已六時半，乃即驅車至火車站，乘車聽報後，在車上約柯拉克等聚餐。」（9月23日）

「九時半在忠烈祠秋祭。」（9月3日）

「晡接見美眾議院軍事委員會主席等。」（10月1日）

「九時入府主持慶典畢，召見美退伍軍人會長李查斯君後，接受各使節慶賀畢，與妻上閱兵臺，十時開始閱兵，約一小時餘，再舉行分列式，十三時前方完。」（10月10日）

「為美電視公司照相。」（10月14日）

「十時接受角畈鄉老幼民眾祝壽，跳舞、歌唱為樂。」
（10月31日）

「余與妻及偉甥遊覽溪內瀑布，詠詩
一首，回時已近黃昏矣。」
（10月31日）

「九時到實踐堂主祭吳稚暉先生，並在其大殮前謁見其遺容，和藹泰然如生。」（11月2日）

「十三時半親迎尼克生副總統於機場接待室，回寓為上賓。」（11月8日）

「朝課後與妻陪同尼夫婦同機，飛新竹機場，舉行年終總校閱閱兵分列式後，介紹尼講話畢，余再致訓詞完，休息。」（11月10日）

「晚宴李氏，並接受其韓國勳章。」（11月27日）

「正午與妻同遊旗山燈塔，在臺上野餐。」
（12 月 8 日）

「晚與雷、勞等聚餐談話，至廿二時後方畢。」（12 月 26 日）

目錄

目錄

民國四十二年大事預定表

生活的目的在增進

人類全體之生活

生命的意義在創造

宇宙繼起之生命

　　　　　蔣中正

隨時屈伸　王鹿庵贊

與道高翔　許衡語

急迫浮露　朱子語

雍容深厚　自箴語　中正

甲、軍事類預定工作

一、謀略機構之建立（政策、政略、人事）。

二、戰爭原理與戰術制式（戰爭定型）及戰爭哲學（精神建設）之研究。

　　（正氣社或中國魂之名稱）

三、我國軍事傳統精神與戰術制式之研究及創作——蕭何、孫臏、孔明。

四、戰爭哲學學理及其本質與名稱之定名。

五、軍人品格、氣魄、態度、儀容與體力之重要。

六、軍事教育之改革：甲、惰性與暮氣之消除，對於演習地氣候與地形惡劣之奮鬥，與始終不懈、貫澈到底之精神與風習之養成，以步校演習隊與審判官以天雨離隊為例，應嚴懲處治。乙、朝氣與實踐之提倡。丙、夜間教育之加重。丁、搜索、警戒、偵察、掩護、聯絡、

觀察、演習之加重，每一官兵皆須以此六項動作之熟練為考績標準之一。戊、便裝遠探、化裝伏偵、夜行、曉襲之具體條目之擬訂成為教範以資演習。己、軍校教育特選優生專習工程。庚、電話問答教育應以砲校為示範。辛、機關學校教職員體育運動加強。壬、部隊學校教育加強構築工事與開築坑道之實習。癸、革命戰術之要旨：思想、組織（民眾政治）、情報、謀略、佯動（欺詐）、宣傳（造謠）、控置〔制〕、封鎖、機密、機動之十項為主。

七、行政三聯制與職責契約制之實踐考績。

八、軍醫業務之整頓與待遇之提高。

九、軍法條文之解釋教育。

十、兵科與業科軍官皆須重新入校補習。

十一、保養武器車輛教育之加強。

十二、通信與情報工作教育之加強。

十三、上、中級軍官對於管制、統御、保養、參謀、情報、監察、發展、創造、主動等學術之修養（即反攻之高級幹部準備工作，特別注重組織觀念，與俘虜審問編訓，及反間工作之研習）。

十四、鼓勵道德、愛國精神，不為金錢物質所誘惑，袪除自私與貪污觀念。

十五、師團管區與地方政府之聯繫辦法，以及警察、民防總隊打成一片，業務系統不可重複。

十六、汾陽軍艦之修復。

十七、反攻兵力與軍費之準備：甲、充實現有卅個師之外，新編二十個至卅個師，共計五十至六十個師，為第一期反攻計畫。乙、二－三個傘兵師。丙、補足陸戰隊三個旅。丁、噴射機大隊三－五個大隊。戊、運輸機大隊編足五大隊。己、裝甲師五個。庚、工兵旅三個旅（交通、衛生、通信、補給等部隊在外）。辛、巡洋艦一艘，潛艇六艘，驅逐艦二艘。壬、每年軍費三億美圓。癸、幣制基金借款五億元。

十八、軍官團組織之加強（團結精神，提倡修養，不偏重資格與階級）。

十九、戰術思想之統一，主動、機動、運動、佯動、奇襲、謀略（情報）、

攻擊精神之鼓勵，克難精神與物質享受（腐化）之成敗關係。

乙、外交之準備與反攻之方針

一、對美要求：

子、保證不得與共匪中途妥協與談和。

丑、保證收復我國所有領土，特別注重西藏、新疆（伊犂）、外蒙

與東北及旅順、大連為止。

寅、補足五至六十個師（步兵），五個裝甲師，三個傘兵師，三個

重砲師，三個陸戰隊旅，十五個空軍大隊，三個工兵旅（交通、

運輸、通信、補給等部隊在外），巡洋艦、驅逐艦、潛艇在外，

俄國接濟朱毛[1]武器物資為標準。

卯、幣制基金五億美圓。

辰、每年作戰經費參億美圓，武器補充經費在外。

二、美國對英、對日政策之研究（希肯魯勃[2]之言）。

甲、不能一腳踢開英國。

乙、英、中、美等國協同反共。

丙、美國領導各國反共，英國是否參加聽之？

丁、美國主動決策，使英國隨從行動。

戊、日本不能為美國之真友，東方之盟友仍為中國云。

惟余以為美國如欲領導亞洲各國合作反共，必須有主動獨立而

不受英國羈絆之政策，否則必將仍受英國之牽累為害也。

1　朱、毛即朱德、毛澤東。朱德，字玉階，中華人民共和國成立後，先後擔任中央人民
政府副主席、中共中央紀律檢查委員會書記、中華人民共和國副主席、中共中央副主
席等職務。毛澤東，字潤之，1945 年任中國共產黨中央委員會主席。1949 年 10 月，
中華人民共和國成立，當選為中央人民政府主席。

2　希肯魯勃（Bourke B. Hickenlooper），又譯希肯羅卜、希肯羅勃、希肯魯珀，美國共
和黨人，1945 年至 1969 年擔任參議員（愛荷華州選出）。

三、今年國際形勢預想當無重大變化，但以下各項問題必有決定，此美國共和黨政府對外交積極行動必然之趨向也。

甲、韓戰仍將僵持一年，但此一年之中必能完成明年打破僵局之準備布置完成。

乙、越戰亦必在僵持之中，美國將積極編練越南部隊，與擴充韓軍相同也。

丙、援助我國軍反攻大陸之準備完成。

丁、解除臺灣中立化，讓國軍沿海岸突擊。

戊、中、美協防臺灣計畫正式訂成。

己、取消艾其生[1]對中國問題之白皮書？

癸[2]、取消雅爾達協定？與封鎖中國海岸？

辛、東南亞美、英、法、澳、紐之同盟（泰、越在內）。

壬、遠東之美、中、日、韓、菲之協防。

庚、印度、印尼與緬甸保持中立狀態。

子、土、希、南之協防成立（加入北大西洋公約）。

丑、伊朗與埃及對英之糾紛，由美調解，成立中東協防，以美為領導。

寅、北大西洋聯盟建軍開始，英國作有條件之參加。

四、反攻時期與復國方針，預想美俄戰爭必不能避免，即使俄國欲求避戰，而美國決不能長此備戰，自陷於麻痺狀態，故最遲當不能超過一九五五年。因之我國反攻準備，亦以民國四十四年為最大標準，必須在大戰正式開始以後，實施反攻最合理想。如果大戰延緩，即使余不能及身反攻大陸，只要臺灣軍政基礎果能鞏固不墜，復國之實力與精神集積深厚，則後人亦必能繼起領導革命，完成我復國雪恥之志節也。

1　艾奇遜（Dean G. Acheson），又譯艾其生、艾其蓀，美國政治家，曾任國務次卿，1949 年 1 月至 1953 年 1 月任國務卿，後即自政界退休。

2　原文如此。

丙、政治經濟之建立

一、現代行政主要之條目：

甲、勞動。乙、資源。丙、動力。丁、資金。戊、糧食。己、運輸。庚、教育。辛、設計。壬、電氣化。癸、工業化。

二、精神與物質雙方面之綜核與調整。

三、行政之各別與綜核考查，特別採取專任制。

四、利用外資計畫：一切生產事業之借款，必須擬具詳密計畫，根據商業原則，計算各種事業的償還能力，與規定籌還債款之期限與辦法。

五、收復大陸後出口事業之復興計畫與準備工作及其組織。

六、獎勵發明與提倡機器之實習。

七、行政三聯制與職責契約制之推行。

八、人事考銓與職位分類制之實施。

九、政治新風氣之督導。

十、監獄改良與囚犯勞動服務。

十一、總務人員訓練班之計畫。

十二、國家設計機構之研究（黨政軍綜核計畫）。

十三、外交機構與人事之調整。

十四、民選議員與官吏選舉法之加強（不使流氓操縱地方）。

十五、工礦漁鹽各工保險之實施。

丁、黨務與革命精神

一、精神動員與思想領導。

二、發動黨員為動員月會與動員運動之負責人，及勞動服務與為民服務解決問題，又為地方自衛之核心，及其應具備之常識訓練。

三、民族精神與文化之提高。

四、電化教育之督導：甲、社會、文化運動。乙、軍民合作。丙、農業生產。丁、標語解釋。戊、互助與競賽。己、秩序與清潔。庚、節約與浪費。辛、四大改造運動口號之編劇。壬、動員月會。

五、黨員氣識、寬容大度、互助合作之修養。

六、高級研究員訓練要旨之擬訂（去年十二月預定表）。

七、民意機構黨員之組織，加強與地方自治之配合。

八、從政黨員之督導與黨政聯系組織及技術之加強。

九、社會改造運動，秩序與衛生整潔，公墓、公廁之推動，公園、公共場所之整管。

十、人事審核會加強考核辦法，對其報告人數與質量（優劣）之程度及標準，應嚴格規定。

十一、情報第一：其組織應以二重考核與二重以上之監察及調查為主旨。

十二、外交人事：董[1] 駐美，張[2] 駐日，葉[3]、蔣[4] 對調。

十三、財經：俞[5]、吳[6]、徐[7]、任[8]。

戊、外交

一、遠東反共聯盟之方式與形成：

子、美國領導組織美、中、日、韓、菲之五國防守公約。

丑、美國與四國訂立各別防守公約，而由美國為樞紐，統一指揮之。

1　董顯光，浙江寧波人。1952 年 8 月，出任戰後首任駐日大使。1956 年 4 月，出任駐美國大使。

2　張羣，字岳軍，1952 年 10 月，任中國國民黨第七屆中央評議委員。1954 年 5 月任總統府秘書長。

3　葉公超，原名崇智，字公超，廣東番禺人。1949 年 4 月以外交部政務次長代理部務，10 月真除。1958 年 8 月轉任駐美大使。

4　蔣廷黻，字綬章，湖南邵陽人。1947 年 11 月至 1962 年 7 月，任駐聯合國代表。

5　俞鴻鈞，廣東新會人。1950 年 1 月，三度出任中央銀行總裁。1952 年 2 月至 1953 年 4 月，兼任臺灣銀行董事長。1953 年 4 月，任臺灣省政府主席，並兼臺灣省保安司令部司令，10 月兼中央銀行總裁。

6　吳國楨，字峙之，1949 年 4 月辭上海市市長職務；12 月任臺灣省政府主席兼保安司令，至 1953 年 4 月辭職獲准。5 月 24 日偕妻黃卓群出國，滯美未歸。

7　徐柏園，曾任四行聯合辦事總處秘書長、中央銀行副總裁等職。時任中國銀行董事長、臺灣省政府財政廳廳長兼臺灣銀行董事長、中國國民黨財政委員會副主任委員。

8　任顯羣，原名家驥，江蘇宜興人。1949 年 12 月任臺灣省財政廳長，1950 年 1 月兼任臺灣銀行董事長（1951 年 3 月卸任），1953 年 4 月卸任臺灣省財政廳廳長職。1953 年 3 月卸任公職，開設律師事務所維生。1955 年以「掩護匪諜」罪名被捕。

寅、李承晚[1]所倡之中、韓、菲、泰四國聯盟,如無美國領導則無意義,而且英必對泰從中牽制破壞,不能有成也。

二、援韓之方針,應問美國之究竟及對美之要求具體方案:

子、參加韓戰問題:甲、先應鞏固臺防。乙、中、美防守臺灣共同計畫之確立。寅[2]、對韓積極攻勢,打破現在陣地戰局。卯、不再製造第三勢力。辰、不干涉我人事與內政。

丑、對軍援之目的:甲、建立與共匪相等之空軍及重兵器部隊。乙、增編二十個師之武器與軍費。

寅、反攻大陸之目的:甲、準備明春開闢對韓之第二戰場,使敵軍兩面或三面應戰。乙、收復中、韓全境,堵塞俄帝東侵太平洋之缺口。丙、援韓與反攻大陸之方略整個解決。丁、中共在韓俘虜與越南國軍,皆送還臺灣。戊、防制共匪退集西北後偽裝脫離俄共,以離間中、美之反共陣容,兩國應作澈底殲除共黨之計畫與決心。

三、對韓戰之意見:甲、結束韓戰,不應在韓國境內為範圍作打算。乙、只要以美國援外經費總數百分之二十援華,即可反攻大陸,牽制韓戰或解決韓戰。丙、如要韓軍單獨擔任韓戰場作戰,必須要有國軍反攻大陸、互相策應、兩方夾擊方可實現,但海、空軍仍須由美負責協助。丁、亞洲反共總方略之重點,應置於中、日、韓。戊、東亞反共陣線之建立,必須以美國為中心領導,方能使中、韓、菲與日本安心合作。

四、美國對於我軍援韓之目的如何:

甲、是否為總反攻抑或填補空缺。

乙、整個(全部)使用抑分割使用。

1　李承晚,字承龍,號雩南,韓國黃海道人。長年推動韓國獨立運動,1948 至 1960 年任韓國大統領。

2　原文如此。

丙、反攻目標：子、驅逐共匪於韓境之外，使韓統一乎。丑、向前推進至狹隘地帶，收復平壤為止乎。寅、派我軍在敵後登陸作戰乎。卯、僅增強現地防務，仍取守勢乎。辰、如反攻是否轟炸東北。己〔巳〕、封鎖大陸沿海之計畫如何。

對於以上各點任務與計畫明瞭以後，方能研究派遣兵力之大小也。

己、反攻時機與登陸地區之方案

子、獨立作戰時之登陸地區與目標。

丑、半獨立作戰時之登陸地區與目標。

寅、世界戰爭發動後，聯合作戰時之地區與目標。

本年工作總目標：

子、反攻準備要項

一、補充兵訓練八萬名。

二、民防總隊十八萬名。

三、增建新營房十二個團。

四、軍費核實，財務直接收支制之建立。

五、官與職制之建立。

六、軍士制度之建立。

七、研究發展制度之督導。

八、戰士授田制之督促。

九、建立軍制各案：甲、軍官經歷管理制。乙、軍官依職加銜制。丙、軍士制度。丁、軍費核實制。戊、推進政工，加強戰力。己、各級職務、官階配當基準制。

十、汾陽艦之修復。

十一、空軍八大隊三分一之計畫，充實完成。

十二、傘兵一個師，充實完成。

十三、戰車部隊分編三個師，充實完成。

十四、粵、浙、閩游擊部隊各一萬，共為三萬人完成。

十五、兵工建設（自立）計畫之訂立。

十六、實踐學社訓練之完成。

十七、反攻總方略分為三期，共為九年：甲、第一期：三年收復沿海、沿江與熱、察、綏、晉、陝、豫各省區。乙、第二期：二年－三年收復西南與西北各省。丙、第三期：三年至四年收復東北、蒙、藏、新疆。

丑、政治經濟之建立

一、耕者有其田與限田政策之實施。

二、公營事業成本會計制之實施。

三、臺灣經濟自立四年計劃之開始。

四、戶警合一制之普及全面實施。

五、月會（鄉鎮）制度之加強。

六、社會建設秩序與整潔（公墓、公廁）之督導。

七、電氣化、工業化之計畫與督導。

寅、黨務之建立

一、黨員甄別之完成與海外黨務之加強。

二、小組長訓練之完成。

三、實踐研究院高級訓練一千人幹部之實施。

四、各省區黨政負責幹部之選定。

五、青年救國團組訓之完成。

六、謀略與情報業務之加強。

七、宣傳與文化工作之加強。

八、人事制度與幹部政策之加強。

九、高級（黨政軍）幹部訓練五年計畫之建立。

朝課為體操（十五分時）、靜坐、默禱、唱贊美詩、背誦詩篇（卅分時以上）。
午課為午睡（一小時）、靜默（卅分時）。晚課靜默（廿分時）、讀唐詩。

時＼星	日	一	二	三	四	五	六
六—八	起床	—	—	—	—	—	—
八—九	朝	課	考	慮	準	備	—
九	記	事	聽	讀	新	聞	—
九—十一	反省錄	紀念周	會客	聽課	常會	召見	—
十一—十二	禮拜	巡視	政治會談	聽課	常會	財經情報會談	軍事會談
十二—十三	遊憩	召見高級班			實踐社	會談	軍事會談
十三—十五	午課						
十五—十七	遊憩	日記審閱	批示	自修	日記審閱	批示	遊憩
					遊憩	遊憩	
十七—十八	晚課						
十八—二一	約宴	專題聽講	約宴	約宴	專題聽講	約宴	約宴
		讀詩					
二一—二二	沐浴就寢						

自我最大之缺點：

第一，對人事無計畫、無方針，更無掌握與統制之能力，因之未能產生有健全組織之幹部。

第二，政治、經濟之設施皆無整個具體之方案，更無各部門工作配合督導與人事補充之計畫（此抄錄卅二年九月廿八日之日記）。

以後工作應特別注重以上二大缺點之補正，黨政軍綜核機構建立之必要。

外交人事之調整不可再緩。養成高級將領五年訓練計畫之建立。

設計室對於政務工作之考核與調整，及政策之研究。

本年閱讀之書籍：

一、拿破崙[1]語錄。

二、成吉斯汗[2]兵法。

三、孫吳[3]兵法問答。

四、亞歷山大[4]與彼得大帝史、菲列脫[5]史。

五、拿破崙、威廉與毛奇[6]歷史。

六、日本太平洋作戰指導史。

1　拿破崙（Napoléon Bonaparte, 1769-1821），法國陸軍將領，法國大革命時崛起，1804年至1815年為法蘭西皇帝。

2　成吉思汗（1162-1227），即元太祖，為蒙古帝國、元朝的奠基人、政治家、軍事家。

3　孫吳，為春秋戰國時期兩位軍事家孫武和吳起的合稱。孫武（約前545-前470），字長卿，春秋時期著名的軍事家、政治家，尊稱兵聖。後人尊稱其為孫子、孫武子、百世兵家之師、東方兵學的鼻祖。吳起（前440-前381），中國春秋末期戰國初期軍事家、政治家、改革家，兵家代表人物。

4　亞歷山大（Alexander III of Macedon，356BC-323BC），世稱亞歷山大大帝，古希臘馬其頓王國國王。

5　腓特烈二世（Friedrich II, 1712-1786），又譯菲烈德、菲德列，1740年任普魯士國王兼布蘭登堡選帝侯，被後世稱為腓特烈大王。

6　毛奇（Helmuth Karl Bernhard Graf von Moltke, 1800-1891），普魯士將領、德國將領，1871年至1888年任普魯士參謀本部總長、德國參謀本部總長。

蔣中正日記
Chiang Kai-shek Diaries

一月

蔣中正日記
Chiang Kai-shek Diaries

民國四十二年一月

本月大事預定表

1. 對實踐學社,即黨政軍聯合作戰甲班訓示。

2. 各部隊情報教育與組織訓練。

3. 軍官團教育與重點及共同研究課目之規定。

4. 公文與標語寫法必自右而左。

5. 氣節教育,指揮道德與戰爭道德,協同一致,赴援必到之習性。(顧全局)

6. 鴨毛與豬鬃之出口。

7. 重印黃黎〔梨〕洲[1]、劉蕺山[2]學案。

8. 巡視情報與工兵及通信兵學校。

9. 侍從人員守則之編訂。

10. 軍人弱點與恐怖心理。

11. 負責盡責,互助合作,承過讓功,決心犧牲。

12. 軍人教育注重聲色、動定、容止、形態。

13. 復國志士與建設及發明創作之名人傳記。

14. 軍事會議與講評。

15. 各軍長成績與調職。

16. 師長缺額之補充與人選。

1　黃宗羲(1610-1695),字太沖,號梨洲,世稱南雷先生或梨洲先生,浙江餘姚人。明末清初經學家、史學家、思想家、地理學家、天文曆算學家、教育家。與顧炎武、王夫之並稱明末清初三大儒。

2　劉宗周(1578-1645),初名憲章,字起東,號念台,因講學於蕺山書院,後人稱其為蕺山先生。明末著名哲學家、文學家、政治人物。「浙東學派」的重要代表人物之一。

17. 收復區最重要工作：壯丁管訓與糧食集管分配。

18. 對匪鬥爭，在制度組織與情報謀略之研究工夫最為重要，決非軍事與人力所能制勝。

19. 黨務與政治去年成績之講評及指示。

20. 人事與會計制度之建立及公營事業之整頓。

21. 各省區黨政負責人員之人選。

22. 中心小學為地方自治之中心。

23. 整理日記摘要。

一月一日（元旦）　　星期四　　氣候：晴

雪恥：有諸己之為信，充實之為美，充實而光輝之之為大，大而化之之為聖，聖而不可知之為神。

六時起床朝課後，風日清和，氣象新明，乃獨步登高，在右側山巔眺望遠景，心神調暢，樂焉無窮。回途在鞍部相度地形，即在新客室之西北，再建一宅別墅待客也。十時入府，在介壽堂團拜，報告海生輪上抗匪除諜及金門裁〔截〕留菲機二事，作為新年反共佳音後，朗誦元旦告書完。約于[1]、胡（適）[2]等在辦公室略敘，別去，即對三軍克難英雄點名，致訓、給獎畢，已十二時矣，乃到中山堂宴克難英雄，訓話。午課後，與經兒[3]、武孫[4]同至觀音山之

1　于右任，原名伯循，字誘人，爾後以諧音「右任」為名，陝西三原人。時任監察院院長。

2　胡適，字適之，安徽績溪人。曾任駐美大使、北京大學校長。1950 年 9 月至 1952 年 6 月，任美國普林斯頓大學葛思德東方圖書館館長。時任中央研究院院士、第一屆國民大會代表，寓居紐約。1957 年 11 月返臺，就任中央研究院院長。

3　蔣經國，字建豐，蔣中正長子。1950 年任國防部政治部主任，兼任總統府機要室資料組（國家安全局前身）主任，7 月擔任中國國民黨中央改造委員會委員。1951 年 5 月，國防部政治部改為總政治部，仍任主任。1952 年 10 月，任中國國民黨第七屆中央委員、中國青年反共救國團主任。

4　蔣孝武，字愛理，為蔣經國和蔣方良次子，生於重慶，1949 年隨家庭來臺。

觀音寺遊覽，其右後方之夜光圓風景頗為幽雅。回寓後晚課，武、勇[1]陪膳。晚觀電影。

一月二日　星期五　氣候：晴

雪恥：君子以義斷命，而不委之於命。以理合天，而不委之於天。橫浦[2]語。

預定：一、五日宴史培爾曼[3]。二、四日宴外藉〔籍〕教官。三、七日宴西方企業公司。四、派員招待曾寶蓀[4]弟姊等。五、再電國華[5]，商政治報告登刊事。六、基本論對外國顧問一段應修正。

朝課後記事，聽報後重修基本論，再照英譯本略加修正，至十二時方完。午課後檢閱報章，記本月工作預定表，未完。往研究院召見學員五十人畢，回。審閱基本論重修之點後，晚課。經兒、武、勇來聚餐，觀影劇未終，入浴，廿二時半寢。讀詩至「遺民淚盡胡塵裡，南望王師又一年」句，不勝惶愧。

1　蔣孝勇，字愛悌，為蔣經國和蔣方良三子，生於上海，1949 年隨家庭來臺。

2　張九成（1092-1159），字子韶，號無垢，又號橫浦居士。北宋學者，著有《橫浦集》二十卷及《中庸說》三卷。

3　史培爾曼（Francis J. Spellman），又譯史班爾孟，1939 年出任紐約總教區總主教，1946 年為樞機主教。

4　曾寶蓀，字平芳，號浩如，曾國藩曾孫女。1947 年當選第一屆國民大會代表。歷任光復大陸設計研究委員會副主任委員、國民大會主席團主席。曾編校《新舊約聖經提要偈子》行世。其弟曾約農，原名昭槭，1949 年避難香港，隨後轉赴臺灣，受聘為臺灣大學英文教授，後於 1955 年被東海大學董事會推舉為首任校長。

5　俞國華，浙江奉化人。1951 年 1 月，任國際貨幣基金會副執行董事。1955 年自美返國，出任中央信託局局長。

一月三日　星期六　氣候：陰

雪恥：守至正以待天命，觀物變以養學術。方疇[1]語。

一、標語深入淺出的要領。二、黨政軍風尚往下看的習性之養成。三、調查農村之方法及須知之研究。四、建立制度。五、擬定本年度工作要目。

朝課後記事，聽報。十時入府辦公，召集軍事會談，聽取國防部去年已完成與未完成之工作報告，約計完成者在百分之八十以上，且甚確實也。關於菲國要求引渡菲機案之洪犯[2]事，余主張須訂引渡條約後實行，此時不宜速決也。午課後閱報。往研究院召見學員五十人，第廿二期學員已召見完畢。晚課後看族譜，感慨頗多。入浴後廿二時半寢。

上星期反省錄

一、近日每於四時初醒後，對於史大林[3]誘惑愛克[4]（愛生豪），與邱吉爾[5]提早訪美二事，終不能遺忘在懷，惟認為其對於我國亦無可再害之事，即使美、俄再有一時之妥協，則美亦不能不協助我反攻大陸，以為牽制俄共今後侵略各國之行動，而且去年共匪沒收英國在華之財產等排英、反英之行動與事實，則邱更無妨礙美國助我復國之利益，無寧其望我復國成功，而於彼英有利也。

1　方疇，字耕道，號困齋，宋信州弋陽人。建炎初進士。紹興改元，上書言「四宜憂、十宜行、一宜去」，又言擇宗室為儲貳。後為建康通判，卒。有文集二十卷。
2　洪祖鈞，菲律賓華僑。1952 年 12 月 30 日持槍劫持菲律賓航空由老沃飛阿巴里港班機，要求飛至廈門，遭駐防金門空軍於臺灣海峽上空成功攔截降落金門，被押回臺北受訊。
3　史達林（Joseph Stalin），又譯史大林、斯大林，曾任蘇聯共產黨總書記，時任部長會議主席。
4　艾森豪（Dwight D. Eisenhower），又譯艾生豪、愛生豪、艾克、愛克，曾任盟軍歐洲戰區最高指揮官、駐德美軍佔領區司令官、美國陸軍參謀長、哥倫比亞大學校長、歐洲盟軍司令部司令，1953 年 1 月至 1961 年 1 月兩任美國總統。
5　邱吉爾（Winston Churchill），英國政治家，保守黨成員，國會議員，曾任首相，1951 年 10 月至 1955 年 4 月再任首相。

二、CC 團之惡劣，乃於其立法院阻礙電力加價案、及其通過之速經過情形，觀之不能不令人痛惡絕望，無法再事寬容矣。

三、元旦文告自認為較之前數年為佳也。

本星期預定工作課目

1. 宴史班爾曼美紅衣主教。

2. 宴西方企業公司協助游擊之人員。

3. 擬訂工作預定表（本年與本月）。

4. 準備實踐學社講稿。

5. 準備政治講評與指示。

6. 準備黨務講評與指示。

7. 準備軍事講評與指示。

8. 本年世界局勢變化預測之研究。

9. 本年中心工作與重要之目標。

10. 去年總反省錄。

11. 立法院黨員組織之研究。

一月四日　星期日　氣候：陰晴

雪恥：「焦急的開始就是信心的結束，信心的開始就是焦急的結束。」因為一個人的思想集中在其目前的難處上，超過於在神的護佑與應許賜福上，這是否認神在我們心中，給我們禱告的應許，這種禱告就是失了信心的禱告，表示我們的心沒有安息而已，那種禱告不會有益的，「但我們已經相信神的人，是得以進入那安息」的。

朝課後記事，聽報。十一時在蔣林堂禮拜與聖餐畢，回寓。閱讀族譜中吳稚老[1]各傳。午課後記上周反省錄畢，與經兒往北投後山之善光寺，原為日僧所建，現由臺尼承管，其地尚幽靜，足資遊憩而已。晚課後宴日教官白鴻亮[2]等十八員，宴後各別談話，廿二時辭出。入浴，就寢。

一月五日　星期一　氣候：陰晴

雪恥：「知化則善述其事，窮神則善繼其志」、「調理萬象之矛盾，與利用萬象之矛盾」中正。

朝課後記事，十時前到研究院，舉行第廿二期學員結業典禮，朗誦去年與今年二元旦文告後，予以解釋內容要旨，特別指出抗戰勝利後之失敗教訓，凡事全靠本身實力，萬不能依賴國際之環境形勢，更不可托國家之命運於國際之某一陣線，以闢學者之謬說。又強調今日並無樂觀可言，必須知識階級能明禮知恥、刻苦耐勞，變更往昔大陸舊有之惡習，方能達成反共救國之目的也。召見菲國球隊與我克難球隊隊員後，與學員聚餐，訓示婦女剪髮與理髮意見，以為改造社會與影響反共之道。午課後記工作預定表，閱報。院中散步，訪魚。宴史班爾曼後晚課。致妻[3]函畢，入浴，廿三時前寢。

1　吳敬恆（1865-1953），字稚暉，江蘇武進人。歷任制憲國民大會主席團主席、第一屆國民大會代表、中央研究院第一屆院士、總統府資政。1949 年，蔣中正派專機「美齡號」將其從廣州接到臺北。1953 年 10 月 30 日逝世，海葬金門。
2　富田直亮，前日本陸軍第二十三軍參謀長，化名白鴻亮，1949 年 11 月 1 日，抵臺協助訓練國軍幹部，為實踐學社（白團）之總教官。
3　宋美齡，原籍廣東文昌，生於上海。蔣中正夫人。1950 年 1 月 13 日自美返臺，支持反共復國大業，並創辦中華民國婦女反共聯合會、華興育幼院。

一月六日　星期二　氣候：晴　溫度：四十五

雪恥：呂涇野[1]云，道心惟微之「微」字，解為徒守此義理之心（不能擴充），不發於四肢，不見於事業，但隱然於念慮之間，未甚明顯云。又云人心惟危之「危」字，解為此心發在形氣上，便蕩情鑿性，喪身亡家，無所不至，故曰危云。

朝課後記事，聽報。十時入府，見美國二位女記者與情報員及陳訓念〔惷〕[2]後，召集一般會談，先討論邱吉爾抵美談話要領，彼仍要求歐洲第一與恐懼韓戰擴大也，如其所言為內外一致，則其言似已過時，但不能不防也。次商立法院對耕者有其田案之情勢，辭修[3]必欲爭執其名稱，余認為不必如此也。辦公畢，十三時半回。午課後批閱，帶領武、勇車遊淡水。氣象觀測所海濱其側空地寬廣，甚適別墅之用也。晚課後閱族譜。

此為六日記事。[4]

一月七日　星期三　氣候：晴　溫度：四十五

雪恥：一、軍長人選之催報。二、國防大學紀念周與研究院合併舉行何如。三、政治報告英譯本決停止刊發。四、指參學校第二期開學典禮定於十二日。五、召見侯[5]校長。

1　呂柟（1479-1542），字大棟，又字仲木，號涇野，學者稱涇野先生，陝西高陵人，明代學者、教育家。
2　陳訓念，字叔兌，浙江慈谿人。陳布雷之弟，民國時期著名報人。1948年當選自由職業團體新聞記者公會選出之立法委員。1950年10月任中央通訊社總編輯，1953年4月調任《中央日報》社長。
3　陳誠，字辭修，號石叟，浙江青田人。1950年3月至1954年5月，任行政院院長。
4　本日記事錯記於一月八日版面，故有此語。
5　侯騰，字飛霞，湖北黃陂人。曾任國防部第二廳副廳長、廳長、國防部副部長等職。1952年4月調任國防大學校校長。

朝課後記事，聽報。洪祖鈞〔鈞〕菲機劫殺案果有共匪關係，不出余之所料也。至柔[1]等昔皆信洪之初供為可靠，乃幼稚之想也。十時入府辦公，召見日本每日新聞記者上沼[2]，以及姚汝鈺[3]、羅文浩[4]等軍官十餘人畢。審核軍米舞弊案，判處死刑者七名，其主官黃振〔鎮〕球[5]等亦從重處分。聞立人[6]辭職，猶在裝作也。午課後審閱卅二年九月日記完。帶領武、勇遊覽圓山基隆河畔之兒童公園，其殘破如無人管理者，可痛。晚宴西方公司人員卅餘人，觀影劇。晚課，入浴，廿三時後就寢。

一月八日　星期五　氣候：晴　溫度：四十五

雪恥：亞伯拉罕只信神，他對眼見說：你「退去」，對自然的定律說：你「不要作聲」，對疑懼的心說：「閉口，你這謊言的誘惑者。」他只信神。

朝課後記事，閱報。見韓總統李承晚訪日回韓後之聲明頗得體，從此韓、日關係將有進一步之好轉乎。十時入中央黨部開常會，對立法院所議耕者有其田案與扶助自耕農案名稱之爭執暫時保留，屬先解決其內容主要問題，對公田決不准保留，對契稅乃以耕者得田後，不超過其三七五時期之負擔為標準，是否免契稅，交由行政機關與立法院商決也。並通過本年度工作方針。午課後審閱卅二年一月日記開始。晡帶武、勇參觀動物院猴、犬、羊、獅之表演，

1　周至柔，原名百福，字至柔，以字行，浙江臨海人。1946 年 6 月，調任空軍總司令。1950 年陞任空軍參謀總長，仍兼任空軍總司令職。1952 年 3 月，免兼空軍總司令職。專任參謀總長。1954 年 7 月，參謀總長任期屆滿，改任國防會議秘書長。

2　上沼健吉，日本東京《每日新聞》駐臺特派員。

3　姚汝鈺，字仲堅，江蘇江都人。1946 年 11 月，率永興、中建兩艦進駐西沙群島，完成接收任務。1953 年時任海軍總司令部副署長。

4　羅文浩，湖北黃陂人。1953 年 2 月任陸軍總司令部第三署署長。

5　黃鎮球，字劍靈，廣東梅縣人。1950 年 4 月，任聯合勤務總司令部總司令。1954 年 7 月，調任國防部副部長。

6　孫立人，字撫民，號仲能，1950 年 3 月至 1954 年 6 月任陸軍總司令部總司令。

及觀獅吃活雞之情勢，不禁感歎係之。院中駐軍與通信所污陋不堪，甚痛整軍之不澈底也。晚課後閱報，讀唐詩，廿二時寢。

此為八日記事。[1]

一月九日　星期五　氣候：晴

雪恥：一、第一目標：福州與漳、泉？確佔後再轉第二目標：廣東或浙東？二、臨時橋梁之準備與確查。三、傘兵之充實三個師。四、軍事會議之準備。五、戶警合一實施之普及。六、三不管區空隙之補足充實。七、軍醫待遇與業務。朝課後記事，聽報。十時入府，召見空軍各聯隊司令六員畢，召集情報會談，大陸工作未能深入為憾。現在匪情，只要我諜報人員能大膽深入內地，則軍民掩護與策反效果必可速致。廣東老匪幹曾生[2]找我路線猶恐不及，則其他類此者必更多也。午課後審閱卅二年一月日記未完，帶武、勇車遊東區回，晚課。膳後觀影片（古鄉風景）。

一月十日　星期六　氣候：晴　溫度：七十

雪恥：一、中央亞細亞地誌與近情。二、情報組織應以二重考核、二重監察與二重調查為要。三、外交與財經幹部之養成。四、戰爭即生活，軍隊即學校。五、機警－警覺、防範－戒備、機密、迅捷。六、軍人不以整個建軍之職責為重，而以個人之利害與感情為主，此我陸、海、空軍之所以不能建立

1　本日記事錯記於一月六日版面，故有此語。
2　曾生，原名振華，1936 年加入中國共產黨。曾任廣東東江縱隊司令員、南海軍區副參謀長。時在南京軍事學院海軍系學習。

也。（卅三年十二月廿七日）。七、我空軍人員缺乏為空軍事業整個發展之精神，而只以個人之利害為前提。

朝課後記事，聽報。十時入府，召見十餘人後，召集軍事會談，聽取軍官調職制度與重官或重職方針，以及進一步財務建立業務之建議。此乃進入建軍之基本問題矣，直至十三時半方完。午課後審閱卅二年元月日記完，帶武、勇巡視研究院回，晚課。晚宴胡適之後，觀軍事電影。

上星期反省錄

一、美國發表其韓戰中之美軍逃兵有四萬餘名之報導，此一破綻，又與俄共對美持久戰之鼓勵也。

二、邱吉爾訪美與愛生[1]等談話，果無結果乎，但其歐洲第一主義之主張，仍必期其貫澈，不能不加防範。英人狡獪無恥，損人害己，不顧大局，殊為可痛。

三、李承晚韓總統應美國克拉克[2]之招，不能不赴日與日政府接洽，聞其內幕，全受美國之壓力所致，惟其日、韓二國已將繼續交涉，重開會議，未始無益，但吉田[3]太小器矣。

四、讀杜魯門[4]對其國會諮文，強詞奪理，自詡其七年政績，殊為可歎。彼不知今日世界與共禍之毒燄滔天，乃應由其無知政府所造成而負其全責也。

1　原文如此，應為「愛生豪」。

2　克拉克（Mark W. Clark），美國陸軍將領，曾任第十五集團軍司令官、駐奧地利佔領軍司令官，1952 年 5 月起任韓戰聯合國軍總司令。

3　吉田茂，日本東京人。1947 年 4 月至 1963 年 10 月為日本眾議院議員，期間 1948 年 10 月至 1954 年 12 月，出任日本第四十八至五十一任首相。

4　杜魯門（Harry S. Truman），美國民主黨人，原任副總統，1945 年 4 月 12 日接替病逝之羅斯福總統，繼任總統，1949 年 1 月連任。

本星期預定工作課目

1. 指揮學校開學典禮（二期）。

2. 研究院廿三期開學典禮。

3. 宴美國人員。

4. 與胡適之談話。

5. 軍事會議之準備。

6. 與美國參次商討事件之準備。

7. 教官講述戰史之材料。

8. 公園及市容之顧問（管理發展）。

9. 戰略具體方案與對韓參戰之方針。

10. 制度曲解巧用與不發牢騷意見公開。

11. 主計、審計、會計、人事、銓敘制度。

12. 行軍紀律與秩序。

一月十一日　星期日　氣候：上晴　下陰　雨

雪恥：一、反共月會對訓示之宣傳與解釋的指導。二、老朽之文武舊員，因假退役制等實現而起恐慌，尤恐反攻復國後而無權位，心中自然不安，應如何慰之。三、對外交使節、民間外交之人選應加物色：謝壽康[1]與邵毓麟[2]。四、對日經濟交涉方針與嚴戒雜亂各別之行動。

朝課後記事，膳後閱報，散步。獨坐右山客室，自娛逍遣。十一時禮拜後，

1　謝壽康，字次彭，1943 年至 1946 年、1954 年 10 月至 1959 年 6 月兩度出任駐教廷公使。
2　邵毓麟，號文波，1949 年 7 月任駐韓國大使。1951 年 9 月返臺，任國策顧問兼政策研究室主任，創設國際關係研究會。

岳軍來談對日外交情形與方針。與國楨夫婦[1]同進午餐。午課後，閱英國防大學校長如何養成高級將領之講詞，頗為有益。晡帶武、勇巡視研究院回。晚課，膳後擬明日講稿，至廿二時後方畢。入浴，讀詩，就寢。
朝課之體操自去年十一月腿痛後停止，今日全部恢復。

一月十二日　星期一　氣候：上陰　下晴

雪恥：一、蔡斯[2]處借德國戰車戰史之借閱。二、余伯泉[3]處毛奇練兵紀事之借閱。三、發鷹屋[4]接濟款項。四、約適之敘別及送款。五、對美記者談話，發表韓戰不可施用原子彈意見。六、屬彭[5]注意國防大學教授法，及學員性能之考察。

昨夜因擬講稿故失眠，乃服安眠藥，今晨七時起床，朝課後續擬講稿要旨。九時半舉行指揮參謀學校第二期生開學典禮，訓話半小時畢。十一時舉行研究院第廿三期開學典禮，訓話半小時，宣誦七屆全會宣言後，照相。午課後記昨日事畢，參觀三軍克難成績展覽會，進步甚多也。十八時回寓，閱胡[6]講禪宗史。膳後晚課，閱報，讀唐詩，入浴。廿二時寢。

1　即吳國楨、黃卓群。黃卓群，漢陽鐵工廠技師長黃金濤之女，1928 年與湖北省財政廳廳長吳國楨結識，1931 年在漢口結婚。
2　蔡斯（William C. Chase），美國陸軍將領，曾任第一騎兵師師長、第九軍軍長、第三軍團參謀長，1951 年 4 月至 1955 年 6 月任援華軍事顧問團團長。
3　余伯泉，字子龍，廣東台山人。1952 年 5 月，任國防大學教育長。1954 年 8 月，任國防部副參謀總長。
4　法肯豪森（Alexander von Falkenhausen），日記中有時記為「鷹屋」，德國陸軍將領，最高軍階為步兵上將，同時亦是一位積極的反納粹分子，1935 年 3 月任國民政府德國軍事顧問團最後一任領導人，直到 1938 年德國政府決定聯日棄華而奉召回國。
5　彭孟緝，字明熙，湖北武昌人。1950 年 3 月，任革命實踐研究院軍官訓練團主任。1954 年 8 月，擢升為副參謀總長，兼代參謀總長。
6　胡即胡適。

一月十三日　星期二　氣候：晴

雪恥：一、聯合作戰研究員參加軍事會議。二、發保君健〔建〕[1]旅費。三、初期戰略之研究。四、第八十軍人事之準備，二〇六師師長之人選。

朝課後記事，十時入府辦公，召見六人，葉[2]部長自聯合國出席回來，報告其在美國經過情形，無甚重要者。十一時半召集宣傳會談畢，見胡健中[3]，乃知適之對革命實踐研究院主張取消，可知一般知識分子對本黨人才之忌嫉，不願見革命之成功與主義之實行，以此等知識害國之分子而言，大陸共匪對知識階級之侮辱殘害應否如此，不能不令人感歎也。知識分子自私自利，不愛國家之型態，其大多數幾乎不可救藥也，豈惟張君勱[4]、顧孟餘[5]等卑污無恥政客而已哉。

一月十四日　星期三　氣候：晴　夜雨

雪恥：昨午課後整理舊日記，摘要類鈔，視察研究院回。晚課後，宴美國顧問團及藍欽[6]公使等，玩弄反共勝利棋畢，廿二時散會。

1　保君建，字既星，江蘇南通人。1944 年 10 月，任駐秘魯全權大使，後兼任駐玻利維亞大使。曾受任為出席聯合國第一至第七屆大會副代表。
2　葉即葉公超。
3　胡健中，原名經亞，又名震歐，字絜若，筆名蘅子，原籍安徽和縣，寄籍浙江餘杭。1948 年在新聞記者公會當選第一屆立法委員。1952 年 12 月至 1953 年 4 月出任中央日報社董事長，1956 年 5 月至 1961 年 6 月，再任中央日報社社長。
4　張君勱，名嘉森，字君勱，以字行，江蘇寶山人。中國民主社會黨主席。1952 年自印度到美國後，曾參與香港成立之「中國自由民主戰鬥同盟」活動，後退盟以文章自養。
5　顧孟餘，字兆熊，河北宛平人。曾任國民政府鐵道部長、行政院副院長。1949 年定居香港創辦《大道》雜誌，1952 年參與「中國自由民主戰鬥同盟」活動，以離港赴美而淡出。
6　藍欽（Karl L. Rankin），又譯蘭卿、藍卿，美國外交官，曾任駐廣州總領事、駐香港總領事，1950 年 8 月任駐華公使。

朝課後記事，十時入府辦公，召見保君健〔建〕、梁華盛[1]等十餘員，有歐陽
鷙[2]者，久居西藏，去年被逼來臺，其人壯年英俊，早做拉麻〔喇嘛〕僧，相
談半小時，甚有為也。令第二廳優遇，仍派其回藏邊工作也。審核要公十餘
件，十三時後回寓。午課後整理舊日記摘要，卅二年之手令未見實施，如今
能續行，仍甚有益也。類鈔至十八時後方畢，與武、勇巡視研究院。晚膳後
讀唐詩二篇。晚課畢，入浴。廿二時寢。

一月十五日　星期四　氣候：陰晴　夜雨

雪恥：一、孫子與孫吳兵法問答研究之提倡。二、陸、海、空軍各種典範令，
如限完成。

朝課後記事，聽報。十時到中央常會，先解決孤獨傷殘與血親兄弟公有土地
之保有案，修正通過後，討論立法院新議事規則無記名投票案，而對舊有議
規記名投票法及點名通過法之新案，皆完全否決。此乃 CC 團反對中央自改
造委會以來記者〔名〕投票之主張，不勝痛憤。而道藩[3]等規避不到會，即為
其卸責之藉口，更為可痛。此 CC 腐敗反動分子誠不可救藥矣，乃不能不下
決心，令其脫黨自由另組政黨之一道，如此則於本黨與彼等分道揚鏢〔鑣〕，
對於兩黨之政黨政治反有益也。

1　梁華盛，原名文琰，1949 年出任廣州綏靖公署副主任，撤退到臺灣後，出任總統府國
　　策顧問、戰略顧問。
2　歐陽鷙，字無畏，法名君庇極美，1934 年入藏後在拉薩哲蚌寺出家。1941 年東歸，在
　　中央政治學校、國防部邊務研究所教授藏文。1948 年 4 月受國防部委派，以駐藏組長
　　身分入藏。1951 年離藏到印度，輾轉抵臺。
3　張道藩，原名道隆，字衛之，貴州盤縣人。時任立法院院長、中華日報及中國廣播公
　　司董事長。

一月十六日　星期五　氣候：雨

雪恥：昨午課後整理舊日記之摘要類抄，至十八時前完。帶領武、勇車遊北投，巡視研究院回。晚課後閱傅隸樸[1]駁胡適之人〔文〕，未得其要領也。讀唐詩後，經兒自大陳島回來，談家鄉情形，母墓如故無恙為慰。又聞大陳下雪情形，不勝心往神馳，羨慕之至，以余已四年不見雪景矣。廿二時半寢。

朝課後記事，十時入府辦公。為美記者多人照相後，與美國新聞與世界報導雜誌談話，召見十餘人畢。召集財經會談，本年平時預算乃可平衡，國營事業會計制度亦可實行為慰。此皆須由美國技術人員協助也。據至柔報稱，蔡斯面質其石牌高級班由日本教官秘密訓練，認為對其日員不再作訓練工作之諾言背信，並言我國陸軍方面亦甚表不滿云。此當為立人方面對美軍顧問所供給之消息，其藉外自重乃如此乎。

一月十七日　星期六　氣候：陰雨

雪恥：昨午課後審閱對軍事會議講評稿，尚可用也。晚課後約胡適之先生單獨聚餐，談話二小時餘，對余個人頗有益也。甲、汪裕泰[2]外匯套匯冤枉案。乙、總統只有減刑權，而無加刑權，不可濫用其權之意。丙、保安司令部與特務人員之作威，令人不敢言。丁、教育界待遇太微薄。戊、效忠總統之標語不應有。惟此余答其今日國家未恢復，一般官兵對效忠國[3]標語不能深入，而且事實上今日國家仍須由總統領導導[4]來恢復，過去總統下野、國家淪亡之

1　傅隸樸，字守知，歷任臺灣師範大學、政治大學、日本岡山綜合大學、新加坡南洋大學等校教授。著有《周易理解》、《中國韻文概論》、《國學概論》、《修辭學》、《賦選注》等書。
2　汪裕泰茶莊，為安徽績溪人汪立政於清道光年間創立於上海，1948 年於臺北歸綏街、貴陽街設茶莊。
3　原文如此。
4　原文如此。

教訓，不能不深切注重，故余對此標語未予阻止也。其他皆為金石之言，余甚感動，認其為余平生之錚〔諍〕友也。廿二時後寢。

今（十七）日朝課後記事，入府辦公，召集軍事會談。午課後聽取葉[1]外長對美國要員談話經過報告畢，院中散步消遣。晚課後帶武、勇車遊市區。廿二時寢。

上星期反省錄

一、陸軍總部對我黨政軍聯合作戰訓練班之秘密組訓向蔡斯告密，此為其主官最不忠實之所為，不勝痛憤。但此決不足以破壞我之計畫與對美員之信仰也。

二、CC 團反抗中央，希圖立法院無記名投票之議事規則迅速通過，使中央無暇干涉之所為，更令人痛憤，不能不決心對 CC 人員驅逐於黨外也。

三、英、美扶植巴基斯坦參加中東防務集團，殊為重要之舉措，尼赫魯[2]之無理取鬧何為耶。

四、耕者有其田案，立法院在嚴勵〔厲〕督導之下，其綜核審查會已得如計通過，此案實行當無問題矣。

本星期預定工作課目

1. 軍事會議：甲、人事制度。乙、財務經理制度。丙、監察與發展設計制度。丁、專長分類制度。戊、行政三聯制。己、職責契約制。庚、克難競賽。辛、

1　葉即葉公超。

2　尼赫魯（Jawaharlal Nehru），日記中有時記為尼黑魯、印黑，1947 年 8 月至 1964 年 5 月任印度總理。

征兵與知識教授之關係。壬、組織與紀律意識。

2. 養女收容所之工作與處理辦法（及其出路）。

3. 美國對香港之接防意見。

4. 要求我封鎖大陸沿海之意見。

5. 傘兵反攻之設計。

6. 行政法規之整理與簡化。

7. 職位分類制之研究，指定講人。

8. 空軍戰術學校之視察。

一月十八日　星期日　氣候：陰雨

雪恥：一、軍會講稿要旨：甲、去年度軍事進度〔步〕之原因。子、行政與黨務幹部對軍政之輔助。丑、顧問團認真之合作。寅、軍事幹部能實踐建立制度、加強組織之宗旨。乙、黨政幹部對會議應注重各點與效法。丙、軍事制度與精神為一切黨政工作之標準與模型。

本晨八時起床，實為最晏起之一日。朝課後記事，聽報。十一時禮拜如常，記上周反省錄，三孫與緯兒[1]同來陪膳。午課後帶領武、勇由臺灣大學前至碧潭過橋，登碧亭茶室遊覽，東望風景，山峰翠疊，頗佳也。後經西岸安坑、營〔螢〕橋回臺北。晡準備講稿，晚課後讀唐詩，閱報。廿二時入浴，寢。

1　蔣緯國，字建鎬，蔣中正次子。1952 年 11 月，升任裝甲兵司令部司令。1953 年兩度赴美，先是隨徐培根赴美考察訪問，回國時元配石靜宜去世，為免觸景傷情，乃赴美國陸軍指揮參謀學院正規班及防空學校飛彈班受訓。

一月十九日　星期一　氣候：晴

雪恥：一、聯勤業務戰時編制之擬訂及其準備增補之員額。二、國防大學為聯合作戰之中心，及其他軍種相互間配合之計畫。三、國防部應設技術勤務單位之主官或指定之。四、戰術空軍學校講授空中支援之學理。

朝課後記事，九時到劍潭主持軍事會議，發布去年度軍事校閱總講評及各單位之成績與等第，並朗誦前年總講評之指示與建軍之基礎訓詞。午課後，到會聽取周[1]總長國防部對各軍種成績之報告與建議，認為建軍根本問題最為重要，比蔡斯之報告其價值之高大，不可道里計也。十八時半散會，晚膳後帶武、勇車遊市中後回寓。晚課畢，入浴，廿二時前寢。

一月二十日　星期二　氣候：陰晴

雪恥：愛克（即艾生豪，前日記為愛生）本日就職之宣言，先提亞洲，再提美洲與歐洲，而其對亞洲提及韓戰與越戰，並未提出俄國與中共，亦未提起中華民國，余認為得體，但其全文對象皆為指俄共而發也。十年來之國際外交經驗，認為國際皆為虛偽之騙局，未見有人在外交上能以誠意與道義相孚也。未知愛克果能實踐其今日之宣言無違否，應待今後事實之證明矣。

朝課，記事，九時前到軍事會議，上午聽取陸、海、空各軍總司令之報告。午課後，聽取聯勤總司令之報告，十七時方畢。晡巡視研究院，膳後晚課，廿二時寢。孫立人報告其對匪軍戰力之估計，與周總長所報告者相差甚遠，彼自以為是，對周之先日報告置之不理，而擅作別報，此種無理之言行，令人痛惡。

1　周即周至柔。

一月二十一日　星期三　氣候：晴

雪恥：前日立法院對耕者有其田案三讀通過，完成立法程序，此為本黨革命以來，實現主義第一之基本案件，亦即業〔革〕命事業之中心問題也。又立法院議事規則，對於記名投票、點名表決之方式亦補充修正，此亦最近本黨黨員對黨之決議與意旨，最後仍能遵奉執行，可知黨紀已經提高矣，殊值自慰。朝課後整理舊日記，鈔摘提要百餘條文。十時前入府辦公，為美時代雜誌攝影。見胡祖望[1]等十餘人。前卅七年杪，通電要求我下野之魯道源[2]叛將來臺，余亦准見，而彼則若無其事者，或為白崇禧[3]冒其名代發其電，亦未可知，余亦不願追究也。午課後接見韓國籃球隊員十六人後，再見法國議員柯斯[4]，茶會。晚觀美國在韓作戰影劇後，三孫同晚膳畢，晚課。廿三時寢。

一月二十二日　星期四　氣候：晴

雪恥：韓國總統李承晚以將欲來臺訪問，試探我國政府是否贊成之意。菲律濱總統季禮諾[5]去秋以來，屢來試探我政府對其來臺訪問之意，至今不斷，猶提出此意，余始終未作表示，以其人缺乏政治家風格也。今李承晚既欲來訪，而彼猶欲與季相晤，希望余約李、季同時來臺會晤，則不得不加以研究，其來會之結果及其利害如何也。

1　胡祖望，胡適之長子。早年就讀於西南聯大，後入美國康乃爾大學主修機械工程。畢業後服務於美國斯都德貝克汽車廠，後擔任中國航空公司的工程師、外交部駐美國大使館經濟參事等職。
2　魯道源，字子泉，雲南昌寧人。1949 年 7 月，任第十一兵團司令官，兼武漢守備司令官；11 月退入越南。1952 年撤往臺灣。
3　白崇禧，字健生，廣西桂林人。1949 年底來臺後，任總統府戰略顧問委員會副主任委員。
4　柯斯（Georges S. Gorse），法國國會議員。
5　季禮諾（Elpidio Quirino），又譯紀利樂、李利祿、季里諾，菲律賓政治家，1948 年 4月至 1953 年 12 月任總統。

朝課後整理日記類鈔，十時到中央[1]，對美聯社記者發表對愛克就職宣言之感
想，以表示對美之新觀念也。動員會報指示工作方針，十二時半方畢。午課
後記事，照相。對立人訓戒其不能與人合作及應知作人之道理，約半小時畢。
巡視研究院回，晚課。膳後月下散步，與武、勇遊樂也。廿二時寢。

一月二十三日　星期五　氣候：上陰　下晴

雪恥：本日軍事會議，侯騰審查周、孫[2]二人報告中，對匪軍戰力之數字誰為
錯誤案，其所提出之報告不着邊際，並不判決誰是誰非，歸結於孫總部參謀
之疏忽一語了事。此實官僚政客圓滑周到，不負責任，不知職責所在，而惟
逃避個人之勞怨為其護身之神符，殊為悲憤，乃予以面斥。今日環境尚有此
等官僚惡習之軍官，能不痛心，最後要由余親口裁決，指明孫為錯誤，並指
明其在周報告之後而提此與周不符之報告，不予互對校正，尤為其職分上不
合作無道義之重大錯誤也。

朝課後到軍會，聽取監察與研究發展制度，與克難實踐及人事（專長）分類
等制度之報告。午課後在軍會，聽取行政三聯制與職責契約制等報，最後即
為侯騰之審查報告也。晚課後觀月，讀唐詩。

一月二十四日　星期六　氣候：晴

雪恥：今晨五時後起床，朝課畢，手擬本日講評要目，至八時半未完。九時
到軍事會議，聽取各審查委會決議，及八大提案之報告決議文，對於國軍經

1　意指中國國民黨中央黨部。
2　周、孫即周至柔、孫立人。

歷管理制度及依職加銜與軍士制度、軍費核實各案之說明，實覺建軍制度之繁重與必要也。正午續擬講評要目，正在忙碌之際，葉[1]部長突來晉謁，報告其不急要之事，可歎。午課後，到軍會聽取推進政工與貫澈實踐克難運動，鞏固軍隊團結等案之說明。惟對於陣亡遺族照生前待遇支卹案，尚待審核預算後，再行裁定。其他皆照審核議決案裁定，再後乃作補充之講評，約二小時之久。十八時回寓。晚課後聚餐，訓話畢回寓。閱報，入浴。廿二時半寢。

上星期反省錄

一、本周軍事會議，檢討去年優劣成績，決定今年工作方針，通過基本制度案八項。會初與會末二次講評貫注全神，不敢稍忽，認為此次會議之成果將比去年收效更大也。

二、耕者有其田案，立法院於周初照所指示之要旨順利通過，完成法定手續，關於殘廢老幼以及血系弟兄之公田，准予保留三甲之規定，實為最合情理之裁決，頗覺自慰。

三、美總統愛克就職宣言，認為皆獲我心，故對美聯社特發表感想，其重點「將使世界自由國家，恢復其對美國領道〔導〕之信心」一語也。

四、韓總統自動欲來臺訪問，其情不可卻，應即覆電歡迎，惟對菲總統是否亦同時來訪共晤，是一問題耳。

五、美海軍巡邏機十八日在汕頭被匪擊落。

1　葉即葉公超。

本星期預定工作課目

1. 空軍指參學校畢業典禮。

2. 情報檢討會議。

3. 東山縣或南澳島突擊計畫。

4. 第八十軍人事問題。

5. 反攻總方略與準備要目。

6. 傘兵用傘之籌劃與款項。

7. 傘兵訓練之總數與計畫。

8. 對韓、菲總統來訪之接洽程序。

9. 上月反省錄之記述。

10. 卅二年二月日記之審閱。

11. 黃梨洲、劉蕺山[1] 集之翻印。

一月二十五日　星期日　氣候：晴

雪恥：魔鬼最後的毒計就是要使人推移往後，等待第二機會，誰知機會是只有一個的，失去了惟一機會，永無第二機會可待了。此為余屢次成功以後不能乘勢應機，對於重要關節讓其錯過，希望再有第二機會之到來，此所以終陷於最後之失敗也，對朱、毛如此，對李、白[2] 亦如此。須知革命端在握機，而且其機不可多得，一獲機會應即劍及履及，立即斷行，決不使放過千載一時之良機也，此自然指大事大計而言也。

1　黃宗羲、劉宗周。

2　李、白即李宗仁、白崇禧。李宗仁，字德鄰，行憲第一任副總統，1949 年 1 月蔣中正宣布引退，李代行總統職務，國共和談失敗，年底轉赴美國。

朝課後記事,記上周反省錄後,園中散步,憩廬休息後禮拜。約費吳生[1]夫婦等午餐。午課後帶武、勇車遊板橋回。閱董[2]著我傳後章畢,憩廬觀月。晚課後,約越南保大王[3]密使嚴繼祖[4]聚餐,乃知法軍對保大之監視如故,不僅無權,毫無自由也,可痛。入浴,剪甲,廿二時寢。

一月二十六日　星期一　氣候:晴

雪恥:昨晚指示王、葉[5]對韓總統來臺訪問之願望,我政府應及早表示歡迎之意,不可計及其來訪之結果利害如何。彼等以為於我目前無利可得,故不表示態度,此乃小見近利之所為,安能期其成事立業,而葉更無常識也。中、韓關係不比其他各國也,若輩只論利害,而不知親疏遠近之別,此中國之所以無外交家耳。

朝課後審閱對情報會議訓詞、講稿要旨,約一小時半。九時後到劍潭情報會議致開會詞,說明水滸傳為情報組織課程之主要材料,三國演義為謀略教程之主要材料也。十一時到研究院紀念周畢,召見恩伯[6]後回。午課後整書,十五時起飛,武、勇同來高雄休息。天朗氣清,觀海聽潮,讀唐詩。晚課,入浴。廿二時寢。

1　費吳生(George Ashmore Fitch, 1883-1979),美國長老教會傳教士,長期於中國傳教,戰後並服務於聯合國善後救濟總署。1952年1月美國援助中國知識人士協會成立,擔任遠東區總代表兼臺灣分會主任。
2　董即董顯光。
3　保大帝,名阮福永瑞,在位期間名阮福晪,是越南歷史上最後一個王朝阮朝第十三任、也是末代君主,1926年至1945年在位。年號保大。
4　嚴繼祖為越南革命同盟會成員,與中國國民黨吳鐵城熟識。
5　王、葉即王世杰、葉公超。王世杰,字雪艇,湖北崇陽人。曾任外交部部長,1948年3月當選中央研究院院士。1950年3月至1953年11月出任總統府秘書長。
6　湯恩伯,原名克勤,浙江武義人。1948年12月任京滬杭警備司令,1949年8月任福建省主席兼廈門警備司令。1950年4月任總統府戰略顧問。1953年,任駐日本軍事代表團團長,但數月後被免職,遷居東京。

一月二十七日　星期二　氣候：上風雨　下陰

雪恥：一、召見十八〔八十〕軍二〇六師師長[1]與石[2]司令，查明士兵集體請願之事實。二、催胡璉[3]司令對南澳島發動突擊。

朝課後記事，十時見美國駐臺艦隊長衛爾生[4]後，召見馬[5]總司令、周雨寰[6]陸戰隊司令等往美考察海軍五將領[7]，指示其要旨畢，續記昨日事及上周反省錄。午課後閱報，黃震遐[8]著展望一九五三年一文，較之其他文字為優也。約見美友二人畢，聽讀舊報後，規劃反攻大陸地區先後之順序及兵力之第一期總數，此為本年首要之工作也。晚課後觀國片影劇，其幼稚無比，乃中途告退。又因上午會客時傷風，故讀唐詩，入浴後，十時前就寢。

（昨夜一時後起大風）

1　邱希賀，號修賢，湖南安化人。原任第八十軍第二〇六師師長，因部隊改編，任第五十一師師長，11 月調任海軍總司令部第三署署長。
2　石覺，字為開，廣西桂林人。1950 年 6 月，任臺灣防衛總部副司令兼北部防衛區司令，1952 年兼南部防衛區司令。1954 年 5 月，調任第二軍團司令。
3　胡璉，字伯玉，陝西華縣人。1949 年 12 月 1 日，接任金門防衛司令部司令，4 日兼任福建省政府主席。後又兼任福建游擊總指揮。1951 年底，改兼福建反共救國軍總指揮。1954 年 6 月，調任第一軍團司令。
4　衛爾生（Thomas B. Williamson），又譯威廉遜，美國海軍將領，時任美國第七艦隊第七十二特遣艦隊司令。
5　馬紀壯，字伯謀，1950 年任海軍總司令部參謀長、副總司令。1952 年 2 月起任海軍總司令，1954 年 7 月任國防部參謀次長。
6　周雨寰（1912-1955），字艾芹，四川忠縣人。1950 年 1 月調任海軍陸戰隊副司令兼第二旅旅長，8 月升任海軍陸戰隊司令，並成立陸戰學校。1955 年在海軍陸戰隊司令任內病逝。
7　除馬紀壯、周雨寰外，其餘三人為許世鈞、夏新、孔令晟。許世鈞，時任海軍總部第五署署長。夏新，時任海軍總部第六署署長。孔令晟，時任海軍陸戰隊第一旅副參謀長。
8　黃震遐，筆名東方赫，曾任《新疆日報》社社長、《香港時報》主筆。

一月二十八日　星期三　氣候：晴

雪恥：一、謝志雨[1]、鄭果[2]及趙（霞）[3]、王[4]、葉（成）[5]等人事之決定。二、建軍三年計畫之研究：甲、軍費。乙、飛機。丙、軍艦。丁、重武器。戊、陸軍總人數計六十萬人（作戰部隊）。己、反攻計畫分三期：第一期計畫（沿海、沿江各省）定為三年完成，第二期收復西南，第三期收復西北、東北。

朝課後記事，召見胡璉，垂詢對東山與南澳之突擊計畫後，九時廿分出發，十一時前到東港空軍參謀學校舉行第十一期及中隊第一期畢業典禮，訓話，點名，照相，聚餐。召見地方官紳後，十三時回來休息。午課後閱卅二年二月上旬日記。晚課後召見石覺，問其第八十軍內部人事情形。晚閱報，讀唐詩，入浴，廿二時前寢。

一月二十九日　星期四　氣候：晴

雪恥：一、節約與鴨毛、豬鬃等之收拾運動。二、警察與管理公園、公物學課之加強。

昨日彰化以南之西螺大橋，已舉行落成開橋典禮，此橋長達二公里，為日據時代所不能興築者，而今由我政府竟於一年半之內完成。此橋對軍事價值固甚重大，而對於經濟關係亦極重要也，私心聊以自慰。

1　謝志雨，曾任團長、參謀長、副師長，1950 年至 1952 年任第五十四軍第八師師長。
2　鄭果，號維盛，湖南寧遠人。1952 年 4 月，任第八十軍軍長。1953 年 3 月，調任高級參謀。1956 年 5 月，調任第二軍團政治部主任。
3　趙霞，時任陸軍官校教育長，1954 年調任大陳島防衛司令部副司令。
4　王作賓，時任臺灣省保安司令部保安幹部總隊第二大隊長，3 月改任副總隊長。
5　葉成，字力戈，浙江青田人。1952 年 8 月，任第七十五軍軍長。1953 年 3 月，調任第八十軍軍長。

杜勒斯[1]昨日外交演說，其意義最大者為指明俄共是美國之敵人，其次為警告英、法必須與德合作，尤在逼英參加歐陸建軍計畫。此一演說與愛克就職聲明對照，乃加強其美新政府外交政策之堅定立場也。

朝課後記事，上、下午皆手擬本年度預定工作表，及反攻大陸之準備要項。午、晚課如常，右目閃光似加重為苦。晚聽讀新聞及讀唐詩。入浴後，廿二時寢。

一月三十日　星期五　氣候：晴

雪恥：一、對美提案：甲、本年最少限度計畫（補充兵八萬與營房十個團）：傘兵一師、裝甲兵改編四個單位等充實之計畫與不足之預算。乙、三年計畫：充實（戰前）五十個師，傘兵三個師等計畫與預算不足之數。丙、本年最大限度可能之計畫與不足之預算。

七時後方醒，起床朝課，記事，記下月工作預定表。午課後記上月反省錄後，帶武、勇乘車沿海濱要塞公路自西子灣經柴山，至左營巡視一匝，約一小時回寓。召見鄭果軍長，詳詢八十軍請願兵士與帶槍逃亡二兵之下落等不法情形畢。帶武、勇在海濱沙灘散步，夕陽西沉，雲霞放彩，水天一色，突呈奇觀也。晚課，入浴，讀唐詩。廿二時前寢。

1　杜勒斯（John F. Dulles），又譯陶勒斯、陶拉士、杜拉斯，美國政治家，曾短暫為參議員，1950 至 1952 年為杜魯門總統外交顧問。1953 年 1 月至 1959 年 4 月任國務卿。

一月三十一日　星期六　氣候：風雨

雪恥：美總統愛克對其國會報告諮文中，將說明其解除臺灣中立化之政策，惟仍令其第七艦隊協防臺灣，而對大陸沿海，則任由國軍行動，不再掩護共匪之意，通知我政府。但其不先以預商形式出之，此乃美國對華傳統之習性，應予糾正，惟對此一政策，吾人認為正確而予以贊許。

朝課後記事，著述四十一年總反省錄。翻閱去年日記，甚覺去年之德性與信心未見增進，而或有退步之象，但幸無墜落，今後應特加警惕戒懼、自勉求進也。午課後續記總反省錄。晡召見邱希賀師長，此人非將才，不能再用。凡孫立人所用之人，幾無一人能盡其職也，可歎。晚課後讀唐詩，廿二時寢。

上月反省錄

一、俄國自本月起對猶太人排除陷害日甚一日，此事已公開無忌，不復掩飾矣。此在十二年底，余遊俄回來面報總理 [1]，俄人排猶，為其共黨內部黨爭之主要原因。當時總理以雙目瞪余，認余觀察為存有成見之意。其後俄共陸續不斷取締猶人，集體遣送於西比利亞東部，集中於所謂「猶太區」中。但當時諱莫如深，惟時隔卅年，至今方公開宣布，一如余之所言。如總理有靈，其必信余之言為不誤矣。

二、邱吉爾年初訪美，與愛克談話結果似無所得。據報其面遞之備忘錄所列各個具體問題，以愛克不能為其作答，故其未約第二次會晤而直回英國，此消或不子虛乎。

三、愛克就職宣言，其滿腔熱忱與公道，乃以救人救世為己任，當非如普通政客所為者可比，故吾信以為真也。加之月杪杜勒斯所發表之外交宣言，直稱俄國為其美國之敵人，毫不顧忌，更可知美國共和黨新政府之政策積極而堅決，不能再有退縮之餘地，反觀今日俄帝之地位，亦再不能為美國堅強之表示而有所退讓，如其一為退讓，則對其一般附庸之威信喪失，而其共產集團內部將呈動搖而無法維持矣。尤其是今日英國亦不能從中牽線作祟，其他再無第三者可為之周旋，作其緩衝之資格者也。

四、立法院對耕者有其田案及其議事規則之記名提〔投〕票案，亦皆如中央所決定者通過矣。

五、軍事會議總檢討與本年工作方針與重要提案之決定，費力雖大，而收效必多，尤其黨政幹部皆令共同參加軍事會議，對於黨政之影響必有重大之進步也。

1　指孫中山（1866-1925），中國國民黨總理。

六、觀乎廿九日紐約州長杜威[1]應邀記述臺灣記錄影片之作為，以及愛克與杜勒斯之言行，如將去臘希肯羅勃之言對照，美國今日政策，對亞洲反共領導者之屬望已自日本與印度轉移於中國矣。

1　杜威（Thomas E. Dewey），美國共和黨人，1943 年 1 月至 1954 年 12 月任紐約州州長。

蔣中正日記
Chiang Kai-shek Diaries

二月

蔣中正日記
Chiang Kai-shek Diaries

蔣中正日記
Chiang Kai-shek Diaries

民國四十二年二月

本月大事預定表

1. 對美軍援計畫之表報製定。

2. 反攻作戰方略之策定。

3. 第八十軍人事之調整。

4. 去年行政成績之宣布。

5. 援韓部隊與將領之準備。

6. 對美交涉與援韓條件之擬訂。去年十一月十二與十七日記與九日日記。

7. 西太平洋反共陣線之方略與重心。

8. 反攻時期之擬議。（去年十一月中旬自反錄）

9. 反攻兵力及經費之概要與準備。去年十二月十六日日記。

10. 精神動員與思想領導，民權、民族主義之方針。

11. 侍從人員守則與侍從室組織之研究。

12. 對臺灣防守中美共同之計畫。

13. 第六十七軍人事之研究。

14. 戰車部隊分編師之實施。

15. 公務員朝操或晚操之實施。

16. 以麵代米之餘款計畫及督導。

上星期反省錄

一、情報會議工作檢討與計畫之決定，實為革命工作重要業務之一，本應由余親自主持者，今可完全交經兒代行，實節省余之精力不少。去年以來，益覺在大陸時代皆要余個人所承擔之工作，而今則可以分身有二人為之分任，故一切工作效能倍加，而且經兒之實踐精神比余更強，凡過去只憑口授令行而不能親自督察者，今且能澈底實行矣。

二、在高雄休息一周，對於本年大事預定之重要問題：甲、各〔國〕際形勢之預測。乙、反攻大陸之方略與地點。丙、反攻兵力與經費之籌畫。丁、對美援希望之事項等，皆有一基本之定案矣。

三、本年第一期補充兵一萬人，於月終如數征集無缺，一切手續與準備極其完滿，此乃得力於去年圓山軍訓團動員訓練之效果，實足自慰，可說動員基礎已初步建立矣。在日本行之於數十年時間而始能完成者，今竟於二年之內實施矣。

本星期預定工作課目

1. 核心幹部之人選。
2. 戰士授田制之督促。
3. 對共匪與俄寇之研究機構。
4. 何世禮[1]派為聯合國軍事代表。
5. 對軍援計畫之擬議。
6. 查參校一期學員成績表。

1　何世禮，原籍廣東寶安，為香港富商何東爵士第三子。1949 年起歷任國軍東南補給區司令兼基隆港口司令、國防部常務次長、駐日軍事代表團團長兼盟軍對日理事會臺灣代表。

7. 對美解除臺灣中立化之聲明。

8. 準備美國宣布廢除雅爾達時之宣言，對東北與外蒙有關協定或宣言亦因之作廢。

9. 召見日本橋本[1]議員。

二月一日　星期日　氣候：南晴　臺北陰雨

雪恥：一、院省行政成績之講評。二、令蔡斯提告其對我軍援之意見書。三、對解除臺灣中立化之聲明稿。四、保荐人才之獎勵。五、院團優生經常聯絡與考核之組織計畫。六、胡璉、李彌[2]之加銜命令。

朝課後審閱葉[3]部長與愛克、杜勒斯及雷德福[4]之報告：甲、我軍援韓問題並無主張。乙、望我收復海南過於反攻大陸。丙、臨時協防港九之擬議。丁、不願我有過分之要求。戊、不願我多征編臺灣兵。己、望我以小數軍隊反攻大陸，獲取民心與兵源。庚、對我空軍、海軍之援助，不能多加供給。辛、未提遠東組織。

正午飛回臺北，商討對美解除中立化通告之覆文。召見藍欽，表示對其政府政策之欣慰與督促中美軍事聯合組織之加強也。午課後續記總反省錄之政治、黨務二節，尚未完畢。

1　橋本龍伍，日本政治家，六屆眾議院議員。1951 年 7 月就任吉田茂內閣厚生大臣兼行政管理廳長官。

2　李彌，字炳仁，號文卿，雲南騰衝人。1950 年率部撤往緬甸、寮國、泰國交界地，任雲南省政府主席兼雲南綏靖公署主任，繼續於雲南江心坡地區帶領滇緬孤軍與中共對抗。1952 年 1 月，受任為雲南人民反共救國軍總指揮。1953 年 11 月起至 1954 年 5 月，迫於國際決議，部隊從緬北撤回臺灣。

3　葉即葉公超。

4　雷德福（Arthur W. Radford），美國海軍太平洋艦隊司令。

二月二日　星期一　氣候：陰雨

雪恥：昨晡巡視研究院以後，約道藩晚餐畢，帶武、勇在中山橋散步、觀月。晚課後寢。

朝課後記事，手擬軍援計畫，對美應解決之問題及我反攻大陸之目的，與對韓戰之意見等草案數十條。十時到石牌動員訓練班紀念周，宣布美國為解除臺灣中立化問題已來征求我同意消息後，朗誦民族正氣篇畢，巡視兵學研究會（實踐學社）。回寓，續擬軍援計畫等案，十三時後方完。午課後，令至柔製定對美援希望與三年計畫之建議書。接見日本議員橋本君，茶典〔點〕畢，到研究院召見廿三期學員開始回，入浴後，審閱雪艇所擬對解除中立化之聲明，不能用也。讀唐詩後，晚課畢，廿二時寢。

二月三日　星期二　氣候：雨

雪恥：一、催以麵代米辦法。二、催美國噴射機隊來臺。三、督導黨員登記工作。

五時前起床，朝課後手擬對「臺灣解除中立化」之響應宣言，以昨日代擬稿無生氣且多自卑不利之語意也，殊為可歎。關於決不要求美國陸軍在大陸助戰一段非鄭重聲明不可，此於我國與美政府皆有助益也。十時入府，到月會聽雷法章[1]講述職位分類法，甚有條理也。召集一般會談，商討愛克解除中立化宣言後之我聲明文稿及防空問題等要務。午課後續記去年總反省錄，未完。到研究院召見學員五十人回。讀唐詩，入浴。令文孫[2]來，教以讀熟古文百篇以後，對於作文方有益也。晚課，廿二時寢。

1　雷法章，湖北漢川人。1948 年 7 月，出任考試院秘書長，1952 年 6 月，調任銓敘部部長。
2　蔣孝文，字愛倫，為蔣經國和蔣方良長子，生於蘇聯，1937 年隨父母回國，1949 年隨家庭來臺。

二月四日　星期三　氣候：陰雨

雪恥：一、加強軍官團組訓規程與方法。二、第二次大戰之研究。三、研究院省藉〔籍〕（為主）及學歷、職業類別。四、公務員朝操或晚操之提議與準備計畫。六[1]、發胡適之經費。

朝課後記事，往訪李炯〔君〕佩[2]病，彼割腿療治後精神尚佳，但甚瘦也。聞騮先[3]同在病院，亦順訪之。十時入府召見十餘員，並見出國考察兵工與學習空軍人員十八名畢。與至柔談十八軍人事及委任匪方曾生為軍長事。與雪艇談對外交，彼意先允英國以在華合法之權利也。批閱公文二十餘件。午課後續記總反省錄，到研究院召見五十員名回。讀唐詩，忽覺喉乾發痛，即停讀，入浴。經兒與三孫同餐，續記，晚課。

二月五日　星期四　氣候：陰

雪恥：一、總登記情形之查報。二、人事制度與鄉村及下級服務年限（最低）之規定。三、對留日學生及僑校之組訓方針與辦法。

朝課後記事，十時到黨部（中央）常會，研討立法院提案程序與黨政關係案。對於立院小組委員會人數及召集人人數，與指定分配等辦法之原則，以國楨建議案專設小組審議，以此時可嚴格制定立法院之政黨政治與國會之基本組織法規，不能再事延宕。余認為立法院之基本組織乃在各小組委員會，必須依照英、美之法則，使之上軌也。午課後續記總反省錄之軍事部門未完。到研究院召見五十員回，晚課，膳後觀影劇。廿二時半寢。

1　原文如此。

2　李文範，字君佩，1947 年行憲後出任司法院副院長。1950 年任總統府國策顧問。

3　朱家驊，字騮先，浙江吳興人。1950 年 3 月，任總統府資政，7 月，創辦《大陸雜誌》。同時為中國國民黨中央評議委員。

二月六日　星期五　氣候：陰雨

雪恥：一、對俄作戰綱要及對俄戰鬥法。二、由於裝甲兵團發達，地面作戰由線至面、由平面而至立體之意義。三、謝壽康與朱紹良[1]之委任。

朝課後記事，共匪對愛克解除臺灣中立化與余對此聲明，皆變更其語意，而以仇恨與怒罵之聲調，在其廣播直告無隱，可知其鐵幕已無法封鎖，不得不作此無法之法的反宣傳，但其作用乃必相反。大陸同胞聞此宣傳必更暗中竊喜，如獲至寶矣，余亦為之大慰。十時入府，會客後財經會談，以糖價大踢〔跌〕，臺糖公司出產增多而銷路難覓，因之金融與經濟牽累憑〔瀕〕危為慮。午宴評議委員。午課後召見學員五十人。晚課後續記總反省錄。

今午宴時未能戴帽，故受寒傷風，幸未發熱，故工作如常。

二月七日　星期六　氣候：陰雨

雪恥：一、查邵正浩[2]（馬陵戰史之商榷）與盧鳳閣[3]（中外古代戰史附圖）著者履歷之查報。二、教育廳長人選（鄧傳楷[4]、王星舟[5]、李士英[6]）之召

1　朱紹良，字一民，原籍江蘇武進，生於福建福州。1949 年 1 月任福建省政府主席兼福州綏靖公署主任，8 月退往臺灣。1950 年任總統府戰略顧問，後改聘為國策顧問。

2　邵正浩，陸軍大學教官，1953 年 2 月 8 日在《中央日報》發表〈烏陵戰史之商榷〉乙文。

3　盧鳳閣，號仲麟，1948 年任監察院監察委員，並兼任陸軍大學教官，1949 年 4 月任監察院雲貴區監察行署委員。

4　鄧傳楷，江蘇江陰人。1950 年 11 月，任中央改造委員會第一組副主任。1952 年 10 月，兼任中國青年反共救國團副主任，11 月任中國國民黨中央第二組副主任。1953 年 4 月，任臺灣省政府委員兼教育廳廳長。

5　王星舟，名月帆，以字行，遼寧海城人。第一屆國民大會代表，1950 年 8 月任教育部社會教育司司長、中國國民黨中央改造委員會第一組副主任。

6　李士英，號了人，河南尉氏人。曾任國防部總政治部第二組組長兼軍事新聞社社長、中國國民黨中央設計委員會副主任委員。時任中央委員會第四組副主任、行政院設計委員，同年 8 月任《中央日報》副總主筆。1954 年 10 月，任監察院秘書長。

見。三、范魁書[1]、馮世範[2]、楊希震[3]之召見。四、保荐人才義務之規定。朝課後記事，十時入府，召見周承焱[4]等六員後，軍事會談研究兵額與越南被留國軍運臺後之負擔問題，三萬人之中惟有一萬人堪用也。研討補充兵入營之整齊不紊，成績應歸功於日本教官對我之精誠也。午課後記上月與上周反省錄，殊覺自慰。八年忍辱，三年負重與自力更生之決心，而竟能創造今日之局勢，此乃上帝所賜之智能，而決非人力所可旋轉也。晚宴美軍援局長歐姆斯脫[5]，余惟一要求中、美共同作戰，聯合參謀處之從速組成是也。

上星期反省錄

一、愛克已於本日（二日）下令於其第七艦隊，不再干涉國軍之襲擊大陸匪區，但秘不公布，此正合吾意也。

二、愛克「解除臺灣中立化」之國情諮文發表以後，英國朝野驚惶失措，除其工黨一片反對惡聲以外，甚至倫敦泰晤士報社評亦竭力反對，且仍認中共匪黨為友，而認我自由中國為敵也。其最大原因，乃為美國此舉未先與英洽商也，因之惱羞成怒至於此極。但其政府當局態度尚稱溫和，而邱吉爾對此未發一言，保守緘默也。

1　范魁書，字占元，曾任臺灣北部防守區司令部主任、陸軍總司令部政治部副主任、總政治部第七組組長等職。1955 年起任軍法局副局長。

2　馮世範，字先之，1928 年獲浙江省政府首屆縣長考試第一名，試署淳安縣縣長。1930年調任餘杭縣縣長。

3　楊希震，字葆初，湖北棗陽人。曾任中央政治學校訓導長，1949 年至 1954 年任代理校長。

4　周承焱，字赤忱，辛亥革命元老。南京國民政府成立，任軍事委員會高級顧問。後又先後任青島市港務局長和福建省總參議。抗戰軍興，隱居上海。後去臺灣。

5　歐德倫（George H. Olmsted），美國陸軍將領，1944 年派往中緬印戰區，擔負後勤、租借、訓練和秘密任務。1950 年至 1953 年間任美國國防部軍援室室長。

三、杜勒斯訪歐九日，最後聲明要求西歐各國在四月以前須作事實之表現，此乃美國對英國外交之強硬所從未有者也。

四、美國對封鎖大陸匪岸之準備，觀乎雷德福在其會議報告之言論，以及其各種行動，可信其在積極進行之中。而其有心援撥我有力艦艇，當無疑義。但其要求我先收復海南之意見，實與我相反耳。

五、近日性燥肝旺，諸多不耐，急應休養也。

本星期預定工作課目

1. 戰車隊、工兵部隊之組訓健全。
2. 特種兵補充兵員之儲備。
3. 抗戰建國英文本查報。
4. 生命的意義之闡發。
5. 中央亞細亞調查錄。
6. 緘默運動。

二月八日　星期日　氣候：陰沉

雪恥：一、施政應以各地區實際情形為依據。二、執行政務，應鼓勵其自動精神與堅強之責任心，及嚴守紀律之守法習性。三、銓敘、會計（審計）、考核、監察工作之合理與加強。四、電影廣播宣傳工作，注重經濟與社會建

設，工業化與科學化之方法。五、召見王傳曾[1]（河南）與葛覃[2]、仲肇湘[3]。昨夜以風大，門窗搖動作聲，未能安睡。今晨朝課後甚覺傷風為苦，乃不往禮拜，獨在寓中記事，記去年反省錄第六項匪區情形之部完。午課後抄錄舊日記，關於黨務政治與軍事重要條文，今日仍可適用者數十條，擬示各主管者繼續實施，自覺最為有益，但費心亦較多也。緯兒來談，三孫來晚餐。晚課後入浴，廿二時寢。

二月九日　星期一　氣候：晴

雪恥：不教而殺謂之虐，不戒視成謂之暴，慢令致期謂之賊。

朝課後記事，十時到研究院，舉行第廿三期結業典禮，解釋新精神、新作風之起點，在對下服務、對上負責着手。對於大專畢業生政治常識，測驗結果大多數皆不及格，此種學生畢業後，必不能為愛國之普通國民，只造成其充任亡國奴之資格。此乃教育部廳當局不能盡其職責，最大之罪惡也，未知陳雪屏[4]與程天放[5]果能動心否。召見學員五十人完，對徐培根等赴美考察五員[6]

1　王傳曾，號述魯，河南西華人。曾任中央設計局主任秘書，1946 年 12 月調任財政部秘書，1947 年 9 月任河南省政府委員、河南省銀行總經理。時任財政部賦稅署副署長。
2　葛覃，字挹純，曾任中國國民黨青島市黨部主任委員、交通部參事。時任立法委員。
3　仲肇湘，字紹驤，江蘇吳江人。江蘇省第三選區第一屆立法委員，歷任中國國民黨中央設計考核委員會委員、國立政治大學教授、《中央日報》總主筆。
4　陳雪屏，1949 年 4 月出任臺灣省政府委員兼教育廳廳長。1950 年 8 月出任中國國民黨中央改造委員兼第一組組長。1953 年開始擔任臺灣大學心理學系教授。
5　程天放，原名學愉，字佳士，號少芝，江西新建人，生於浙江杭州。時任立法委員。1950 年 3 月，任行政院政務委員兼教育部部長，任職至 1954 年 5 月。
6　徐培根、蔣緯國、劉雲瀚、龔愚、王觀洲。徐培根，字石城，曾任航空學校校長、軍事委員會航空署長等職。1951 年起任國防部作戰參謀次長。劉雲瀚，1949 年 8 月至1952 年 1 月任第十九軍軍長。1952 年 1 月任聯合勤務總司令部兵工署長。1954 年 7月任工兵學校校長。龔愚，字樂愚，曾任砲兵團團長、軍政部工程處處長、國防部第二廳副廳長等職。時任陸軍總部副參謀長、步兵學校校長。王觀洲，字子仲。1947 年派駐法國武官，1949 年任砲校復校第一任校長，後任馬公要塞司令、訓練副司令等職，並晉升中將。

傳見，告戒之。正午聚餐，午課後三時起飛來高雄，以臺北氣候不適也。入浴，晚課，讀唐詩。此來孝文、孝武、孝勇三孫為侍從，解我寂寞不少。廿一時寢。

二月十日　星期二　氣候：晴

雪恥：一、韓戰紀要與在韓匪軍戰法之查報。二、廢除「野爾達」密約[1]時，即聲明廢除中蘇友好協定及准予外蒙獨立宣言的準備。以今日外蒙人民完全已被俄帝所奴役，外蒙土地已成為俄帝之附庸範屬，而無獨立自由之可[2]也，故必須實與當時宣言之宗旨相反，故應予廢除。但將來對外蒙獨立自由之威脅消除，確能保證其獨立自由以後，當仍予其獨立自由也。

昨夜睡眠最佳，今晨起床已七時半矣。朝課後痰疾復作，不勝困擾。餐後在院落散步一周回，手擬覆合眾社長問答稿，雪艇草案不能用也。初稿正午完成，但午課後陸續修稿，至夜深方脫稿寄出。晡在海濱帶三孫遊覽。晚課後觀國產電影（巫山盟），仍覺幼稚也。廿二時半寢。

二月十一日　星期三　氣候：晴

雪恥：今晨痰咳比昨更劇為苦，此在重慶所得之舊疾，自到臺灣以來，每年冬季已三年不發，忽於近日復萌，乃知其病不易斷絕也，應切戒之。

朝課後記事，聽讀新聞與工商日報，及香港時報社論各兩篇，頗有益於我也。上午仍續修對合眾社問答稿，對於俄國直接干預之疑問重作闡明，又對於使

1　雅爾達密約。
2　原文如此。

用原子彈問題，增述韓戰亦不能因使用原子彈而達成解決戰爭之目的，予以強調。此或對美國議會要求使用原子彈之意見，發生緩和作用，乃於其政府有補也。並修正答紐約論壇報記者四問。午課後審閱至柔致蔡斯函稿，加以修正畢。晡在海濱散步後入浴。晚課，讀唐詩。廿二時寢。

二月十二日　星期四　氣候：晴

雪恥：一、陸軍總部匪諜之肅清計畫，應即着手。二、健全外交部人事計畫。三、取消第四軍訓班聯誼會。四、約請美國懂中文之教士專事譯文。

朝課後手草致妻電文，及補修答合眾社最後之問題（是否俄國直接干預我反攻大陸之看法一點）畢。記事後已將近午，乃至海濱散步，直到北面過海中小珊瑚岩一公里餘之盡頭處，以今日為陰曆廿九日午時，潮汐最低，故可直達該處，以平時潮過小珊瑚岩，故山腳有水，不易到達也。正午雪艇、至柔與公超來見，公超為要突然廢棄中俄友好協定案，已提其行政院例會通過，而來請示實行步驟。問其有否預商美國，彼答此不須預商美國，可由自我先於美國廢棄密約案，而主動行動也。其幼稚愚昧之不可及如此，余切戒其不可，此時更應預商美國，不可單獨自擅，以這種主動外交毫無意義也，乃決先商美國也。

二月十三日　星期五　氣候：晴

雪恥：昨午與公超指示外交以後，至柔報告李彌來電，彼在緬邊所佔之島嶼已被緬政府軍攻陷，故運械之艦應另易他處登陸。余先允之後知其指之處所，為非其所佔領者，而要由我運艦直接佔領，方得登陸，此烏乎可。而且該處（維多利亞）即與馬來岬相聯，乃為英國時刻注視，無異仍為英人所控置

〔制〕，必不能任我運艦登陸佔領也。故急命運艦回航臺灣，此乃軍事首長幼稚無識之一般也。外交與軍事當局之識見如何，可奈何。再與雪艇商定答合眾社稿，余多採納其意見作最後決定。午課後續審答案，仍有修正後，乃令照發也。入浴，晚課，讀唐詩。廿二時寢。

本（十三）日朝課後，以壬辰年舊歷除夕，經兒全家與緯兒同來高雄過年，在澄清樓陽臺上觀海，談笑約半小時，乃聽讀新聞，記事。午刻與兒孫在昨遊之處（海濱）照相取樂。午課後帶兒孫等登旗山燈塔，眺覽高雄全境。其實旗津區濱海風景，比市區更為優勝也。

二月十四日　星期六　氣候：晴

雪恥：昨晡由旗山乘渡，便遊愛河口，乃知高雄港區之寬大深長，其形勢與地位之優良，超越於基隆數倍，將來小港之南口開通，則青島亦不能比勝矣。據港務局長指稱，港口山巔之測候所，乃即百年以前天津條約內與英國所訂通商口岸之一，英人所建築之領事館，與今日淡水之領事館同時建築之遺跡也，不勝感慨係之。回寓，入浴。晚課後與家人及高級侍從聚餐後，觀武、勇放流星炮竹畢，觀影劇後默禱，感謝上帝後，廿二時半寢。以妻未在家，甚覺寂寞。

本（十四）日，為癸己〔巳〕年舊歷元旦。四時醒後即起床禱告後，朝課畢，五時半曙光（拂曉）微露，乃在澄清陽臺上對海觀漁火燈船後，記事畢，已六時半矣。

陰歷元旦。

上星期反省錄

一、在高雄度舊歷除夕，團飲酴酥[1]，比之在故鄉過年則何如。甚念鄉間親友，不知作如何情況矣。因妻未在家，終覺寂寞耳。

二、美政府對封鎖大陸匪區之主張，以要求聯合國完全禁運為條件，則可不實行封鎖。此一提議或可加重禁運分量，並非無補於實際，蓋封鎖問題，實為次要不得已之舉，比之轟炸大陸之關係，則不足道矣。

三、本周對合眾社問答用心較切，故費時亦久。

四、對美援要求計畫已審核完成，但暫不提出。

五、對李彌運械計畫令運艦回航事，李尚反對也。

六、對自動廢除中俄友好協定而不先商美國，實為最大錯誤，嚴命中止。此乃對美外交成敗之機，幸及時阻止耳。

本星期預定工作課目

1. 為香港商務書館與中華書局之存港紙型設法保存事，只有呼籲聯合國文教會協助，要求香港政府負責保護，以免共匪強制燒燬，此應為舊歷新年之第一要務也。

2. 傳見袁[2]、劉[3]、胡（翼垣〔烜〕）[4]、劉（鐵君）[5] 92D。

1　原文如此。意指屠蘇酒。
2　袁樸，字茂松，湖南新化人。1952 年 2 月升任臺灣東部防守區司令官。1953 年 3 月調任預備軍團司令官。1954 年 5 月調任第二軍團副司令官。
3　劉玉章，字麟生，陝西興平人。1952 年 2 月，任臺灣北部防衛區副司令官兼第五十二軍軍長。1953 年 3 月，任臺灣中部防衛區司令官。
4　胡翼烜，字炳文，1950 年 10 月，調升第五十四軍軍長。1953 年 7 月，調任第十九軍軍長。
5　劉鐵君，號友梅，安徽桐城人。曾任第六軍第三六三師副師長，時任第五十四軍第九十二師副師長，1954 年 3 月升任師長，6 月調任實踐學社教官。

3. 巡視補充兵營房。
4. 調動軍師長命令：劉安祺[1]調澎，劉玉章調臺中，郭永[2]升 52A 長，其遺缺由邱希賀補充，鄭果調東區副司令，劉鐵君升 92D 長或由吳生〔文〕芝[3]調補。
5. 續省〔審〕卅二年日記。
6. 去年行政成績之評定。
7. 中央亞細亞調查錄之搜集。

二月十五日　星期日　氣候：陰風

雪恥：一、五十二軍副張勗哉[4]履歷成績之查報。二、查記高雄市議長孫媽諒[5]與陳武璋[6]。

昨（元旦（癸巳））晨記事後，即在澄清陽臺上獨自朝餐畢，前往海濱散步，兒孫皆來陪行，遊覽約半小時後，帶領全家至臺南遊覽孔廟與鄭成功祠。孔廟因去年風災破陋多處，應即修理，因團管區部駐內更不潔淨矣。以後凡舉辦軍事，必先預建其駐所，否則不如不辦也。正午回澄清樓寓所午膳。午課後重寫妻函，交緯兒赴美帶去也。晚課後膳畢，觀海軍調龍燈，與武、勇放爆竹完。觀偉大領袖影片，須多改正。讀唐詩後廿二時寢。

1　劉安祺，字壽如，山東嶧縣人。1950 年任臺灣中部防衛區司令官。1953 年 3 月，調澎湖防衛司令部司令官。

2　郭永，號頤卿。又名濟中，湖南醴陵人。1950 年 3 月，任第五十二軍副軍長兼第二師師長，9 月任第五十二軍副軍長。1953 年 3 月，升任第五十二軍軍長。1954 年 5 月，改任第八軍軍長。

3　吳文芝，四川宜漢人。1952 年 7 月，任陸軍指揮參謀學校教育長。1953 年 4 月，任第三軍第三十二師師長。

4　張勗哉，1950 年 7 月起任第五十二軍副軍長。

5　孫媽諒，1951 年起歷任高雄市第一屆市議員、第二屆市議長、第三屆市議員。1958 年任滿後棄政從商。

6　陳武璋，曾任高雄市參議員、市議員，時任高雄市議會副議長。

本（十五）日，朝課後記事，記上周反省錄，口授令稿卅餘通。午課後聽讀新聞，記九年復國方略。晡帶武孫巡視柴山村附近軍官守備隊，其腐敗情形與大陸無異，可歎。回寓，修正「民族正氣」篇。晚課後入浴，讀唐詩。廿二時寢。

二月十六日　星期一　氣候：晴

雪恥：一、本年每周課程時間表應另定，以實踐學社教育為首務，研究院高級班學員之考核工作次之。二、內務教育應注重修理、整理與管理為要領，不僅以整齊清潔而已。三、寰宇社軍援擴張範圍與大道社遊〔游〕擊隊數消息，應更正警告。四、大陳機場催修。五、召見臺南團管區司令。六、科學促進會之組織。七、警察對衖口巷底與每家後門之清潔，與巡查改正之方法。朝課後記事，寫妻第二函與寫緯兒信後，閱報畢，擬訂本年每周工作時程表。據報，美政府又要求我李彌部隊在緬甸者運回臺灣，此種無理要求，可說幼稚已極，事事皆以英命是從也，可痛。午課後續訂時程表畢，審閱舊日記卅二年三月，英、美作戰宣傳利己損人，以中國供其犧牲之毒計，思之猶覺寒心也。晚課後廿二時寢。

二月十七日　星期二　氣候：晴

雪恥：一、師團管區幹部太不健全，訓練補充兵恐無效果，其住所與內務精神皆散漫不整，應速設法糾正。二、軍士制度，軍士仍可選考軍官訓練後升任官長之說明。
朝課後餐畢，記事。修正對行政各部門去年成績總評稿，仍等於手擬，故甚費心力。文人幕僚皆不肯對事研究深入，此乃國家之制〔致〕命舊習也，可

憂之至。午課後續修總評稿未完。十六時後召見袁樸、劉玉章、胡翼烜諸將領，胡較有希望，劉為偏將之長，袁則平平而已，劉鐵君乃一幕僚之材，不能任主官也。晚課後聚餐，聽讀布來德雷[1]對記者答詞後，彼以為心理作戰，而實使俄共對其心理與謀略怯懦無為，韓戰更使共匪多一層保證，結束絕望矣。從未見強國參謀總長有如此之愚拙無能者也。

二月十八日　星期三　氣候：陰　溫度：七十

雪恥：一、查王遐齡[2]與黃知行[3]現在工作及履歷。二、科學促進會與工程師學會之組織及目的之研究。三、心理作戰與宣傳戰之研究人員之物色。

朝課後記事，上午聽報，續修行政成績講評稿完。午課後，審閱一月間對軍事會議口頭講評稿未完，聽批公事。在美、在日之反動叛亂分子以第三勢力為名，竭力作祟造謠。彼等實已來歸，無顏賣空技窮，不得不如此也，可憐而已，惟有一笑置之。美國眾議員柯爾[4]提案，授權其總統以驅逐艦六艘供給我政府，此案當有通過可能也。晡帶武、勇車遊市區，經建國三路、四路回寓。晚課，入浴，讀唐詩。廿一時半寢。

1　布萊得雷（Omar N. Bradley），又譯白來得雷、布來德雷，美國陸軍將領，曾任第十二集團軍司令、陸軍參謀長，1949 年 8 月至 1953 年 8 月任在參謀首長聯席會議主席。
2　王遐齡，湖南湘鄉人。時任《工商日報》專欄作家。
3　黃知行，時任《工商日報》專欄作家。著有《心理作戰的方法》、《心理作戰與反共運動》。
4　柯爾（William C. Cole），美國共和黨人，曾任眾議員，1953 年 1 月再任眾議員（密蘇里州選出）。

二月十九日　星期四　氣候：晴

雪恥：一、各種專家之網羅計畫。二、科學與技術發明之審核與獎勵機構。三、各軍種軍校畢業學生服務手冊之編著。四、國防部警衛大隊之撤併或其隊長之調換。五、民航局何屬。六、約見高雄市各主管、長官。七、寰宇社擴大軍援與大道社六十萬遊〔游〕擊隊消息之追究。

朝課後記事，上、下午皆修正軍事會議口頭訓示與講評補充稿，未完。正午在前院古木林中，與武、勇玩耍並野餐。晡帶武、勇巡補〔視〕要塞，環島公路自左營經水堡、柴山回西子灣一匝，但見陸戰隊之整齊與要塞之破落也。午課、晚課皆如常。晚讀唐詩，廿二時前寢。

二月二十日　星期五　氣候：晴

雪恥：一、臺南市團管區張勳增[1]不行。二、葉會西[2]之召見。三、李彌部對美國之要求（調臺），應據理說明婉拒。四、師團管區人事之澈底整頓。

朝課後記事，上、下午皆續修軍事會議訓示講稿。正午與武、勇仍在前院林中玩耍與野餐，老年忙中取樂，惟此天真之孫兒遊戲啼笑而已。午課、晚課如常。聽讀新聞與輿論，多要求政府取消中俄協定，余認為須待美國取消雅爾達秘密協定中國之部分以後再取行動，並將外蒙獨立宣言亦一併取消為妥耳。昨日我與西班牙友好協定已經正式簽訂矣。晚讀唐詩後，入浴，廿二時寢。

「目視丹田」工夫實施已一年有餘，凡在朝、午、晚課默禱、靜坐之末，必作此工夫，但毫無發現，故自今日起完全停止。

1　張勳增，河南項城人。歷任臺南團管區司令部司令、第八十四師副參謀長。1962 年 4
　月任反共救國軍步兵突擊第一支隊支隊長。
2　葉會西，時任總統府參軍，後任國防部聯合作戰委員會委員。

二月二十一日　星期六　氣候：晴　溫度：六十二

雪恥：一、召見南部團管區司令與步校優員。二、召見陸戰隊顧問。

朝課後續修軍事會議訓詞完畢，記事。正午仍在前院古木林中，與武、勇玩耍野餐。午課後題元旦照相。十六時見藍欽，出示其國務院訓令，要求余立即下令李彌在緬部隊撤調回臺，余答只可調李彌來臺，洽商其能否如此，但余決不能立即下令，並明告其此為英國從中作祟，故使你美國對我政府為難，而美之此舉太無情理，而且緬已承認共匪，李部自由行動乃為當然之事。再告其李部如撤回來臺，則我滇、桂人民對反共心理必大受打擊，以後雖欲再組此種在西南反共力量亦不可得，美將後悔莫及之意。最後擬另商兩全辦法：一面使李部仍可留緬，一面對緬政府無所損害之方案，彼乃贊成。晡約高雄黨政主管茶會。晚課後，約藍欽、雪艇、玉璽[1]等聚餐閒談後，廿二時後寢。

美國政府對我廢除「中蘇友好協定」之答覆「並無其他意見」，表示贊同之意，乃令行政院即提交立法院審議。

上星期反省錄

一、杜勒斯由歐視察回美報告其感想，認為歐洲各國對於防務狀態並未死，而只在沉眠而已。此乃美國九年前對華攻訐開始時之狀態，而今亦加之於歐洲矣，但此為出諸其對歐自動之感覺，而非如昔日對我受共產國際宣傳之影響。其語意雖過驕矜，不堪諷刺之感，然其希望歐洲各國積極備戰之意甚誠，乃與其民主黨政府有意侮辱與遺棄中國之心理，完全不同也。

1　黎玉璽，號薪傳，四川達縣人。1952 年 4 月，調任海軍總司令部副總司令兼海軍艦隊指揮部指揮官，1955 年 9 月免兼。

二、審閱布來滴淚（德雷）[1] 對記者談話之後，徒使俄共對韓戰更無忌憚，而反多一層保證，對韓戰場決不再有攻勢行動而已。

三、我與西班牙友好條約簽訂發表。

四、英、埃對蘇丹協定簽訂。

五、美眾議員柯爾提撥助我驅逐艦六艘案。

六、美國要求我駐緬李彌部調回臺灣，尚在研究，據理反駁中。

七、舊歷在高雄過年，兒孫皆團聚一堂，重要工作如去年日記總反省錄及軍事政治各講評，皆能如計完成，心身更覺安樂也。

本星期預定工作課目

1. 國民大會與明年選舉問題之研究。

2. 撤消外蒙獨立承認手續與利弊之研究。

3. 十三師改編傘兵總隊。

4. 第八十軍人事。

5. 澎區、中區人事。

6. 第五十二軍人事。

7. 第五十一師謝志雨遺缺。

8. 研究院高級班人選。

1　布萊得雷（Omar N. Bradley）。

二月二十二日　星期日　氣候：晴　溫度：六十二

雪恥：婦女多情感用事，一惟主觀與偏見為主，此其所以不能預聞政治也。

朝課後記事，記本周工作預定表及上周反省錄。上午重校行政講評稿完。正午與武、勇在前院古木林中玩耍後，獨往高雄總臺部巡視。其內容污穢與精神散漫萎頓仍如過去，無多大進步也。午課後約見陸戰隊顧問三員，談笑自若，美國海軍人員總是和愛可親也。另召見羅友倫[1]、李其芬[2]等五員，予以各別指示畢，乃帶武、勇車遊左營一匝回。讀唐詩，入浴。晚膳後晚課，廿二時寢。

關於明年召開國民大會與大選事，本想延期，但為解決副總統問題，政治總講現實，如能解決現在重要問題，則將來六年以後事，不能在此時兼顧與預定，故仍照眾意與憲法所規定者，如期集會為當也。

二月二十三日　星期一　氣候：晴

雪恥：朝課後接妻電，心甚悒鬱。九時由澄清樓出發，經臺南市直達虎頭埤臺南師管區新兵訓練所，巡視一匝。營房新築比較整齊，但設備尚欠齊全，其官長為去年編餘者充任，故多不健全，更少自動精神。與張其中[3]司令順至虎頭埤湖上遊覽，至埤閘而回。據稱此處為臺灣十二風景之一，甚足觀也，比之嘉南大圳之風景，尚勝一籌也。十二時後起程，經新市、番子田、新營、嘉義、民雄，途中野餐後已十四時。再經大林、斗南，本擬巡視西螺大橋，

1　羅友倫，原名又倫，號思揚，廣東梅縣人。1950 年 8 月，出任陸軍軍官學校校長。1954 年 9 月，接任憲兵司令部司令。

2　李其芬，時任陸軍軍官學校研究室陸軍工兵研究員。

3　張其中，字持正，廣東蕉嶺人。1950 年 1 月，擢升第六十四軍軍長，駐守海南，迎擊來犯共軍，奮戰兩月後，奉命轉進來臺，6 月任第六十四師師長。1952 年 11 月任臺南師管區司令。

以時間太晚，乃即由斗南經六斗〔斗六〕、林內、竹山、集集，而達日月潭時，已十七時半矣。竹山祠廟屋宇其範圍較大，全為浙省式樣，較之閩式為佳也。午、晚課如常。入浴後觀月，讀詩。廿一時就寢。

二月二十四日　星期二　氣候：晴

雪恥：昨晡抵日月潭，其氣候一如古鄉之雨水節後，微覺春寒，甚適修養也。其景色明秀，更覺可愛，與高雄澄清樓相比，一為大風泱泱之海洋風光，而此處則全為綠水青山之幽雅仙景，紅塵不到之地也。

本晨七時起床，朝課畢，在湖上朝膳。山光湖色，日暖風和，怡然自得，惟對覆電不能無所思慮耳，覆電後記事畢，校閱政治講評完，已十二時矣。正午在湖上院前松蔭下與武、勇同餐，閒坐一小時餘，午寢。午課後校閱軍事講評稿，直至十七時方完，乃出外散步。晡又修覆電及增補講稿，當夜寄出。晚課後與劉[1]司令聚餐畢，讀唐詩，在湖上觀月自得。入浴後廿二時寢。

二月二十五日　星期三　氣候：晴

雪恥：昨日立法院已一致通過「廢除中蘇友好條約」案，美國輿論多表示頌贊，以此為適時之舉也，從此不惟東北鐵路與旅大主權已無問題，即外蒙獨立問題亦因之取消，仍屬於我國之領土，以外蒙獨立只在中蘇友好條約中換文之附件，其他並無任何證書也。此乃為余政治事業中一大憾，自此亦可以湔除矣。八年忍辱，四年苦鬥，證明凡不合理之冤屈與苦痛，只要能臥薪嘗

1　劉即劉安祺。

膽，雪恥圖強，則最後自必邀天眷佑，達成其報仇復國之目的。務祈上帝能在我手中收復外蒙與東北、疆、藏全部之領土，不愧為基督之信徒，則幸矣。朝、午、晚各課如常。上午清理重要積案十餘件。正午李彌與經兒來潭，商討對美國要求在緬李部撤臺案之對策。午後審閱日本二次大戰之指導綱要，得益甚多，並閱軍學會講義要領四冊。晡與經兒、武、勇乘船，巡視臺電招待所。

二月二十六日　星期四　氣候：晴

雪恥：昨晚餐後，與李彌及經兒在松月之下談話，乃悉緬甸內情，以及俄共對美宣傳，使美動搖，強迫李部離緬，俾緬共可以為所欲為也。美國外交官之幼稚竟至於此，能不寒心，決對美嚴拒其所要求之建議也。職業外交家如「愛理生」[1]者，多為友華而實則助共也，可痛之至。讀唐詩處默和尚詠杭州聖果寺一首。

今晨朝課後，指示李彌對緬事報告要旨後，彼與經兒回臺北。上午記事後，清理積案已完。午課後增補軍事講評稿與去年總反省錄，及本年預定工作表，對反攻時期之方針一節，甚為重要。晡帶武、勇乘舢板遊湖，觀月時，念舟搖搖以輕揚，風飄飄而吹衣等句，不勝神馳係之。晚課後在月下與武、勇晚膳，童孫皆喜枇杷，遊湖與午餐皆以此餌孫為戲也。對月吟詩，頗覺自得。入浴後廿二時寢。

1　愛理生（John M. Allison），1952 年 2 月至 1953 年 4 月任美國國務院遠東事務助卿。

二月二十七日　星期五　氣候：晴

雪恥：劉司令安棋〔祺〕送枇杷一簍來潭，其形比內地為長腰式，但其味相近，聞臺灣只有臺中有此枇杷，而且只有數株云，難怪童孫等視若珍饈也。

朝課後修整講評稿，記事。上午審閱經兒去年日記，對其修養自反工夫已有進步，而其對於幹部之組織與管制亦能注重為慰。午課後批示經兒日記一則，及補記少年回憶事二則，召見電力公司總經理黃煒〔輝〕[1] 同志後，帶武、勇遊湖，至進水口。回途夕陽西沉，新月東昇，風靜湖平，水天一色，尤其是兩孫同艇，玩笑無猜，誠難得之樂境也。晚課後，與兩孫在月下共餐畢，再乘舢板（二十時卅分）之光華島。兩孫繫帶褥枕，在艇中仰臥觀月，其狀歡欣無似，余少時無此享樂也。回，讀唐詩，廿二時寢。

二月二十八日　星期六　氣候：晴　申刻陰　夜雨

雪恥：此次南來休養中，所有重要積案，至昨日止已清理完畢。最後考慮至財政、經濟與行政院之組織，應即加強。最難者為外交與教育二部之人事，今年駐美國與日本大使亦須調整，應先着手。其次為經濟無統盤之計畫。辭修量窄識淺，而其所用者，幾乎無一人能識大體、顧全局者，殊為可慮。

朝課後在湖上松下朝餐畢，記事，考慮行政院人事及政策甚久。十一時後國楨來談，以近日外匯枯竭，下月起經濟拮据為慮。問其對於經濟動員之統一組織及政策問題，彼以對商業統制應放寬一步為是。以三年來對農民生活已大改良，而對商人征稅與管制嚴格，所以商人之利益大減也。余認為其觀點甚確也。午課後聽讀新聞與社論，約有二小時之久。哺乘船遊湖，以天陰浪起，故即回寓，宴國楨夫婦與侍從，以過元宵節也。

1　黃輝，字則輝，福建南安人。1945 年來臺協助接收電力事業，任臺灣電力公司協理。1950 年 5 月至 1962 年 4 月，任臺灣電力公司總經理。

上月反省錄

一、反攻大陸戰事，自以美軍不參加為妥，使俄帝亦不敢直接干預，而且更不能以俄毛共同防守協同為其理由，否則彼將冒干涉我國內政之罪責。以我反攻大陸乃對叛逆者之討伐，而非外國之侵略，故其共同防守協定惟獨對我政府不能發生效力也。如果美國首先參加我方，則俄乃可藉口直接干預矣。故美國不先參戰，乃預料俄亦不敢正式干預，此可斷言。

二、審閱布來德雷對記者之答語，及其海軍「費區得拉」[1]對馬紀壯等之談話，可知美國戰略，不願自我單獨先行反攻，必須準備完妥，與彼全盤計畫、配合作戰。觀察其意態，予我海、空軍之掩護協助似無問題，此正適合於吾之意圖，但其語氣驕矜，太不客氣矣。

三、美總統愛克（二日）解除臺灣中立化政策宣布以後，繼之以命令其第七艦〔隊〕實施。此為四年忍辱奮鬥之功效，乃初步之結果，但因之英國驚惶失措，認為大禍將臨也，可痛，可恥。

四、愛克要求其國會共同宣布，不承認其前政府在戰時所訂密約中，以奴役任何人民之條款，以「解放奴役」為號召，殊不辜負人類對美國之期待也，此或為林肯以後之第一人也。

五、二月廿五日我立法院通過廢除中蘇友好條約以後，廿六日即用明令宣布，不僅東北主權今後可獲自由，即外蒙獨立之取消，仍歸我國之懷抱，亦在其中。此足以補我七年餘來之最大缺憾，亦得湔除我一生歷史之污辱，惟真要雪恥盪污，則在能否復國除奸耳。

六、南來休養廿日，所有重要積案，皆能在假中清理淨盡，而於軍事會議講評與行政指示，以及去年日記總反省錄，皆能如計整理完成，殊為最重

1　費區特拉（William M. Fechteler），又譯費區得拉、費區特拉、費克特勒，美國海軍將領，曾任海軍軍令部副部長、大西洋艦隊司令，1951 年 8 月至 1953 年 8 月任海軍軍令部部長。

　　大工作之一部，私心竊慰。

七、歸途中巡視臺南虎頭埤與臺中車龍〔籠〕埔二地補充兵訓練團，並視察鹿港之地形與防務，所見頗多，獲益非尟。

八、美國強制我李彌留緬部隊撤回，經據理抗爭，未為所屈，聊以自慰。

九、手訂本年度預定工作總表，自覺較往年完備，而費心亦切也。

十、美國議會提出援助我驅逐艦六艘案，未知其果能通過否？

蔣中正日記
Chiang Kai-shek Diaries

三月

蔣中正日記
Chiang Kai-shek Diaries

蔣中正日記
Chiang Kai-shek Diaries

民國四十二年三月

本月大事預定表

1. 軍隊內務教育，注意修理、整理與管理教育，本年機關與部隊長之考績應列為要目。

2. 武官與外交人員之訓練與精神教育。

3. 孫子與孫吳兵法問答之印發與研討。

4. 調查農村須知之編輯（注意要點及方法）。

5. 各省、各縣、各鄉三不管地區之職責，應嚴格規定，其地區行政工作組織之特別充實。

6. 周德偉[1]等之召見（王昇[2]、趙聚鈺[3]）。

7. 教育廳長人選：鄧傳楷、王星舟、王志鵠[4]、潘振球[5]。

1　周德偉，字子若，湖南長沙人。1950年至1968年擔任財政部關務署署長，並在臺灣大學、政治大學兼任教授。1955年2月兼任行政院外匯貿易審議委員會副主任委員，致力於外匯貿易改革方案。

2　王昇，字化行，江西龍南人。1951年7月任政工幹部學校訓導處處長，1953年1月任政工幹部學校教育長，1955年12月任政工幹部學校校長。

3　趙聚鈺，號孟完，湖南衡山人。1949年任中央信託局臺灣分局經理，兼中央存臺剩餘物資處理委員會主任委員。1951年調任人壽保險處經理，規劃軍人保險及公務人員保險。

4　王志鵠，字思九，江蘇崇明人。曾任北京大學化學系教授、西北聯合大學農業化學系教授。來臺後擔任臺灣省立宜蘭農業職業學校校長。

5　潘振球，江蘇嘉定人。1950年7月，調任臺北成功中學校長。1956年6月，奉令籌設臺灣省訓練團，任教育長，負責訓練臺灣省政府幹部。

8. 宴諮〔資〕政顧問等總統府人員會餐。

9. 宴外藉〔籍〕教官。

10. 預校官必須至最冷落與最前線之營房碉堡，考察其房舍、營具、倉庫等布置及其自動修整之程度如何，特別注重潮濕、黑暗、腐朽、零亂、破碎，以及麻袋草編牽拉補綴不整之情形。

11. 橋頭守望所必須構築整齊，如烏日橋所為標準，最好能用水泥建築。

11¹. 行人道傍植樹與保養之競賽及罰則。

12. 商用廣告場所必須限定及罰則與收費。

13. 補充兵訓練之研究會議。

14. 師團官〔管〕區司令官從新考核與調整。

15. 軍隊晒衣必須專設晒場，不准在房內廊上晒衣服（機關亦然）。

16. 本年年終總校閱，北部應自十月中旬實施。

17. 補充兵娛樂與球類設備。

18. 行政院問題。

19. 省政府問題（秘書長與教育廳長人選）。

20. 反攻大陸登陸地點。

21. 對美援整個具體方案之促成：甲、總兵力最少限人數之準備。乙、反攻開始日期之假定。丙、海空軍最少限戰力之程度。丁、準備最少限度之經費數目。

22. 收復地區地方制度之設計補充事項：甲、工廠與勞資調節之法規。乙、實物證券與公倉制。

23. 社會改造着手事項：甲、公廁。乙、公墓。丙、公倉。丁、公學。戊、醫務及其管理各規則。

24. 經濟生產科學化，製造工業化，品質標準化，消費合理化。

1　原文如此。

三月一日　星期日　氣候：晴

雪恥：昨晚宴後觀武、勇放爆竹取樂後，讀唐詩。晚課，入浴。廿二時半寢。朝課後記事，九時前由涵碧樓出發，經魚池埔里公路，而至龜溝、龜山頭，以至雙冬隧道。十餘公里之沿途，山水秀麗更佳，故余常喜行北路，而不愛行南投之南路也。北路自埔里至草屯，大部皆在山水之間繞行也。十一時半抵車龍〔籠〕埔補充兵訓練團，巡視一周，設備與精神皆覺不足也，對於課程與武器尤然。十二時半順遊吳氏花園後，乃與安祺同車，經臺中市、彰化而至鹿港。時近十四時，即在鎮口侯宅借留，午餐後直達海濱最前哨防地，視察鹽場與哨所，雜住破漏陰晦如大陸時無異也，可歎。不擬繞遊西螺新橋，以時間不及，乃即由鹿港直回臺中機場起飛，因之彰化之八掛〔卦〕山亦未能如計遊覽耳。

三月二日　星期一　氣候：晴

雪恥：昨十七時回臺北，武、勇皆先在臺中機場候機同回。勇孫送迎如禮，一如成年之人，更覺可愛。經兒由機場迎至蔣林，報告近情，並以其去年呈閱之日記閱畢，批後還彼也。閱讀今日復職三周足年對行政講評之全文，及港報社評後入浴。與雪艇談後，三孫皆來同餐畢，車遊市區一匝乃回，晚課後寢。

朝課後閱覽各方昨日輿情新聞，接妻與緯兒各電。十時到研究院，舉行廿四期開學典禮，朗誦行政講評文告後，加以說明。正午召見李彌主席，指示對美國無理要求之方針與應處之態度。午課後記事，召見至柔，指示對美軍援之經援部分所提方案，要求補助國軍餉項與希臘相同之計畫，余認為另定預備方案也。入浴殲甲後，帶武孫車遊草山一匝。

三月三日　星期二　氣候：陰

雪恥：昨晚餐後聽讀新聞畢。讀唐詩後晚課畢。廿二時寢。

朝課後記事，聽報。十時前入府辦公，召見七員後，召集一般（政治）會談，商討反共聯合陣線之方針，余認為應提出原則，以示各黨派投機與反動者，使之無所藉口。甲、三民主義為聯合共同之信仰基礎。乙、現行憲法為共同遵守之軌範。丙、反共抗俄政策為聯合之根據。丁、應以抗戰時期抗戰建國綱領為標準，而不應以政治協商會議，共匪資以賣國之舊套方法為標榜也。並討論對國民代表大會之方針與辦法後散會。再聽葉部長對李彌留緬部隊與國軍副食協助案，對美交涉經過情形之詳報畢，已將十三時半矣。午課後記事。晡帶武、勇遊草山公園，帶雨看櫻花。晚課後讀唐詩。武、勇吵鬧更甚矣。廿一時半寢。

三月四日　星期三　氣候：晴

雪恥：一、令省市政府將余指示擬定本年度具體實施計畫呈報。二、國防大學教官之津貼。三、關於公共建築物及設備，應先修復日據時代之原有程度。

朝課後記事，寫妻信。十時入府時遇見西班牙外長馬丁亞達和[1]，乃先予握手歡迎，言別，到國父月會，派員朗讀行政講評與指示後再加說明。召見國楨，對其因病辭職第二函面慰之，准其養病，一月後再定。約見布立斯[2]等美安全總署視察團五人，談半小時辭去。批閱公文數十件。午課後審閱日教官海軍調查報告書後，召見鴻鈞，聽其報告金融情形，認國楨多杞憂與有成見也。晚宴西外長，並接受其最高勳章，相談至廿二時，辭去後晚課。入浴畢就寢已廿三時矣。

1　馬丁亞達和（Alberto Martin-Artajo），1945 年至 1957 年任西班牙外交部部長。

2　布立斯（Harry A. Bullis），又譯布里斯，時任美國安全合作總署計畫評估組組長，又稱為視察團團長。

三月五日　星期四　氣候：陰

雪恥：昨十五時正與俞鴻鈞談話畢，皮宗敢[1]入告，倫敦廣播史大林已中風癱瘓，不能言行，並言此消息是根據於塔斯社之報導。余乃信其為真實，且斷定史必已死也，即寫第二函致妻，指示其與愛克談話之要旨，有所補充也。

朝課後記事，十時到中央常會，研討史大林死後，俄國與世界以及各附庸國與朱毛有關之影響如何問題，結論對共產國家不致有急劇之變化，以其時對內、對外皆有嚴密組織之控置〔制〕也，即朱毛對韓戰只有依照俄共領導不能撤退，否則與俄相反，則不僅其內部衝突，而且毛匪立可制命也。惟今後於反共國際較為有益，若美國反俄方針果能始終不變，領導有方，則將收事半功倍之效也。最後，對本黨立法委員中之反動分子之處置辦法，明白宣布，希望其脫黨，另組政黨也。

三月六日　星期五　氣候：陰

雪恥：昨午課後讀唐詩。約美空軍部長陶爾波[2]與史巴茲[3]、魏蘭[4]、勞林斯[5]等茶會，與陶相談甚洽。彼稱美國認余為世界反共之象徵，不僅為中國之領袖而已。晚約美安全合作總署代表布里斯等五人宴會，談笑自若，親熱出於自然，其中有華頓[6]少將最為熱忱也。客散後晚課，廿二時後寢。

1　皮宗敢，字君三，湖南長沙人。1947年3月，任駐美大使館首席武官（大使顧維鈞）。1952年6月回國，1954年3月調任總統府侍衛長。
2　陶爾波（Harold Talbott），美國共和黨人，1953年2月至1955年8月任空軍部部長。
3　史巴茲（Carl Andrew Spaatz），曾任美國陸軍航空隊司令、美國空軍參謀長。1948年至1961年為《新聞週刊》擔任軍事編輯。
4　魏蘭（Otto P. Weyland），又譯惠蘭、韋蘭德、惠來，美國空軍將領，曾任美軍戰術空軍司令部副司令，時任遠東空軍司令。
5　勞林斯（Edwin W. Rawlings），曾任美國空軍審計長，時任美國空軍供應司令。
6　華頓，美國安全合作總署視察團代表。

史大林已於昨夜死亡，此為余一生第一之仇敵，若非我主上帝之旨意，其果能如此速斃乎。然而三次大戰未起之前，史魔實死得太早，決非人類之福音，今後復國之前途，自更艱鉅，必將較前費時乎。今晨朝課後記事，十時入府，召見馬紀壯等十員後，開財經會談，令財經小組對以米易麵之軍費切實辦妥，聽取葉[1]部長報告李彌部隊與美方商談情形。午課後審閱軍學會講稿。與至柔談話後，巡視研究院回，晚課。與經兒談國楨言行不誠，殊為痛憤。讀唐詩後寢。

三月七日　星期六　氣候：晴

雪恥：一、禁衛大隊與國防部禁衛營，均歸衛戍部卅二師統屬訓練。二、王淦[2]令經國考察。三、李彌回緬與運輸方法。四、撤換國雄。

朝課後記事，十時入府，召集對俄專家卜道明[3]等，報告俄國問題約一小時，頗能有助於對俄政局之判斷。俄國歸併集體農場問題，至今猶未能澈底實施，其各種工作之情緒與成績皆日趨低落，此後自必加甚。馬林可夫[4]當政後，其大俄羅斯主義更將提高至極度無疑。召集軍事會談，聽取軍需署改為財務與經理二署之報告後，裁可實施。午宴評議委員，研討俄國情勢。午課後閱報，手擬復魯斯[5]問答稿。晡與武孫車遊陽明山一匝回。修正函稿後膳畢，指示胡璉沿海突擊兵力不能超過一師之數。讀唐詩，晚課後入浴。廿二時後寢。

1　葉即葉公超。
2　王淦，時任內政部調查局駐花蓮區督導。
3　卜道明，字士時，湖南益陽人。曾任航空委員會秘書、軍事委員會處長、外交部西亞司司長。1951 年 4 月，任革命實踐研究院講座及教育委員。1953 年 4 月，與邵毓麟、李白虹等發起成立國際關係研究會，研究中共及國際問題。1954 年 11 月，繼任理事長。
4　馬林可夫（G. M. Malenkov），蘇聯共產黨，1953 年 3 月至 1955 年 2 月任部長會議主席。
5　魯斯（Henry R. Luce），又譯羅斯、羅次，生於中國，美國新聞媒體發行人，創辦《時代》、《財星》、《生活》、《運動畫刊》等刊物。

上星期反省錄

一、吳國楨之不能誠實，其玩弄手段至此，殊所不料。余以精誠待彼，而彼反以虛偽對余，除以其久咳陷入腦病，成為神經質之外，再無其他理由可以解釋其言行矣。豈國人真是皆不值培植，不受愛護如此者乎，可痛。

二、史大林竟於星期四暴斃，是誠「千夫所指，無病而死」之所謂，今後無我真敵矣。第二次世界大戰之四領導者，亦僅邱吉爾與余二人矣。自信道義與精神之力量可以勝過其三者，亦信上帝必留余建立人間天國之基礎，惟余乃能完成其使命也。

三、美國要求撤回李彌留緬部隊事，以余堅持正義與事實，不為所動，至此乃得告一段落乎。

四、西班牙外長來訪，此為外國外長來訪者之第一人也。

五、波蘭軍用噴射俄機一架，五日逃飛丹麥，是共產國家軍隊之一大破綻，表示其已無法控制矣。

本星期預定工作課目

1. 中國近三百年學術史（史地學報第三卷），黃梨洲傳（唐鏡海學案小識）之研究。

2. 傍聽「太平洋戰爭日本戰爭指導史」。

3. 卅二師師長人選（吳文芝）。

4. 省政府人選之研究（陳、張、張、俞[1]）。

5. 劉國雄之撤免。

6. 李彌接濟運輸問題。

1　俞即俞鴻鈞。

7. 師團管區人事與補充兵訓練會議。

8. 突擊部隊與登陸地點之研究。

9. 約宴諮〔資〕政顧問與院省各主要人員。

10. 反攻時期地方行政制度與組織之檢討。

11. 外交部人事與組織改正計畫。

三月八日　星期日　氣候：晴

雪恥：一、拿破侖戰史、戰略及其軍制之研究。二、亞歷山大、菲列脫、毛奇（德國建軍史）戰史研究計畫之擬訂。

朝課後記事，聽讀新聞，修正答魯斯函件。十一時禮拜，聽講愛的意義與耶穌教理感化德國戰犯，與美國對南洋土人傳教殉道之熱情，實為陳維屏[1] 牧師最佳之講演也，乃知母愛之感動兇犯，能比教理更易也。正午與陳牧師談軍醫院與監獄傳教辦法，經兒亦作陪也。午課後記上周反省錄，與經兒商討黨務人事後，同遊關渡口及該鎮情況與地勢，實為臺北對海防之鎖鑰也。晚課後記上月反省錄完，廿二時後寢。

三月九日　星期一　氣候：晴

雪恥：一、第七十一師與卅二師師長人選之決定。二、劉國雄之撤換。三、戰略研究會主委人選。四、阮維新[2] 接任指參學校教育長。

1　陳維屏，南京凱歌堂牧師、臺北士林凱歌堂牧師、中華民國基督教協會理事長。

2　阮維新，字芃生，四川華陽人。1953 年 1 月任國防部第二廳第一組組長。4 月調任陸軍參謀指揮學校教育長。7 月調任臺灣防衛總司令部砲兵司令部副指揮官。

朝課後手擬講稿要旨，九時到指參學校將官班開學典禮後，十一時到研究院紀念周，宣讀軍事會議講評並解說。召見游擊英雄（浙海）五人。午宴李彌，商討其運輸問題。午課後記事，口授令稿廿餘通。晡帶武孫車遊陽明山一匝回，晚課。審閱對俄新聞，俄國公報對於聯繫其衛星國一節，僅舉朱毛為例，而未提其他各國。又衛星國為史喪儀仗隊亦以周匪恩來[1]為首也，此可知俄帝對朱毛控制之程度，或對英、美幻想以毛匪為第二狄托[2]者，予以重大一打擊也。

夫人本日訪白宮，愛克夫婦招待茶會。

三月十日　星期二　氣候：晴

雪恥：一、經兒糖溺病復發，恐成痼疾，因令休養，到大陳為宜。二、史蒂文生[3]來臺，指定招待人員（沈錡[4]）。三、董大使[5]召回述職。

朝課後記事，十時入府辦公。聞李彌忽病且似中風，甚念。召見吳南如[6]、徐鳳鳴[7]等，可用，陳寶華[8]、謝榕礎[9]二將領亦可用。宣傳會報後，午宴諮〔資〕

1　周恩來，字翔宇，浙江紹興人。1949 年 12 月起，任中共國務院總理兼外交部部長。
2　狄托（Josip Broz Tito），曾任南斯拉夫總理、國防部長，時任共產黨總書記、總統。二戰後倡導與蘇聯不同路線的共產主義，被稱為狄托主義。
3　史蒂文生（Adlai E. Stevenson II），又譯史丁文生、斯丁文生、史塔生，美國民主黨人，曾任伊利諾州州長，1952 年競選總統敗選。
4　沈錡，號春丞，浙江吳興人。1952 年 4 月，任總統英文秘書，11 月兼機要秘書。1954 年 8 月，兼任中國國民黨中央委員會第四組副主任。
5　董大使即董顯光。
6　吳南如，字炳文，江蘇宜興人。1946 年 10 月 30 日受任駐瑞士公使，12 月 18 日到任，12 月 23 日呈遞到任國書，1950 年 1 月 20 日離任。1954 年 1 月任行政院新聞局局長。
7　徐鳳鳴，字桐軒，遼寧遼陽人。1950 年 4 月任空軍總司令部預算財務處處長，後任經理處處長及國防部常務次長等職務。
8　陳寶華，1951 年 12 月派任第六軍參謀長，1953 年 4 月任第九十二師師長，1954 年 3 月因案停職。
9　謝榕礎，廣東開平人。1953 年 4 月任第八十一師第二四三團團長。

政顧問等百餘人，每年一度之慣例也。閻伯川[1]與王雲五[2]對俄事皆有研究也。余宣告對聯合陣線三原則為基礎：一、現行憲法。二、反共抗俄國策。三、三民主義。應以不違反此三大原則來謀聯合組織，但武漢與重慶時代之政治協商會等方式，今後實不能復用也。午課後審閱軍學講義。晚課後令經兒速休養，並與葉部長談話。

三月十一日　星期三　氣候：雨

雪恥：一、至柔容態令人嫌惡傷心，一如國楨之驕矜虛詐、無信不誠，只有個人利害，毫無國家之損益，更無革命與領袖之信心在其腦中矣。自愧一生革命未能有計畫的培植幹部，以致國家人民遭此空前之災害，今後無論黨、政、軍各方事業，應以重新養成幹部為第一要務也。

朝課後記事，九時廿分到石碑〔牌〕實踐學社聽講日本太平洋作戰指導第一課，專講其指導機構與其作戰成敗之關係，覺頗有益。可說日本敗亡，乃其政府組織與制度最大之致命傷，其不如美國隨時代以調整其組織之優勝也。在學社與學員聚餐。午課後入府辦公，指示至柔應解決各事，而以撤換劉國雄為有難色，竟有不滿之態，可歎。

1　閻錫山，字伯川、百川，山西五臺人。1949 年 6 月任行政院院長兼國防部部長，1950年 3 月獲聘總統府資政。

2　王雲五，字岫廬，籍貫廣東香山，生於上海。1949 年後到臺灣，並主持臺灣商務印書館。1951 年 1 月出任行政院設計委員會委員兼政制組召集人，5 月獲聘總統府國策顧問。1954 年 8 月，出任考試院副院長。

三月十二日　星期四　氣候：晴

雪恥：昨晡由府回寓，讀唐詩。晚課後約宴日藉〔籍〕教官後，觀美國三軍聯合作戰總機構辦事工作情形，乃知其指揮空軍目標行動，與管制其進度與方向之進步，已至極度甚矣。科學發達與重要，無此再無生存立國之餘地矣。本日為總理逝世第廿八年紀念日。朝課記事後，九時半到泰北中學後山（第卅二師之團部所在地），手植松樹一株，為造林節紀念總理也。巡視營舍後，到中央常會，聽取報告（黨務），對孔祥熙[1]、宋子文[2]等決定不發黨證，不令其再作黨員也，否則無以整頓紀律、重振革命陣容也。午課後審閱卅二年三月份日記後，召見研究員五十人畢，對孟緝予以訓戒。回寓，入浴。武孫病痊，與諸孫同來晚餐後，讀唐詩。與經兒談國楨事。晚課後，廿二時前寢，服安眠藥後入睡。

（昨日在西德境內之美軍飛機，被捷克軍機擊落一架。）

三月十三日　星期五　氣候：雨

雪恥：昨十二日在西德英軍區內，英國轟炸機又被俄共噴射機擊毀一架。三日之內英、美軍用機連毀二架，馬林可夫當政以後，有意對英、美挑釁如此，當出乎英、美預想之外。為馬林可夫計，為對內樹其權威，不能不對外建其國威，果將乘英、美備戰未完成以前，先發制人，以期其徼倖之一逞乎。抑其只來一下馬威，以表示其對英、美資本主義決不屈服與妥協乎。當無此理。朝課後記事，十時前入府辦公。召見王昇、趙聚鈺等八員畢，召集情報會談。

1　孔祥熙，字庸之，曾任行政院副院長、中央銀行總裁。1947 年起寓居美國。
2　宋子文，原籍廣東文昌，生於上海。曾任外交部部長、行政院院長、廣東省政府主席等職。1949 年 1 月蔣中正下野後辭職移居香港，1950 年起寓居美國。1950 年初，兩度拒絕返回臺灣，1953 年，被開除國民黨黨籍。

自經兒領導以來，其效能已有增進，以其已向統一與集中方面實施矣。正午宴總統府內大小職員，此為一年一次之定例也。午課後召見學員五十人回，晚課畢，讀唐詩。晚審閱卅二年三月份日記完。

三月十四日　星期六　氣候：雨

雪恥：一、對菲互訂引渡條約案之速訂。二、地方行政工作團，分對匪鬥爭技術與工作技術（陳開泗[1]）。

前日，俄國軍用機又有一架逃飛奧國境內之英軍管轄，此為最近共產國家第二架軍用機逃逸自由世界者也。又英國在西德之民航機，昨日又被俄機射擊，幸未命中也。

朝課後記事，十時前入府辦公，召見仲肇湘等八員，召集軍事會談討論新建營房式樣與經費，及美軍援前去二年度未到之輕武器，其數不少也。午課後審閱卅二年四月份日記後，召見學員五十人，有張鴻烈[2]行年已六十七歲，亦願來受訓，可喜也。回入浴，餐後讀唐詩，晚課。

上星期反省錄

一、美國對我軍援程度，皆以我本身實力與自立自助之程度如何而定，反攻大陸尤為必然。如此若必待其充分補助完成，再行反攻，則永無反攻之日，此乃吾黨同志應有之覺悟，如何能使一般將士都能了解此理也。

1　陳開泗，號紹謙，四川巴中人，1949 年隨農復會包機飛香港。在香港寓居一年，1950
　　年赴臺灣。1953 年任立法院副秘書長，1954 年至 1961 年任立法院秘書長。
2　張鴻烈，字幼山，曾任山東省建設廳廳長、河南中州大學校長、制憲國民大會代表，
　　遞補立法委員。

二、國楨之驕矜失信，令人絕望，至柔容態傲拙，令人生嫌，因之本周又失眠矣。

三、史大林斃命後之第二周，有關世局變化者：甲、馬林可夫在葬史時，言行所表現者，不懼其內外敵人，繼續其強橫侵略政策，並無和緩之跡象。乙、急派其外交次長庫茲泥淖夫[1]為駐北平偽大使，加強統制朱毛傀儡。丙、在西德擊毀英、美二國各飛機，並對英國民用機一架亦予以射擊，幸未命中擊落而已。此事可使英國對俄敵意之警覺，不僅俄為單獨對美而已，當可改變其以往袖手傍觀之態度。以後英、美對俄國與遠東之政策，或可促成其較為一致乎。丁、捷克總統高德華[2]赴俄奔喪，回捷後即行暴斃，此可促進俄之各衛星國傀儡之驚恐。戊、俄之軍用機又有一架逃逸之〔至〕奧國之英領機場，此乃一周內史斃以後，足使世局更形嚴重之因素也。

四、北大西洋高級軍事會議，已於九日召集矣。

五、到實踐學社每周三日聽聽[3]開始。

本星期預定工作課目

1. 生命的意義之闡發。

2. 外交部與省政府人事之研究。

3. 巡視工兵學校與空軍戰術學校。

4. 招待霍華德[4]與史蒂文生。

5. 對行政院與省政府主官約宴致訓。

1　庫茲涅佐夫（Vasily V. Kuznetsov），又譯庫茲泥淖夫，蘇聯政治家，曾任最高蘇維埃民族院主席，1953 年 3 月至 12 月任駐中華人民共和國大使。

2　高德華（Klement Gottwald），捷克共產黨主席、總統，1953 年 3 月 14 日病逝。

3　原文如此，應為「聽講」。

4　霍華德（Roy W. Howard），又譯勞異霍華德，美國報人，霍華德報系負責人。

三月十五日　星期日　氣候：雨

雪恥：一、駐外商務機構與人員必須由當地大使指揮監督，不得擅自活動。
二、政府之經濟國營事業與政策必須由經濟部負責主持。

朝課後聽讀新聞，記事。董[1]大使由日本回國述職，聽取其報告，美國對日本之感想已多悲觀。昨日，其眾議院因通過對吉田[2]不信任案而告解散，共黨四萬人又在東京示威以反對吉田也。十一時禮拜。正午約岳軍夫婦[3]與顯光聚餐，談日本政局，皆恐為共黨與左派所乘也。午課後審閱卅二年四月份日記完。當時日本不乘德國攻俄之勢挾擊俄帝，此乃日閥貽害世界至今，而不僅為害於其本身與盟友德國而已，其愚拙誠無與倫比，可歎。晡帶經兒與武、勇車遊汐止道上，乃知其今日為經兒十九年結婚紀念日也。回晚課，讀唐詩，入浴。

三月十六日　星期一　氣候：雨　溫度：五五

雪恥：一、行政效率的要領：甲、統一事權。乙、集中力量－財力、人力。丙、團結精神－互助合作。丁、消除重複與浪費－時間、經費與人力之弊害。戊、防止衝突、磨擦與推諉卸責之惡習。

朝課後記事，十時到研究院紀念周，朗誦黨政業務演習之講評後，加以說明。回寓，記上周反省錄。午課後審閱卅二年五月份日記。召見學員五十人畢，回寓，晚課。晚宴霍華德君夫婦，彼為美友中對我最忠實之良友，無論我在

1　董即董顯光。
2　吉田茂。
3　岳軍夫婦即張羣、馬育英夫妻。

如何失敗之中，彼乃始終一致，為我宣傳與努力援助。又柯爾柏克[1]夫婦亦同席，彼在我失敗遷臺時，首先來臺搜集其美政府賣華奉俄之證據，以期宣布其罪惡事實也，因余認為不宜而未檢交，故中止耳。與霍談話後，廿二時客散就寢。

三月十七日　星期二　氣候：雨

雪恥：一、西歐防空大演習。二、西歐各盟國對美國統帥李奇偉[2]之反對，已至深刻程度。三、英國對共匪大陸之禁運戰略物資，已採取行動。

朝課後記事，十時到芝山岩保密局，舉行戴雨農[3]逝世紀念。對局內各先烈遺族、寡婦孤兒致慰問詞後，巡閱成績展覽室畢，入府辦公。召見王雲五等八員。與少谷[4]談話，聽取行政院檢討會議結果之報告。正午召宴行政院與省政府各部會、廳、處之各主官，指示其工作方針與改革要務，約講一小時半之久，回寓，已將十五時。午課後召見學員五十人回。修正指參學校將官班開學訓詞未完。晚課後讀唐詩，入浴。

1　柯爾伯（Alfred Kohlberg），又譯柯爾白、柯爾柏克，美國醫藥援華基金會（American Bureau for Medical Aid to China, ABMAC）和太平洋國際學會（Institute for Pacific Relations, IPR）成員，1946 年，出任美對華政策協會（American China Policy Association, ACPA）主席。
2　李奇威（Matthew B. Ridgway），又譯為李其為、李奇偉、李其威，美國陸軍將領，曾任第八十二空降師師長、第十八空降軍軍長、陸軍副參謀長、第八軍團司令、韓戰聯合國軍總司令，1952 年 5 月任歐洲聯軍總司令。
3　戴笠（1897-1946），原名春風，字雨農，浙江江山人。曾任軍事委員會調查統計局處長及副局長、中美特種技術合作所主任。1946 年 3 月 17 日墜機身亡。
4　黃少谷，湖南南縣人。1950 年 3 月，任行政院秘書長。1954 年 5 月，任行政院副院長。

三月十八日　星期三　氣候：晴

雪恥：一、美機與俄機又在白令海峽堪察加以東公海上遭遇對擊，惟雙方皆無損喪。二、東德共領皮克生[1]病危。三、狄托訪英。四、印度潘狄特[2]謀聯合國秘書長職位，我決反對。五、美對我在緬李[3]部仍要求我先同意撤退之原則，然後再派視察團視察，此種無理壓迫決予拒絕。凡是無理遷讓，對方不僅不知感，而反被其賤視，認我國為容易屈服也。辭修、雪艇等不知此理，只恐獲罪，殊為可歎。

朝課後修正講稿，對主義與領袖一節特加闡述，未完。九時到實踐學社聽講日本對太平洋作戰指導之第三、第四課。彼日閥對美開戰之準備不到五個月，竟以與其坐以待斃，不如死中求生之決心，且其戰資屯儲不能供應二年之需，但未到二年即已告罄，其愚拙至此，殊所不料也。正午在社聚餐。

三月十九日　星期四　氣候：晴

雪恥：昨午課後記事，召見學員五十人完。晡帶武、勇車遊北投折回，續修講稿約一小時半完成。晚膳後晚課，讀唐詩。廿二時前寢。

一、發表吳文芝為卅二師師長。二、鄭果為高參。

朝課後記事，十時到中央常會，聽取第三、第四各組去年一年工作總報告，對僑務與宣傳方法予以指示。對於美、日留學生之領導與組織，特加注重，外交部人事科更應選擇與黨有關係者負責主持。正午約葉、王、董、沈[4]等，

1　皮克（Wilhelm Pieck），德國政治家、共產黨人，1949 年至 1960 年任東德總統。

2　潘迪特（Vijaya Lakshmi Pandit），印度政治家、外交官，曾任駐蘇聯大使、駐美大使、駐墨西哥大使。

3　李即李彌。

4　葉、王、董、沈即葉公超、王世杰、董顯光、沈昌煥。沈昌煥，字揆一，1950 年 3 月任中國國民黨中央宣傳部副部長，7 月起任中國國民黨改造委員會委員。1953 年 12 月，出任外交部政務次長。

商討招待史丁文生（美民主黨總統候選人）之組織辦法，彼等茫然無所對，毫無準備，可歎也。午課後審閱舊日記後，與霍德華〔華德〕君談話，其中有邱吉爾答其美國知友，稱：「英國既已承認了蘇俄一天，那對其附庸中共如對其主人家中一頭小豬之承認，無妨也。」此乃卅八年杪，英將承認中共前之言也。英之對中共固如此看法，其對整個中國向來亦持此觀念也，不僅其侮蔑我中國，而其痛恨我中國之心理亦可知矣。

三月二十日　星期五　氣候：晴

雪恥：昨晡霍君問余對馬歇爾[1]之感想，及其為害中國之經過，請發表意見。余答：余覺當時不能拒絕杜魯門調解中共之主張，而且接受馬歇爾為調解之特使，是余不能貫澈政策，且無勇氣克服環境，以致為害國家至此，實為一生無上之遺憾而已，並不能怨天尤人也。彼認為對人過於寬恕之偉大精神之表現也。晚頗沉悶，帶武、勇車遊後晚課。

本（廿）日朝課後記事，十時前入府會客，召見出國留美學員二十餘人。十一時接見史丁文生，約談三刻時，告以對韓戰與中共解決辦法。召開財經會談，諄諄告以經濟業務與出口貿易必須由一個機關統一辦理也。午課後審核研究美國建軍精神篇完。審閱卅二年六月日記後，帶武、勇車遊淡水道上回，晚課。晚續審舊日記，讀唐詩。廿二時前寢。

1　馬歇爾（George C. Marshall），日記中有時記為馬下兒，美國陸軍將領，曾任陸軍參謀長、駐華特使、國務卿、美國紅十字會主席、國防部部長。

三月二十一日　星期六　氣候：陰

雪恥：朝課後經兒來見，黯然涕泣默不忍言，余為之駭異，久久彼纔答曰：緯妻靜宜[1]以服安眠藥過多，已於昨夜逝去。此事殊出意外，適緯兒訪美未回，不知究為何因，不勝沉痛，乃令其籌辦喪事。昨晡市上盛傳李彌已病死後，令經兒往視，乃知李尚無恙，此心始慰，昨、今二日誠為不祥之日矣。記事後九時半入府，約見霍華德君，彼強求克拉克與麥克合瑟[2]二名補入其新聞電內，彼對余個人之精誠與對麥帥一也，如不允其所請，則幾傷私人感情，余乃允之，彼始釋然。美國民族心之熱忱類皆如此，惟馬下兒則不然矣。霍云馬之冷酷如魚，余認為知人也。十時半與藍欽談李彌部隊撤離緬境之要求，不再要求下令，亦不要求履行諾言，只希望我目前口頭承認其撤離之原則云。余乃要求其作正式書面，保證其所言者再定也。召集軍事會談，關於人事制度與軍士制度之實行法令與計畫已定，甚慰。

上星期反省錄

一、霍華德君來訪，對於麥克合瑟與愛克之關係以及麥之主張，皆能得其大要，甚有補益。柯爾柏克對李宗仁之卑行及在美第三勢力之希望，亦得知其概要矣。

二、史丁文生來訪，懇談二次。觀察其行態，似有感覺中共在亞洲為害之大，對於韓戰亦非能在韓境內所得單獨解決之道，闡述已詳。至其心理如何，則惟有聽之。余認史為一美國型之政治家，和愛可親，而非英國型禮儀

1　石靜宜（1924-1953），西北紡織大王石鳳翔次女，為蔣緯國第一任妻子。臺中市宜寧中學創辦人。

2　麥克阿瑟（Douglas MacArthur），又譯麥克阿薩、麥克阿塞、麥克合瑟、麥克約瑟，西南太平洋戰區盟軍最高司令，1945 年 8 月任盟軍最高統帥，1952 年參與美國共和黨黨內總統初選失敗。

紳士之流也。

三、聽取日本太平洋作戰指導之第三、四課以後，再與我卅二年日記及二十
九年作戰經過相對，更覺有益。當廿九年春季，日本已決定其侵華軍隊
自動撤退之方針，乃因其夏初鑒於德國侵法之勝利，又改變其為澈底侵
華之作戰，更覺有益於我之研究也。

四、據報英外相此次訪美，勸美不重視臺灣實力，且望毛匪有做狄托第二之
可能，惟美當局是否再受英國之影響，則須待其事實之證明矣。

五、史大林斃命以後，捷克傀儡暴斃，東德傀儡病危，俄最高會議通過馬林
可夫為其總理矣。

六、狄托訪英已完，英國對匪禁運戰略物資已未有決心矣。

本星期預定工作課目

1. 省辦行政專校與研究院課程之聯繫。
2. 視察空軍戰術學校、工兵學校與新營舍。
3. 陳開泗參加研究院高級課程組。
4. 招待克拉克。
5. 嚴戒孫立人對外人之態度。
6. 黨員登記工作進度之檢討。

三月二十二日　星期日　氣候：陰雨

雪恥：昨午課後審閱卅二年六月下旬日記後，與柯爾伯克君談話一小時。彼
為猶太人，但對余與中國皆出於至誠，無異於霍華德也。晚宴史丁文生，宴
後足談二小時半，或於彼對遠東共匪問題能多了解有益也，以彼為美民主黨

領袖，尤其為上次選舉失敗者，故特加優遇也。晚課後入浴，廿三時半寢。

本廿二日朝課後記事，緯兒自美歸來，令其辦理其妻之後事，再說一切。以牙床作痛，故未往禮拜，在家審閱卅二年六月日記完。正午帶文、武、勇三孫巡視淡水，軍人儀容與風紀皆不甚整齊為憂。午課後審閱卅二年七月份日記後，帶武、勇車遊頂北投一匝回，晚課。晚與董大使談對日外交方針後，讀唐詩。

三月二十三日　星期一　氣候：陰

雪恥：一、調閱國防部組織法案。二、召見各組副組長與總幹事。三、決派緯兒入美參謀學校。

朝課後與顯光大使談雷德福對我國同情，且其對太平洋與遠東情形最為熟識，應屬霍華德新聞電稿於此特加增補為要。十時到研究院第廿四期結業典禮，朗誦研究美國軍事學之特點，與中國革命軍人應有之信念，為「主義、領袖、國家、責任、榮譽」之五大要目。正午聚餐前後，召見留院研究員二十人畢，回寓。午課後記事，記上周反省錄後，帶武、勇車遊桃園道上，中途折回，晚課。晚審閱卅二年七月日記完，入浴。廿二時寢。

克拉克將軍本來謝約不來，今日忽接其由越南特來臺北訪問。而美陸軍參謀長柯林斯[1]竟又來電，吊唁緯媳之喪，其冷暖態度突然一變，何耶，以柯對華感想向不佳也。

1　柯林斯（J. Lawton Collins），美國陸軍將領，1949 至 1953 年任陸軍參謀長。

三月二十四日　星期二　氣候：陰晴

雪恥：一、高級班教材資料，以匪區實情為主要部門。二、召見張鴻烈與安國[1]。三、發鷹屋津貼。

朝課後記事，十時入府，召見黃褚彪[2]等十餘人。考選留美參謀學校八人之中，惟黃烈[3]一人比較合於標準，其他皆於儀容、資歷多不及格也，決派緯兒赴美入參校也。召集一般會談，商定國民大會決於明春如期召開正式會議，並先修正大會組織法，以總額三分之一人數為開會定額也。批閱後回寓。午課後審閱卅二年八月份日記，正俄擊退德軍，共匪又猖獗鴟張之時也。晚參觀美軍灘頭陣地與登陸沙盤演習，廿一時後完。晚課畢，廿二時半寢。

三月二十五日　星期三　氣候：晴

雪恥：一、青年節告書：甲、自愛自尊心為復國與愛國之基本條件。乙、自由自治之習性為復興民族之基礎，必先有國家之自由，而後方有個人之自由。丙、組織與秩序（紀律）為建國立業要務。丁、青年應為國民革命、救國救民而努力，革命乃是應乎天而順乎人之行動，決非如叛亂賣國求榮之共匪之所為，亦非投機取巧爭權奪理〔利〕，如過去官僚軍閥政客之所為者也。戊、青年應立革命大志。

朝課後審閱卅二年八月份日記完。十時前往祝吳稚老先生八十九歲壽辰後入府，召見十人後辦公。十一時四十分克拉克將軍來見，相談四十分時辭去。午課後記事畢，與孟緝臨時巡察松山九四步兵團，腐敗如故，可痛。回，晚

1　戴安國，戴季陶長子，曾任農業教育電影公司總經理，時任董事長。
2　黃褚彪，1950年8月任聯合勤務總司令部通信署署長，後任空軍供應司令部司令，空軍中將。
3　黃烈，時任憲兵司令部幹部訓練班副主任。1953年3月選送美國陸軍謀學校正規班受訓。回國後任陸軍指揮參謀學校教育長。

課後約宴克拉克將軍畢，聚談約一小時辭去。夫人十時五十分安達松山機場，迎其回寓，廿四時後方寢。

三月二十六日　星期四　氣候：晴

雪恥：青年節告書稿要旨：甲、有組織、有訓練、有主義、有生命、有目的的青年。乙、明禮義、知廉恥、負責任、守紀律，為反共抗俄而奮鬥，復國建國而努力。為國家復興，為人民復仇，驅逐俄寇，消滅共匪，以盡我現代青年之職責。

朝課後記事，十時中央常會，聽取紀律、財務、設計、黨史各委會工作報告後，研討改革社會。除黨、政、軍各級機構須清潔整齊，為民模範以外，應特別注重旅館、餐館以及戲館與公共場所之廁所，與廚房整潔着手做起。正午便宴克拉克夫婦[1]畢，夫人送其上飛機而別。午課後親草青年節告書稿，約一小時完成初稿，頗覺自適。晡召見奧丹尼[2]中將後，初修文稿。晚課。晚為夫人祝五十五歲初度也。修正談話稿，廿三時寢。

三月二十七日　星期五　氣候：晴

雪恥：一、檀香山美國成立為一州時，我駐檀華僑之選舉州議員事應積極準備。

四時醒後，五時復熟睡至七時起床，朝課。九時廿分到實踐學社，聽講日本

1　克拉克夫婦即克拉克（Mark W. Clark）與莫琳‧多蘭（Maurine Doran Clark）。
2　奧丹尼（John W. O'Daniel），美國陸軍將領，曾任第一軍軍長，時任太平洋區地面部隊司令。

太平洋作戰指導之第五、六課，其間對瓜島[1]作戰經過，卅二年大除夕，日軍撤退開始時，正為美軍本亦定於其卅三年元旦撤退也，後應其發覺日本開始撤退，故美軍決定不撤之戰史。而其海軍佔領瓜島，陸軍絕不同意。又其海軍卅二年六月間在中途島大敗，竟對其東條[2]首相隱瞞不報，故東條並不知其海軍有此大敗，此皆其陸、海兩軍組織與制度不能統一，以致卒後敗亡之史實也，能不警惕。午課後重修青年告書，顯光大使來作話別後，續修文告。晚課後廿二時寢。

三月二十八日　星期六　氣候：雨

雪恥：一、青年節告書中，對於青年互勉、互戒與互信、自信之意，未能增補為憾。

朝課後續修青年節告書。十時入府辦公，召見段茂瀾[3]、戴安國等十餘人，徐培根等報告考察美國陸軍學制之心得。後葉公超來告，緬甸對我李彌部留緬，認我為侵略緬甸案，已提出於聯合國，要求列入議事日程。以其全被緬共所逼迫與控制也，否則緬共要求參加其政府之組織也。余告其對美國要求我李部撤退原則之應允答復，必須說明李部為反共游擊隊，不能由我政府指揮與控制一節，應特注意也。召集軍事會談。午課後續校青年告書，甚覺匆促，

1　瓜達康納爾海戰，發生於 1942 年 11 月 12 日至 15 日，是盟軍（主要是美國與澳洲）和大日本帝國雙方圍繞著日軍試圖增援瓜島守軍、運送補給的行動而展開了長達四天的海戰和空戰。
2　東條英機（1884-1948），在二次大戰期間，任日本的大將和第四十任內閣總理大臣（1941 年 10 月至 1944 年 7 月），任內發動珍珠港事變，太平洋戰爭爆發。戰後被處以絞刑。
3　段茂瀾，時任駐法公使銜參事。1956 年 6 月受任駐巴拿馬大使，1959 年 7 月受任駐菲律賓大使。

及至十八時方脫稿也。記事畢，晚課。廿時廣播後晚膳，聽取令傑[1] 報告美國工作經過情形。廿二時後寢。

上星期反省錄

一、緬甸政府對我李彌部留駐緬北認為侵緬，提出聯合國控訴我政府，此舉實為緬共所迫之使然，而英自亦從中慫恿也。

二、對日售糖契約已訂立，其損失雖較原價為多，然經濟問題已可減少其顧慮矣。

三、內部問題以國楨驕矜狡詐，不能合作，故省政阻滯，非決心改組不能再求進步矣。

四、史丁文生離去，克拉克又來，應酬為勞。但史對臺灣感想極佳，頌揚不絕於口。此一美民主黨領袖訪臺，有此結果，又為一意外之收獲也。

五、審閱卅二年日記完畢。聽取日本對太平洋作戰指導史與組織內容，皆於我為最大之補益也。

六、霍華德發表其對我結束韓戰計畫之談話後，美軍將領如克拉克等皆表贊同，而將雷德福亦可選為遠東統帥一節增補在內，更覺完美矣。

七、巡視卅二師九十四團營舍，乃得發現該師內容之腐敗，自覺為幸。

1　孔令傑，孔祥熙與宋靄齡次子，時為駐美軍事採購處陸軍武官，往來美臺之間，為蔣中正、宋美齡傳訊。

本星期預定工作課目

1. 改革社會與公共場所之督導。

2. 參觀登陸演習。

3. 研究美國借款方式。

4. 耶穌受難節之文告。

5. 美大使藍欽呈遞國書。

6. 注意俄共和平攻勢。

三月二十九日　星期日　氣候：雨

雪恥：一、共匪強迫其官兵人海戰術的殘忍手段。二、共匪在戰地控制民眾，迫令為其工作之方法與組織。以上二種問題應速定對策，並定為法則：甲、陣前構作濠溝，成為敵方之死角，使來歸投誠之匪兵先放下武器，跳入死角躲避。乙、併村築寨、集中民居，易於控制管理，但必先行查驗與連保，此或為初步簡易對策。

本日為黃花崗烈士殉難節，亦為我政府對革命先烈春祭日。朝課後記事，十時圓山忠烈祠主祭後，即到三軍球場對青年子弟六千人訓話，因今日為青年節之第十屆也。與令傑談話後，夫妻同到禮拜堂禮拜。午課後記上周反省錄與本周工作表。晡巡視淡水回，審閱廿九至卅年重要戰役要略與手令等稿畢。晚課後與妻談話。廿二時前寢。

三月三十日　星期一　氣候：陰雨

雪恥：一、魯斯文摘尚未復到，何耶。二、情報記錄與順序。三、海軍登陸計畫之彈性與臨機應變。

朝課後記事，十時舉行研究院第廿五期開學典禮，朗誦第一期開學訓詞，甚有所感。以當時敗亡情勢告戒學員，詞意與今日觀之，乃為句句正確，頗覺自慰，一般學員未知其作何感想也。回寓，與令傑談話，准其與共和黨人密切合作也。午餐後由臺北飛岡山，即轉高雄澄清樓，午課，休息，入浴。晚課後經兒來寓陪膳，廿一時登峨嵋艦，聽取明日平浦登陸演習計畫報告畢，就寢。夜間失眠，直至四時開船後始睡去。

三月三十一日　星期二　氣候：晴

雪恥：昨夜失眠，至今晨四時開船後方睡去，至六時復醒起床，朝課如常。八時兩棲登陸作戰演習開始，其舟波登陸行動，整齊並進與控置〔制〕紀律，皆大有進步。今日艦上發彈，可說自來海軍演習，實彈射擊（約一千餘發）之彈數，從未有如此之充足者也。尤其是美國驅逐艦及其火箭砲艦參加演習發射彈藥更多，但其對標的射中者甚少，以二十六個標的中被彈着者，只有三個而已，可知海軍對陸上射擊奏效之難矣。余以為觀測彈着手如無技術與膽量，則艦砲支援陸上甚難生效也。其餘觀感另詳講評中。演習十二時半終止，在艦上（峨嵋）聚餐，回航，至十七時半泊高雄第十碼頭，仍回澄清樓駐節。午、晚課如常。晡在樓廊上觀海，休息。廿一時就寢。

上月反省錄

一、俄機對美、英各機擊毀,與對擊衝突之性質如何,須詳加研討:甲、史魔初死,俄機嚴防英、美乘機攻俄,故有此意外之舉。乙、馬林可夫初行執政,恐其內部不穩,乃欲對外決心用武力,以團結其內部。丙、俄國軍隊對馬無信仰,馬亦無法控制軍隊,故其軍隊乘其嚴防命令時機,乃對英、美擅自行動乎。但以常情度之,此時馬正欲圖謀其對內政權之鞏固,必須全力對內,而其於此時對外挑起戰禍,當無此理,然俄共作為不可以常情測度也。(十五日記)

二、史大林五日斃命,馬林可夫繼任,即派庫茲泥淖夫為北平偽大使,加緊控制共匪。俄國黨政大改組,馬酋在史葬場演說,獨對中共提其名,而不及其他衛星國,又以周匪為各國奔喪代表之領班,美、英幻想第二狄托可休乎。

三、俄軍用機連續有二架逃出國外,其中一架逃丹麥,一架逃飛奧國之英區,此為俄軍最大之漏洞。

四、共匪突於月杪提出,接受美國交換病俘之要求,美、英各國大為驚奇,繼此以往,必有其更大之和平攻勢。

五、捷克傀儡因赴俄奔喪,回捷而暴斃,東德傀儡亦暴病。

六、緬甸政府竟於月杪對我李彌部向聯合國控訴,認為我政府之侵略行動,可知緬甸受俄共壓迫與鼓惑之甚,而且其已宣布,六月起不願美國之經援矣。

八[1]、本月國際外交特應注意者:甲、狄托訪英完成。乙、土耳其、南斯拉夫與希臘三國,商訂互助協定。丙、美、英會議。丁、美、法會議(皆在華盛頓)。戊、北大西洋公約國高級軍事大會。己、美國駐日統帥克拉克訪

1　原文如此。

越南與臺灣。庚、西歐各國不滿美國統帥李其威之所為,已表面化矣。

九、英國贊成美國對大陸共匪禁運之提議,以代替封鎖海岸之行動。

十、蒙哥馬利[1](英統帥)訪美之言論,其對反共較有澈底之認識,殊為欣慰。

十一、妻訪華府,對其參眾兩院各黨領袖聯絡,收效頗多,乃於月杪安全回國。

十二、月初美國安全總署代表團,調查其駐臺工作之成績考察完畢,其空軍部長與顧問史巴茲門等亦來臺考察。史氏回美對我之言論,極為有價值之影響也。此外,為霍華德與史丁文生前後訪臺,其言論態度皆佳。而霍華德對華之情感與協助,實為我人第一之知友也。

十三、審閱卅二年日記完畢,甚覺有益。

十四、軍隊本年度高級人事,已如期調整完成團長以上之人事,三年以來至此方得告一段落,而且已成定例,建軍基業始得奠定也。

十五、巡視第九十四步兵團,發現卅二師腐敗情形,以及巡視臺南、臺中新兵訓練,皆頗有益也。

十六、陸戰隊受美國巡迴訓練完畢,至月杪實施兩棲登陸作戰演習後,聽取講評,得益殊多。

十七、在實踐學社聽取日本太平洋作戰指導之經過,共計六課,自認為心得最大也。

十八、本月所最痛心而難堪者,乃為吳國楨之驕傲狡橫,其言其行有如此者也。

1　蒙哥馬利(Bernard L. Montgomery),又譯蒙過麻利,二次大戰時擔任英國北非、歐陸等地軍隊指揮官,建立殊勳。1946 年至 1948 年 9 月擔任參謀總長。1951 年任北大西洋公約組織歐洲盟軍副司令。

四月

蔣中正日記
Chiang Kai-shek Diaries

民國四十二年四月

本月大事預定表

1. 海軍聯合艦隊之建立與司令人選。

2. 省政府主席人選與方針。

3. 地下電話線之修復計畫。

4. 夜戰設備照明與地雷之準備。

5. 裝載之重要性。

6. 海岸突擊計畫與指導。

7. 耶穌受難節之講稿。

8. 對共匪韓戰和平攻勢之研究。

9. 緬甸對李彌遊〔游〕擊隊控訴我政府案研究。

10. 美援具體計畫（三月份預定表中）及要求之方式問題之研究。

11. 社會建設着手項目與改變習慣之難易。

四月一日　星期三　氣候：陰雨

雪恥：昨夜回宿澄清樓，至今晨六時方醒，熟睡八小時之久，是為最難得之酣眠也。六時後起床，朝課後餐畢，九時半到左營中山堂聽取昨日平埔附近兩棲作戰演習經過之講評。自大隊長以上每一單位主官與顧問均各有講評及報告，顧問之批評大多皆甚扼要有價值。十二時後方完，舉行兩棲作戰訓練

班畢業典禮時，作綜核講評，而對一般高級將領參觀者，多無精神且不知禮
節，加以斥誠，思之痛心。將領之舊習難改，不能變化其氣節，文武幹部皆
如此，殊為革命前途悲也。十三時回澄清樓，午膳後即由屏東起飛，回臺北
寓所，閱報，記事。共匪廣播遣送病俘事，幾乎無條件接受聯軍之要求，但
其必欲在停止戰爭狀態後實行也。

自今日起實施夏令時間，即提早一小時。

四月二日　星期四　氣候：雨

雪恥：一、昨日俄在聯大，對西方國家裁軍會議突然表示可接受之意態，此
為俄國最大之和平攻勢，當然與北平共匪接受美國遣返病傷俘虜，有一整套
配合之陰謀也。其攻勢之兇猛，乃以此為頂點乎，抑或另有其更大之攻勢乎。
茲假定其韓戰停止之實現矣，則其政治談判條件果能妥協乎。惟美國對華政
策本未決定，今俄共突來此舉，則美態更必對我猶豫觀望，將中俄共之毒計，
但我之基礎已定，美俄根本衝突無法避免乃可決定，或須延宕三年之時間亦
未可知。而我在今日已有待時之基礎，不患道之不行耳。

朝課後九時半入府，舉行美大使[1]呈遞國書儀式後，到中央舉行動員會報，指
示改革社會之起點與方法。午課後記事，修正耶穌受難節告書，約芳澤[2]及其
女婿[3]茶點，膳後晚課。

1　藍欽（Karl L. Rankin），由原任公使升任大使。
2　芳澤謙吉，曾任日本駐中國公使、駐法大使、外務大臣等職。1952 年至 1955 年出任
　　中日復交首任大使。
3　井口貞夫，1951 年 1 月，任日本外務省事務次官。1952 年 5 月，任日本駐加拿大大使。
　　1954 年 1 月，任日本駐美國大使。

四月三日　星期五　氣候：晴

雪恥：一、紀念周講詞大意：甲、因知其難，而後乃能知難而行易。乙、續講兩棲作戰缺點。二、日本教官之停聘問題。

朝課後聽報，十時後入府辦公，召開情報會談。對李彌部在緬作戰近情，與西北川、甘、青邊區馬良[1]等部遊〔游〕擊情勢，以及共匪和平攻勢等，皆有報告。嚴令接濟李部，空運加緊，以鼓其士氣。正午到蔣林堂禮拜，為耶穌受難節證道致詞，十三時半方退出。回寓，記上月反省錄，至十六時前完，乃就食，朝、午二餐皆禁食也。晡與妻車遊基隆，本日為受難節，氣候光明，甚覺難得。回寓，檢閱十五年以前舊日記，彌足珍貴，惜十三年日記為共匪偷取，故不能全備為憾也。晚課。

四月四日　星期六　氣候：陰雨

雪恥：一、俄共和平攻勢的花樣，真是與日俱增：甲、柏林英、俄會談，改變為英、美、法、俄四國會議。乙、柏林俄軍對西方英美防區交通已放寬檢查與阻滯了。丙、俄共對於其國內猶太醫生，被判為謀害高級官吏者已釋放，而且要懲治其誣陷猶人之格別烏了，此一行動已達到其對西方和平攻勢之頂點，殊為人之所不測。丁、對其國內廣播亦不再阻擾美國之音廣播與宣傳了。回憶卅二年初夏，當德軍對俄攻勢猛烈，美、英在西歐第二戰場未開闢之時，俄國竟能宣布其解散第三國際之狡謀，及其德軍擊退以外，乃就對美國不再遷就之老戲，而且拒絕美國再商戰後問題了，如美能亦回憶至此，則自不致被我〔俄〕再受愚弄了。

1　馬良，馬步芳之堂叔，1952 年 5 月令派為中華反共救國軍第一〇三路司令，以擴展川康甘青邊區游擊力量。

朝課後記事，入府召見人員八位，召集軍事會談後，接見美國防空司令詹生[1]君。午課後與辭修談話。手撰十三年日記遺失經過文。

上星期反省錄

一、美國新大使已呈遞國書，此乃四年之苦鬥與忍辱之結果，從此國際地位亦將逐漸恢復矣。

二、俄共和平守勢之兇猛，最近數日更激，此為從來所罕見也。

三、兩棲作戰之講評，對高級將領籠統之訓斥，在外國顧問共聚一堂之時為之，未免失檢，但將領之故態舊習難改，不能不由我憤激難以克制也，但此舉自覺非其地也，應切戒之。

四、決心撤換吳國楨與改組省政府。

五、對美國特別聯繫計畫決令傑甥照辦。

六、李彌部在緬被圍攻，馬良部在西北被圍攻，幸無重大損傷為慰。

本星期預定工作課目

1. 作戰裝載重要性之一般。

2. 準備與研究工作之重要。

3. 現實與假想戰況之一致。

4. 命令、報告、情報之登記及其順序之重要性。

5. 登陸計畫之彈性紳〔伸〕縮與預期不測，及臨機應變本能之鍛鍊。

6. 有線電通信架設之重要。

1　詹生（Leon W. Johnson），美國空軍將領，時任大陸航空司令部司令。

7. 省政府之改組與人選之決定。

8. 地下電話幹線之修復與督導。

9. 購辦糧倉問題，與以米易麵手續之督導。

10. 海軍聯合艦隊組織與人選之決定。

11. 防空洞與飛機庫場建築之督導。

12. 研究院後期教育與人選之決定。

13. 青年團信條之頒發。

14. 管糧制度。

四月五日　星期日　氣候：雨

雪恥：昨四日晚膳後展閱舊日記（十年），不忍釋卷，直至廿一時後，晚課，讀唐詩。廿二時半寢。

朝課後召見少谷，指示其對採購糧食辦法，切勿用黃金購糧之建議，並追究上次拋售糧食五萬噸為誰之主張，何以不報。此無異卅六年子文私自動用改革幣制基金，迨余發覺已不及補救，法幣崩潰之罪惡相等，以政府今日之存糧無異大陸法幣之基金也。記事後十時半，與鴻鈞商討改組省政府，以統一經濟政策為第一，故需要其出而負責擔任一時，惟恐其體力過弱多病，不忍相強之意告之。彼乃自動承擔艱鉅，如俞大維[1]不就，則彼當惟命是從，病痛在所不計。余認為鴻鈞表示實為國家前途大有希望，不僅省府問題得以解決而已，以追隨到底不辭犧牲者，尚有如鴻鈞之幹部在也，其比之於投機狡矜者何如耶。

1　俞大維，浙江紹興人。1950 年 1 月赴美養病，4 月 1 日至 1951 年 3 月 1 日出任國防部部長，兼任行政院美援運用委員會副主任委員及駐美大使特別助理。1954 年 9 月 20 日再度出任國防部部長。

四月六日　星期一　氣候：晴陰

雪恥：昨午緯兒同席聚餐，午課前後手草明日講稿要旨，分析最近俄共和平攻勢之內容與結果，頗為詳切。晚約宴藍欽大使，以其為遞到任國書後定例之宴會也。妻擬邀約國楨參加宴會，余堅持以為不可以，此人不能再予其禮遇矣。宴畢，與藍欽談話。十一時晚課，寢。

本日朝課後，手擬講稿要旨與目次，至九時半方完，十時到石碑〔牌〕實踐學社紀念周，訓話足有二小時半之久。對於俄共和平攻勢之由來與時局之分析，使文武幹部能有了解也。午課後記事，記上周反省錄。晡與妻車遊碧潭橋，甚不清潔，回晚課。晚閱拿破崙語錄序文完，讀詩。十時半寢。

四月七日　星期二　氣候：陰

雪恥：一、觀察國情者，先觀社會對其孩童愛護與牲畜保養之程度如何，此為最重要之要旨。二、築陣地下工事之構築及其工具之準備。三、電子工學兵器之常識講解。四、國防工業局之籌備。五、日軍大亞灣登陸之史料搜集。六、保護牛、馬、牲畜與比賽獎懲規則。

朝課後記事，十時入府辦公，召見十人，批閱。藍欽對王、葉[1]勸我政府予國楨辭職時之辦法，免其美友之不良推猜。其用意頗善，但彼為外交官，總有干預人事之嫌，故展期約會，待吳[2]事告一段落，再予約見也。召集宣傳會報，研討俄帝和平攻勢之情報為主。午課後審閱實踐學社講義提要（四星期），與妻巡視研究院。晚課後聽報，審閱卅一年日記開始。讀詩。

1　王、葉即王世杰、葉公超。
2　吳即吳國楨。

四月八日　星期三　氣候：晴

雪恥：一、定購美、英與香港各報。二、去年波蘭所提世界和平計畫：甲、立刻停戰。乙、無例外遣返所有俘虜。丙、撤退韓境外國軍隊。丁、五國和平會議。三、對國楨辭職之處置，先派員代理。

朝課後指示秦[1]秘書，增補前日講稿各要點，名題為「余對和平攻勢的樂觀」或「如是我觀」（對俄共和平攻勢）。十時入府召見八員，侯騰、黃占魁[2]、黃建塘[3]等。十一時聽趙家驤[4]、宋達[5]、吳嵩慶[6]等報告在美考察之要務，至十三時後方完，頗為有益。午課後記事，審閱卅一年一月初旬日記後，巡視研究院回，晚課。閱報，膳後讀唐詩。廿二時寢。

四月九日　星期四　氣候：陰

雪恥：一、列寧[7]投降德國的簽約地點。二、共匪廿六年投降國民政府條件，查報。

朝課，記事，十時前到中央黨部，與辭修談國楨辭職問題，乃知藍欽今晨訪

1　秦孝儀，字心波，湖南衡山人。曾任中國國民黨中央秘書處議事秘書，時任總統府侍從秘書。
2　黃占魁，字纘軒，曾任聯合勤務總司令部運輸署陸運司副司長、司長，1951 年至 1955 年間任陸軍指揮參謀學校校長。
3　黃建塘，字星垣，浙江溫嶺人。曾任暫編五十四師師長、花蓮師管區司令、第五十二軍副軍長等職。本年入指揮參謀學校將官班受訓。
4　趙家驤，字大偉，曾任東北剿匪總司令部參謀長。1951 年至 1955 年任陸軍總司令部參謀長。
5　宋達，字映潭，湖南湘潭人。1950 年 6 月，出任國防部第四廳廳長。1955 年 9 月，任國防部副官局局長。
6　吳嵩慶，浙江鎮海人。時任聯勤總司令部軍需署署長。1953 年 6 月，任聯勤總司令部財務署署長。
7　列寧（Vladimir Lenin, 1870-1924），俄羅斯政治家，領導十月革命推翻俄羅斯帝國，蘇聯創始人。

問時，對其談及國楨事，其言一如日前與王、葉[1] 所談者相同，望與國楨留一餘地，以免其美友對國楨交好者之誤解。彼雖言明不以大使地位說話，辭修等亦皆謂其出於善意，並無干涉內政之意，而事實上則啟干預人事之端。余乃決心批准國楨辭呈，以免夜長夢多也。常會完畢後回寓。午課後到實踐社聽講回。與鴻鈞談其繼任省主席之方式，彼以聽命服從至死不渝之決心示余，但不願以外人之關係，先以代理名義過渡也。余極以其意正大為然，乃決直接任命，而不用代理方式也。晚課後審閱講稿。

四月十日　星期五　氣候：陰

雪恥：一、英國駐俄大使[2] 告假回國後，又匆匆回任，其間必與俄共和平攻勢有關，殊堪注意。二、美國駐俄新大使（波倫）[3] 兼程赴俄，此人又為親俄之人物，彼且由美轉英赴俄，是其美、英、俄三國，必有秘密談判之進行乎。三、美國務院忽放出其臺灣托管與韓國分立，以解決韓戰問題之空氣。吾知杜拉斯為一純粹投機之政客，雖其白宮正式否認，但其賣華之危機尚未根除，乃可知也。

今晨四時卅分起床，以講稿急欲修正發表也。朝課後修正講稿，到中央主持知識青年黨委就職典禮後，入府會客。召開財經會談畢，約宴評議委員。午課後修稿。五時常會准國楨辭職俞鴻鈞繼任案通過後，下令。回寓，續修講稿，車遊山上一匝。晚課，讀唐詩。廿二時寢。

1　王、葉即王世杰、葉公超。
2　加斯科因（Alvary Gascoigne），1946 年至 1951 年任英國駐日政治代表，1951 年至1953 年任駐俄大使。
3　波倫（Charles E. Bohlen），又譯波侖、包倫，1953 年 4 月至 1957 年 8 月任美國駐俄大使。

四月十一日　星期六　氣候：雨

雪恥：昨日以決定省主席人選為忙，自覺此一決定與實行，乃為對外、對內心理之成功也。國楨藉美聲援，有恃無恐，以為非他不可，故驕矜孤僻。其對余亦不在心目，甚為其修養不足、根基淺薄惜也。余乃斷然准其辭職，寸心甚覺自得，如其受此重大教訓，果能悔悟警覺，痛改前非，則其才仍可用也。今晨六時起床，朝課畢，續修講稿甚費心力。十時入府，召見八人後，召集軍事會談，研討聯勤總部組織要旨，予以決定。對防空司令部改為空軍戰術司令部，亦予批准。午課後續修講稿，至二十時方完。晚餐後休息，記事。讀唐詩，入浴。廿三時前寢。

上星期反省錄

一、國楨辭職問題，乃為三年來內部之糾紛，與對外之關係最為複雜不易解決之事。最近美使雖以私人好意貢獻意見，但總有干涉內政之意，故決然批准其辭呈，此乃政治之加強又得進一步矣。然而用心苦極，惟鴻鈞竟能以病軀應命，不惜貢獻一切於黨國，甚覺忠誠幹部尚有其人，其視於國楨品格之高下，將何如耶。

二、研究俄共和平攻勢之利害，對一般幹部之指示，自覺透澈無誤為慰。

三、美國務卿於十日發放其對韓國分立為停戰之要旨，與將來臺灣由聯合國托管之秘密消息，以暗示其重要記者，社會輿論與國會皆為之譁然。杜勒斯自前年主持其對日和會以來，其遺棄我國之卑劣行為，已甚明顯，此種政客投機之流不值一顧。但我臺灣前途多難，於此可見，足增強吾人之警惕而已，但決不以此為悲憂也。

四、駐俄之英大使匆匆來去於英、俄之間，其對最近之和平攻勢，不僅其於賣華害韓有關，而且為美國陷阱者，亦在於此也。

本星期預定工作課目

1. 精神教育之原則與口號之製定。

2. 軍事科學化教育之研究與提倡。

3. 各防區司令必須對基地訓練負責督導與考核。

4. 軍官學校基本教育不確實、形式化之弊端。

5. 卅二師之整頓。

四月十二日　星期日　氣候：雨

雪恥：一、軍官畢業生派轉工業學校，學習工業專科。二、明年軍援希望數字與計畫之草案。三、桃園通飛機場公路之速修。四、高級將領惰性改革方法之研究。五、青年弱點心理（貪安怕死、怕苦輕浮）之研究與改正方法。

朝課後續修講稿，十一時禮拜。正午約宴珀琳牧師[1]，宴後敘談一小時，彼乃我華之良友也。午睡未能成眠，以講稿要在今日修成也。午課後續修講稿。十七時約見美駐日大使穆飛[2]，約談一小時辭出。余續修講[3]完，記事。晚宴穆飛，前後相談二次，彼乃一職業外交家也。晚接國楨手書表示悔悟，但其本質乃為一個官僚與政客之模型，不能望其改為革命黨徒也，可歎。廿三時寢。

1　珀琳（Daniel A. Poling），又譯包霖、波林、鮑林、包零、保令，基督教兒童福利基金會董事，《基督教先鋒報》總編輯。1950 年代起協助臺灣光音育幼院臺中育嬰院、大雅盲童育幼院、樂生療養院職業治療室等成立。

2　穆飛（Robert D. Murphy）、墨菲，美國外交官，曾任駐比利時大使，時任駐日大使。

3　原文如此。

四月十三日　星期一　氣候：雨

雪恥：一、預備軍官教育之缺點：甲、射擊（步槍）及格者為百分廿八。乙、戰鬥動作及格者（步槍兵攻擊）百分五十六。二、畢業生考派工業學校升學。三、軍校教育注重實踐，而莫尚形式。

朝課後至新客舍送穆飛，約談十五分時回，續修講稿。十時到研究院紀念周，宣讀（美俄最近發展之關係觀察）即第一回合勝利[1]完。與辭修談省政府人事，與葉公超等談李彌留緬部隊由美國幹旋妥協問題。午課後記事，手錄十三年日記遺失緣由於毛[2]先生代鈔十二年日記本之末頁，以誌缺憾。晚課後與雪艇、公超等商討講稿內容重新修改之點，擬暫緩發表也。廿二時寢。

四月十四日　星期二　氣候：雨

雪恥：一、卅二師有否着手整頓。二、蔡斯限制我沿海突擊之用意何在。

朝課後考慮時局，修正講稿。十時入府辦公，閱保王黨李大明[3]等污蔑電報，付之一笑，並對國人之氣質與幹部習性頹唐怠惰而毫無積極創造之人才，不禁為民族前途憂矣。接見韓使金弘一[4]等十員畢，召集一般會談，商討國民大會準備手續與聯合陣線方針。午課後記事，批閱要公，審閱魯斯君為我節錄反共抗俄基本論，尚得要領。晡補修正講稿後，晚課畢。約宴西方企業公司各主管夫婦二十人後，商談突擊計畫。廿三時寢。

1　即〈第一回合的勝利〉講詞。
2　毛思誠（1873-1939），字勉廬，為蔣中正啟蒙老師。歷任國民政府主席辦公室秘書、監察院委員等職。曾編纂《民國十五年以前之蔣介石先生》及蔣中正著《自反錄》等書，為研究蔣中正初期之重要參考資料。
3　李大明，廣東台山人，美國華僑。曾任中國民主憲政黨副總長、副主席，主辦《世界日報》。
4　金弘一，韓國獨立黨人。1948 年返韓，相繼出任南韓陸軍士官學校、陸海空軍參謀學校校長。時任韓國駐華大使，1960 年卸任。

四月十五日　星期三　氣候：陰雨

雪恥：一、實踐學社考核情形查報。二、卅二師之整頓。三、召見吳文芝。

朝課後記事，十時入府辦公。召見徐家驥[1]、藍卿與奧維里資[2]等畢，辦公。回寓尚未至十二時半，乃閱覽社論三篇，簽發致愛克電，警告其對俄共和平攻勢之方針，對韓戰和談之主張應不忘所定之政策也。對藍卿說明，我對韓戰和談之先，應主動提出韓國統一之根本問題是否承諾，再定和談之日期與限期也。如韓此次不能獲得統一，其將何以對美國為韓戰而死傷之官兵，以及韓國之空前犧牲耶。午課後審閱卅一年一月日記完，到實踐學社聽講後聚餐。晚課後，閱拿破侖軍事格言十條，讀唐詩，廿二時前寢。

四月十六日　星期四　氣候：雨

雪恥：一、二中全會開會訓詞要旨。二、閉會詞之要旨：甲、對中年幹部之精神提倡，事業不計報酬、不問收獲。乙、造成民眾社會對本黨之復國信心，與基本工作（德行）務求實踐不重形式。丙、理論指導組。丁、經濟研究組。二、張光明[3]。三、卅二師94i團政工處長人選。

朝課後記事，十時前到中央，召見成績優良人員十餘人，加以訓勉。開常會討論糧政現況，與監察院黨員管制及其各委員組織制度問題。余認為該院不應硬性規定如立法院一人只許參加一個委員會之制度也。對吳國楨糧政失敗應負其責之說明。午課後審閱卅二年二月日記後，到研究院召見學員五十人回，晚課。膳後閱拿破侖格言，讀唐詩。

1　徐家驥，曾任廣東省立文理學院、中山大學文學院教授、駐荷蘭領事，1967年任政治大學歷史系首屆系主任。

2　奧維里資，美國駐日大使特別助理。

3　張光明，原名世明，河北昌黎人。曾任空軍第四大隊飛行員、副隊長、隊長等職。

四月十七日　星期五　氣候：雨

雪恥：一、一中全會後之黨政工作與進步程度。二、今後本黨努力之方向與精神及實踐之指示：甲、言行合一。乙、心物一體。丙、自由與自私之分別。丁、民主與民族之關係。戊、為人與為己之區別。己、失敗與成功之判定，不在現在，而在將來。庚、革命黨員事事應為後世及後來者着想，而不能為目前與本身着想。辛、形式與精神，表面與基本之別。

朝課後記事，聽報。十時前入府，召見八員，多有可用之人才，甚覺快慰。召集情報會談，越共向老撾侵犯，其目的乃在包圍我緬東之李彌部乎。到婦聯會三周年紀念後，巡視省政府。正午聽讀愛克對俄共和平攻勢之反擊演詞，與克拉克提出停戰談判方針，全與我致愛克之電相符也，私心略慰。

四月十八日　星期六　氣候：雨

雪恥：昨午課後審閱卅二年二月日記完，到研究院召見學員五十人回。詳閱愛克演詞，實得我心，時局不致失望也。晚課後修正對記者談話稿。晚閱拿翁格言，讀唐詩。

朝課後記事，十時入府辦公。召見陳質平[1] 等十餘人畢，召開軍事會談，聽取建立軍士制度之內容與增加軍費數目甚多，乃決定以五萬職業軍士為基準，其餘皆可以一般軍士充任之，如此每年只增加一千餘萬元之軍費，不難實現也。又解決聯合作戰指揮中心之組織，甚覺有益也。午課後審閱卅二年三月日記後，召見學員五十人後晚課。膳後整理公事匣，編名號，讀詩。

1　陳質平，1946 年 7 月任駐菲律賓公使。1949 年 8 月升任駐菲律賓全權大使。1954 年 10 月辭去駐菲律賓全權大使職。

上星期反省錄

一、余致愛克十五日電及愛克十七日對於俄共和平攻勢答覆之講詞，聊覺寬慰。

二、糧食恐慌情形真為奇異，此全由國楨自私行為所造成，不得不加斥責與指明也。

三、省政府新舊主席交接完畢，美國並未發生惡影響，此或國楨所不料及也。

四、求才之心甚切，召見黨員征求人才，已盡心力。建黨研究會學員物色未完也。

五、美國對華政策，其內容與前無異，而且其培植第三勢力與對朱毛為狄托之幻夢至今更烈矣，若不自強，何以復國。

六、中美聯合參謀機構之組織，彼意在控制我行動而不在援助我聯合作戰也，於我究有益否，應再加考慮也。

七、藍欽所談「美國無長期性之政策」一語應特加注意，對余考慮美國政策與決定對策時，甚有補益也。

本星期預定工作課目

1. 對美要求聯合參謀團組織之條件，應從速決定。

2. 對緬甸控我侵略案之對策與方針。

3. 二中全會之提示要點。

4. 美之對華政策：甲、狄托之夢。乙、培植第三勢力之劣計。應速研究對策。

5. 國防會議討論國防組織法。

6. 糧食政策與計畫之研究。

7. 青年團與各學校之組織如何。

四月十九日　星期日　氣候：雨

雪恥：一、訓練方法：應將業課與學課分列，高級幹部訓練當以學課為主業課為從。訓練之組織，業課縱列學課橫列。所謂學課乃即術課，如組織、宣傳、訓練、考核、情報、謀略、設計等是也。所謂業課，如民、財、建、教、社、警、地、糧等是也。如此改正，今後訓練當有成效，但必以服務無私，負責盡職，自動創造，事業心與德性修養，認識主義為一切之本也。

朝課，記事，著訂荒漠甘泉[1]每課之標題數則。今日因傷風初起，在家休養，未往禮拜，乃手擬對國際電訊社第一答案對愛克講演之感想也。正午為樓下拷釘擾亂思慮，惱怒甚激，但將動手打人而未打，尚覺怒中能自制也。午課後修正問答稿後，見記者。談話畢，入浴，晚課。閱拿翁格言，讀唐詩。

四月二十日　星期一　氣候：陰晴

雪恥：一、美國現政府對華政策，仍在積極培養第三勢力，以牽制我政府，並準備乘機替代，其方法之拙劣極矣。但其此種幼稚行動，只有付之一笑，然而我如不能奮發自強，則危機四伏。彼計雖拙，當亦有實現可能之望，不可不為之戒懼也。二、馬下兒見其國會與輿論對我支持之熱忱，時時防我對彼報復，暴露其往日在華之罪惡。其最近態度，對俞大維談話之意，時時表現其在政府勢力之大，暗示我如報復，彼仍可影響其總統與國防部，必將於我不利之意，可笑極矣。此乃可以表現其全部人格也，幼稚無知，不禁為美國前度〔途〕悲也。

1　即 *Streams in the Desert*，基督教靈修書籍，由美國作家高曼夫人（Mrs. Charles E. Cowman）編撰，一日一課，首舉聖經新、舊約經文章節，然後選輯宗教名家對此一節經文的講解、闡釋或證道之詞，並附載有關詩歌。1920 年初版，曾譯為多國語言，中文譯本即《荒漠甘泉》於抗戰期間問世。

朝課後記事，九時半到研究院紀念周畢，往訪于[1]院長。入府接見美國底特拉市商會考察團四十餘人後，巡視圓山飯店。午課後整理人事，審核建黨委員會人選，召見學員五十人，晚課後審核新聞稿。

四月二十一日　星期二　氣候：雨

雪恥：一、對美國要求，不妨礙其最高利益與組織聯合參謀團之關係。二、軍援擴充到金門、大陳，而將游擊組訓職權由西方公司移轉於軍援顧問團之提議，似可贊同，惟傘兵師之裝備應繼續完成。

朝課後記事，十時入府辦公。召見鄧公玄[2]、段茂瀾等八員，召集宣傳會談。日本總選舉結果，自由黨仍得多數票，但只有總票數百分四十，不能超過半數席次，政局甚難穩定為慮。又聞前日美國國際新聞社特派員來臺與余之問答十項，在其哈斯塔系報紙僅登一小段，殊出意外。後知其因當日為韓戰病俘交換之新聞最先而且重要，故將余之問答略載不詳也，此乃對美國人心理與宣傳經驗又多得一教訓。美國人之好新與不定，蓋如此也。

四月二十二日　星期三　氣候：雨

雪恥：昨午課後記上周反省錄畢，召見研究學員六十人回。與雪艇、公超商討緬甸在聯合國控訴之處理事，可照美國從中調解辦法，暫徇其意進行也。晡與妻車遊頂北投，途中談對國楨教導事。晚課後閱港報社評及拿翁格言數條後，讀詩，入浴。廿三時寢。

1　于即于右任。
2　鄧公玄，曾任中國國民黨中央海外部秘書、制憲國民大會代表，時任立法委員。

朝課後記事，九時五十分到實踐學社聽取日本海軍方面在上次大戰中之太平洋作戰指導史。午課後審閱舊剿匪官兵問答重加修正，召見學員五十七員，第廿五期學員召見完畢矣。晚閱覽拿翁兵法語錄一一七條完。晚課畢，讀唐詩後，廿二時寢。

四月二十三日　星期四　氣候：晴

雪恥：一、糧食政策之督導：甲、利用舊日地主收租穀之方法與人員組織，而加以改革與組訓。乙、預防倉穀之沙土、潮霉。丙、購糧與售糧之執照登記及指定區域與數量。

朝課後記事，九時五十分到實踐學社，聽講日本太平洋作戰指導史，其失敗之種因在於緒戰因勝而驕弛，竟忘其結束戰爭根本之圖，而其作戰上到第二期以後，一取守勢則處處被動，料敵錯誤，時時皆為敵所乘矣。無論戰略戰術一取守勢，即失去主動自（由）動、機動與運用之妙，未有不敗者。即使為攻勢而作防禦，亦必有積極與多方面主動與機動之運用。其實防禦亦為攻擊之故，是以軍事只有攻擊一詞，而防禦因在攻擊戰術下之一種技術，決不能與攻擊為並列之軍語也。但日本指導失敗之基本因素，猶非在此耳。

四月二十四日　星期五　氣候：陰雨

雪恥：昨午課後，審閱對日抗戰第二期之第二、第三與最後各戰役之文電類編完，更覺日本軍閥在華作戰之戰略錯誤，不僅徒勞無益，惟見其害華自害而已，可痛之至。申刻診斷目疾，醫又斷言目中毫無異狀，而且視力甚佳也。晡與妻巡視淡水回，續審類編修正講稿後，晚課。廿二時半寢。

朝課後記事，十時入府辦公，與至柔談國防組織法對統帥權問題，僅可以戰

戰[1]屬於總統，平時仍應歸於行政院部為妥。蓋有鑒於日本敗亡總因，全在其軍閥借統帥系統之職權把持政權，不能不防將來之惡果也。會客後召集財經會談，糧食政策討論時，對國楨不德之回憶又發惱怒，而對辭修之無能無術更覺悲憤，不知國家之前途究將如何矣。

四月二十五日　星期六　氣候：晴

雪恥：昨以上午憤怒，故畫〔晝〕不成眠。午課後十五時半到研究院，參觀黨政業務演習三小時之久，並未比前進步。回寓，晚膳畢，與妻車遊基隆道上，以對陳、吳[2]等之言行憂愁苦痛，不知所止。但對於經濟統一組織與責任專一之考慮新有心得，惟恐辭修又有異議，阻礙難行耳。晚課，與曉峯[3]談黨務後，廿二時寢。

朝課後記事，十時入府辦公、會客。與俞大維談話，總覺其聰明過度世故大〔太〕深，所以觀事皆屬於消極悲觀而無勇氣矣。召集軍事會談，聽取軍隊實員與定額之數，決定以百分之二十餘額為征訓補充，每年三期，每期三萬人，以七年為期，動員總額可達六十師兵力也。午課後審閱卅一年四月初旬日記。晡與妻車遊頂北投一周。晚課後讀唐詩，入浴。以傷風早睡。

1　原文如此。
2　陳、吳即陳誠、吳國楨。
3　張其昀，字曉峯，浙江鄞縣人。1950 年 3 月，任中國國民黨中央宣傳部部長，創辦中國新聞出版公司，7 月，任中央改造委員會委員，8 月，兼改造委員會秘書長，創辦中華文化事業出版委員會。

上星期反省錄

一、聽講日本太平洋作戰指導史，共十二課完畢，對我心得頗有益也。

二、閱拿破崙兵法語錄完畢。

三、臺省府組織已成，一般心理尚佳，但經濟方案尚無頭緒。對辭修與國楨之言行時動惱怒，不能懲憤自重，應切戒之。

四、韓戰換俘順利進行已將一周。

五、俄報對美總統和平反攻演說已有表示，尚在半迎半拒之間，但其軟化態度，顯露彼欲癱瘓美國與爭取時間，乃必然如此也。

六、聯合國對緬甸控我侵略案，其侵略詞句雖削除，但墨西哥方案解除游擊隊武裝之提議竟已通過，惟有聽之，以我國代表[1] 未投票，並聲明不能負責也。

本星期預定工作課目

1. 經濟機構之統一改組方案。

2. 國防組織法統帥系統之修正。

3. 日太平洋作戰指導史之研究。

4. 二中全會之目的與意義。

5. 美援方案之督導。

6. 海軍聯合艦隊制之督導。

7. 建黨研究會人選。

8. 研究院後期教育計畫之重審。

9. 國軍信條原則之研究。

10. 軍歌之審核。

1　我國代表即蔣廷黻。

11. 鴨毛與豬鬃之收集與出口辦法。

12. 公務員朝、晚操練情形查報。

四月二十六日　星期日　氣候：晴

雪恥：一、召見合眾社高爾[1]。二、召見任顯羣。三、聯合戰線與反攻時期黨政工作之準備。

考慮時世，俄共此次和平守勢與美國心理作戰之結果：甲、韓戰停止以後，和平談判必須延長，至第三次世界大戰開始為止。乙、和平談判時，須有一年以上之時間，共匪必發動中南半島或中東方面另一軍事侵略行動，和談自無結果，世界大戰亦自將爆發。丙、世界大戰因此可延緩一年以上，最早亦須在一九五五年以後矣，但四年之內如無戰爭，則俄共成功乎。

朝課後記事，記上周反省錄。因傷風未到禮拜堂。正午約宴儒堂[2]。午課後重審卅七年日記，感慨無涯。晡與妻車遊後晚課。膳後讀唐詩，入浴。廿二時半寢。

四月二十七日　星期一　氣候：晴

雪恥：一、經國訪美之關係與結果如何。二、決令國楨出國之注意各點。三、總統府業務會報與增員情形如何，職員宿舍之籌建。四、妻致克拉克夫人[3]獎

1　高爾，通譯為高爾雅（A. M. Goul），美國合眾通訊社中國分社總經理。

2　王正廷，字儒堂，浙江奉化人。抗戰勝利後任上海市參議員、全國體育協進會理事長、中國紅十字會會長、交通銀行董事等職。1949 年初去香港，任太平洋保險公司董事長等職。

3　莫琳‧多蘭（Maurine Doran Clark）。

勉函件。

修身注意不發氣、不動怒、不斥責,忍心吞聲,寬厚和平。古訓守口如瓶、防意如城,應心銘之。

朝課後記事,十時到研究院舉行第廿五期學員結業典禮,對講洋話之高級人員部長,暗示其不學無知、不懂革命道理,自以為是者,續予斥責。何必如此?聚餐後,讀總理一九〇六年三民主義與民族前途[1]之訓詞。午課後修正五一告勞工書稿,審閱實踐學社講稿。約見高爾後與妻車遊基隆道上回,晚課。膳後閱報,對於俄報答覆愛克講演之反響詳加研究,並無具體內容也。

四月二十八日　星期二　氣候:晴

雪恥:一、國防部軍事月報指示:甲、政工(各軍)人員參加。乙、廳署與軍之各處,對其本處有關業務之各師團內情形與要求,應負責考察。丙、上級機構主官對所部問題,仍不能主動處理,即使部屬要求亦不予負責解決。丁、各區司令主要工作在基地訓練之督導。戊、惰性與辦公之惡習應澈底革除。己、主動處治與臨機應變解決問題(困難)之習性養成。庚、作戰與訓練方式及戰術思想之決定。

朝課後記事,九時到政工學校舉行第一期畢業典禮。十時入府,召見十餘人,聽取吳文芝報告卅二師接事後情形。與大維談話後,補正講稿。午課後審修五一告書,審閱卅一年四月日記。晡與妻車遊頂北投,途中忽言其最近悲觀心理,並屢言如余不在臺灣,則彼必留美不回矣。言下甚悲,可怪。

1　〈三民主義與中國民族之前途〉,孫中山 1906 年 12 月 2 日在東京舉行《民報》一週年紀念會演講。

四月二十九日　星期三　氣候：晴

雪恥：昨晚入浴後晚餐畢，廊樓觀月。今為舊曆三月十五日，再過三日即為經兒四十四歲生日矣，彼今日赴綠島視察也。晚課後廿二時寢。

朝課後記事，十時入府，聽取余伯泉、吳文芝美國軍事教育系統及戰術構想等之報告二小時，於我啟發得益頗多，吳文芝更有造就將才之望也。午課後，補正五一文告及第一回合勝利講稿之發表，與中央日報社論成為一反宣傳作用，陳訓畬〔悆〕之無能力可知矣。本黨幹部如此，奈何。晚課。晡獨在新客舍閒坐自得。晚膳後約見謝幼偉[1]，擬派其中央日報總主筆也。入浴，讀詩，廿二時半寢。

四月三十日　星期四　氣候：雨

雪恥：一、除政工制度應繼續實施以外，其他作戰與教育及各種業務等制式，皆須照美軍制式實施。但於民族精神、生活品德等本國優良傳統習性，如禮義廉恥、勤勞忍耐之生活，自應繼續保存，並使之發揚光大。至於搜索戰、夜戰與匐伏行進等行動與戰術等，仍應照我往日之教育實施不改為要。

朝課後手擬對軍事月會講詞要旨。九時到軍事月會指示要點與重要改進者一小時畢。十時後到中央常會，討論全會議題，指示反攻大陸之前對原有地主、屋主之權利不能決定公布，認現耕之田應歸現在之耕者，而原有地主所應得之耕田當由共匪充公之耕田補償，則必綽有餘裕。故不必以此問題特重，徒為共匪對現耕者作反宣傳之資料耳。午課後審閱卅一年四月日記完。診斷目疾，視力甚強，並無異狀云。晚課，剪甲。

1　謝幼偉，字佐禹，1949 年任印尼雅加達八華中學校長，1953 年赴臺任《中央日報》主筆、中國國民黨中央設計考核委員會委員。

上月反省錄

一、越共侵入老撾，乃將俄共一個月來之和平攻勢完全戳穿，因之美國援華與反共之計畫又進一步矣。

一[1]、聽取日本太平洋戰爭指導史完結後，得益頗多：甲、軍政制度之錯誤關係。乙、陸、海軍不能統一。丙、國防政策之不定與變更。丁、指導機構之無力與不健全。戊、決策者之主觀拙劣。己、軍事只有攻勢，不能防守。庚、對盟國之取巧，傍觀而不誠實。辛、無最後之打算與準備。

二、北大西洋軍事理事會之結果，並無積極進步。

三、俄對愛克和平攻勢之態度，俄報表示消極應付，毫無積極反響，從可知俄和平攻勢之真意所在，根本拆穿矣。

四、美、英、法、澳、紐在檀香山會商東南亞防共，其對白人太平洋之形成毫無掩飾乎。

五、本月六日對俄國和平攻勢剖解之講詞，最後對美或有影響乎。

六、致美總統愛克電，表示對韓停戰之意見。

七、美駐俄新使波侖到任，及駐俄之英使匆匆往來於俄、英之間，可知英、美求和之心如何之切矣，可歎，其為俄國玩弄而不悟，蓋如此也。

八、美對華政策及其培植第三勢力，與狄托主義之幻想，與前政府並無二致也。藍欽自言美國無長期性之政策，實對余為最有益之警語也。

九、美與共交換病俘工作已告一段落。

十、臺灣省府改組完成，此乃內政一大事也。

十一、糧食恐慌實為無妄之患也。國楨私心自用，痛心極矣。

十二、緬甸控我李彌部隊案，聯合國雖將我國侵略文句避免，但仍將墨西哥提案通過，而並未追究緬甸誣控之責任，以及其受俄共之指使罪惡查明，可痛之至。

1　原文如此。

蔣中正日記
Chiang Kai-shek Diaries

五月

蔣中正日記
Chiang Kai-shek Diaries

民國四十二年五月

本月大事預定表

1. 二中全會要案：甲、黨與農會之組織加強。乙、黨對實業、工商組織之切實領導與掌握。丙、黨對耕者有其田工作之關係如何。丁、黨對糧食管理工作之負責辦法。戊、黨員實踐運動之具體實施辦法。己、糧食管理與倉庫監督以及消費節約之辦法。庚、糧商購糧應規定其地區與數量（先領許可證）之呈報（即日）。辛、農民售糧以前，呈報其鄉村自治機構並發許可證。壬、思想與行動，自由與自私，組織與紀律，革命與官僚，國家與個人，民主與科學之說明。癸、時局之現在與將來之發展（自力更生）。

2. 幹部應革除舊習觀念精神，改革氣質，凡官僚政客形式虛偽之言行須掃淨，應求精求實。

3. 公營事業之職工學校、夜校、補習學校之倡辦。

4. 黨對農會。

5. 黨的動員，對耕者有田事業工作計畫之程序及實施辦法。

6. 黨員實踐運動之勵行（合作聯系）。

7. 高級幹部之修養，毫不注重求知求實、求己求事，以及今後敵人與事業從根做起，精神、氣質、品格、觀念、言行、盡職、知恥、負責與體育之重要。

8. 革命建國之制度與方式。

9. 行政三聯制辦法之統一。

10. 工業化整個計畫與步驟之擬訂。

11. 海軍聯合艦隊司令部之成立。

12. 夜間照明設備與地雷之籌備。

五月一日　星期五　氣候：雨

雪恥：一、安心立命之學。二、方法論。三、鼓勵人民熱忱愛國。四、黨員從頭做起之基本論：甲、基本組織。乙、基本教育。丙、基本修養－精神、學術、品德、思想、觀念、習慣。丁、基本工作：子、政治之基本在社會。丑、國力之基本在工業與科學。戊、基本制度。五、中華民國之基本在三民主義、五權憲法制度之建立，為其政府之方式與體制。

朝課後記事，十時入府會客，約見藍欽，彼來轉達雷德福商談借用基地，及緬甸、暹邏與我各派代表在曼谷商談李彌部隊停戰辦法等事。召開情報會談。召見曉風〔峯〕，對中央社與中央日報宣傳主要機關之主持人陳、曾 [1]，無能愚拙至不可恕諒之實情，痛心極矣。正午為經國生日，在家與全家兒孫聚餐，食麵。惟經兒往花蓮視察與勇孫有病，未來參加耳。

五月二日　星期六　氣候：晴

雪恥：昨午課後審閱卅一年六月初日記後，見合眾社反駁我政府發言人沈昌煥之聲明，我宣傳人員之無識妄行，自以為智之幼稚言行，不勝痛苦。幹部如此，宣傳如此，何能求得國家平等獨立耶。十七時五十分到臺北賓館，為美軍援團二年紀年〔念〕茶會畢回。排定客位座單甚費心力。晚課畢，宴蔡斯等，至廿三時後方散。余又多言失體，戲謔不重，戒之。

本（二）日朝課後記事，十時到本府紀念月會聽取國防部報告以後，余再述說公務員體操課程之進行如何，要求詳報，又令收拾豬鬃、鴨毛出口，節約之提倡。十一時後軍事會談，聽取對美要求其在臺托製輕武器之計畫，嚴令

1　陳、曾即陳訓念、曾虛白。曾虛白，原名曾燾，字煦白，筆名虛白，江蘇常熟人。1950 年 7 月任中國國民黨中央改造委員會改造委員，8 月兼第四組主任。10 月辭第四組主任，改任中央通訊社社長。1954 年 7 月任政治大學新聞研究所所長。

聯勤部，對各軍主動解決其困難各問題之精神應特別加強。午課後審閱卅一年六月日記完。晡與妻車遊大溪回。膳後讀詩，審閱日報。以傷風未入浴，廿二時後寢。

上星期反省錄

一、無競唯〔維〕人，必須工業與科學習性之養成後，方能袪除惰性與私心，而後乃可言自由與獨立。

二、革命實踐研究院第廿五期學員已於星期一結業。自卅八年十月成立該院至今，正三年有半，受訓學員共計五千餘人。從此前半期訓練，已得如計告一段落，今後即可以此為根據，選拔後半期優秀之學員，培植高級優秀幹部矣。此或比之重慶中央訓練團之效果將為優乎。

三、國防部月報之訓詞，今後軍事教育方針採用美式制之指示，以及最近高級將領消極精神、各種缺點之訓誡，當有補益乎。

四、國防組織法宗旨決定修正，實一重要問題也。

本星期預定工作課目

1. 汪道淵[1]、李荊蓀[2]可任中央日報總經理。

2. 中國歷代名將言行錄，與開國中興名臣傳各選廿四人呈閱，與各國開國建國史。

1　汪道淵，字守一，安徽歙縣人。1952 年，任考試院考選部第三司司長。

2　李荊蓀，江蘇無錫人。歷任《中央日報》總編輯、中國廣播公司副總經理、《大華晚報》董事長、《中國時報》主筆等職務。

3. 外國名將言行錄廿四人：日、德、法、英、美、俄、意等國。

4. 建黨委會人選之決定。

5. 留越南被扣國軍之運回。

6. 軍援、經援之計畫提出。

7. 召見白鴻亮。

8. 全會講稿：甲、三民主義國家之方式與制度。乙、建國之基本條件。丙、建國之基本精神。丁、建黨之基本條件。

9. 桃園通飛機場公路之速修。

10. 幹部之惰性與弱點之指明。

11. 卅二師政工處長不力，應撤換。

五月三日　星期日　氣候：晴

雪恥：一、復國之時機：甲、應配合世界大勢，當待第三次大戰發動時反攻大陸。乙、鞏固臺灣加強本身實力後，待機獨立反攻，應俟共匪內訌至相當程度時為之。丙、只要我能自力更生，實力日強時，不患共匪內訌之不至，亦不患世界大戰之不來，即使延遲十年之久，亦不致過晚。應忍辱耐苦，沉機觀變，如能及身復國，仰天父眷佑，則為萬幸。否則後人亦必有繼承我志，完成復國雪恥之日也，何慌何急。

朝課後記事，手擬開會詞稿，與希聖[1]談話，禮拜，往祝于右任先生壽辰。午

1　陶希聖，名匯曾，字希聖，以字行，湖北黃岡人。1949 年起任中國國民黨總裁辦公室第五組組長、中央宣傳部副部長、中央委員會第四組主任等職，時任革命實踐研究院總講座。1950 年 10 月，任中國國民黨中央改造委員會第四組主任，1951 年 7 月，改任《中央日報》總主筆、革命實踐研究院總講座。

課後續擬講稿要旨後，陳、周、王、葉[1]等來商越南黃[2]部、緬甸李[3]部是否撤退之政策。最後決定黃部調回，李部應允美設法撤回，待〔但〕不能負責，應由李部志願為之，但余絕不願強其所難也。

五月四日　星期一　氣候：陰雨

雪恥：昨晡與妻車遊頂北投回，晚課。膳後審閱陶[4]著組織及組織戰稿未完。廿二時寢。

朝課後記事，九時半入府，約見美時代雜誌記者，談話半小時後到中央常會討論全會提案：一、國民大會明春日期召集。二、聯合戰線反共救國會議之召開皆通過，惟文字尚待修正。此次提案文字皆甚幼稚，此乃秘書處新成立無經驗所致，將來當能改正充實也。午課後續擬講稿要旨之準備，直至十八時後方畢。晚課後續補講稿，廿二時後寢。

對全會指示，如要戰勝俄共，光復大陸，只有全黨黨員與工作組織與精神，皆能澈底科學化、制度化，而後再以反共抗俄，雪恥復仇之意志，反攻共匪，方能達成此國民革命第三任務也。

1　陳、周、王、葉即陳誠、周至柔、王世杰、葉公超。
2　黃杰，字達雲，湖南長沙人。1949 年 8 月，任湖南省政府主席兼湖南綏靖總司令和第一兵團司令官，1950 年 3 月率軍撤往越南。與部隊遭法國殖民當局羈留越南富國島。1951 年 1 月，任留越國軍管制總處司令官。1953 年 7 月，與留越軍民抵達臺灣。8 月接任臺北衛戍司令部司令。1954 年 7 月，接任陸軍總司令部總司令。
3　李即李彌。
4　陶即陶希聖。

五月五日　星期二　氣候：雨

雪恥：本日為總理在廣州（民十）成立政府就總統職之紀念日，故在此節日召開七屆二中全會。朝課畢，九時與妻到陽明山開會致詞，足有二小時之久。以新國家、新制度，必須要有新幹部、新精神方能建立，而以科學化為新精神之基礎示之。正午回寓。午課後記昨事，審閱實踐學社講義摘要，並記卅一年六月以前，第二次世界大戰初期緬甸戰事失敗、及對日戰略預料其必攻西比利亞之主觀錯誤之教訓，以明余之天真與愚拙也，而對美國始終信賴之心理，自覺更不可恕也。晡巡視會場回，晚課。膳後與曉峯商談今後常委問題與方針，主以仍舊不換為宜。讀唐詩，入浴後寢。

五月六日　星期三　氣候：雨

雪恥：一、國民革命現階段的性質：甲、民族主義與國際主義的鬥爭。乙、毀滅人心與發揚人心的鬥爭。丙、階級專政與全民民權鬥爭。丁、民族與階級的鬥爭。戊、科學與反科學的鬥爭。己、獨立自由與殖民奴役的鬥爭。庚、保衛民族文化歷史，與毀滅文化歷史、倫理道德之鬥爭。

朝課後手擬講稿要旨，十時入府，召見留日臺僑卅餘人後會客，召見十餘人，修正組織及組織戰之文稿，批閱公文。正午約宗南[1]便餐，研討突擊南田[2]方針。午課後審定建黨研究委員會人選名單，約二小時半方完。巡視會場回，續擬講稿至廿時半。晚膳後晚課，讀詩，聞臺中米價暴漲，憂悶無已。

1　胡宗南，原名琴齋，字壽山，浙江孝豐人。1951 年 8 月化名秦東昌，出任江浙反共救國軍總指揮兼浙江省政府主席。1953 年 7 月，任總統府戰略顧問委員會顧問。1955 年 9 月，出任澎湖防衛司令部司令官。
2　浙江省象山縣內的南田島。

五月七日　星期四　氣候：晴

雪恥：一、管理糧食計畫與程序，催擬呈核。二、組訓小學教師計畫之研究與準備工作。三、社會補習夜校之準備計畫。四、工業建設整個計畫與發展程序之設計。五、約見白鴻亮。

朝課後續擬講稿要旨，審校全會各案決議文後，記事。正午入府，約見菲國訪臺之海軍司令。午課後研究講稿次序，十六時到全會攝影，舉行閉幕典禮時致詞約一小時餘。據妻聽講所得影〔印〕象，當可使一般幹部動心收效也。聚餐後回寓，休息後再與妻車遊淡水道上，至關渡折回。晚課，入浴。

研究院委員會議及建黨研究會人選，應即決定。

五月八日　星期五　氣候：晴

雪恥：一、糧食照人口配給制。二、糧商登記與查報。三、小學教師培植養成之辦法及中學大學師資與整理作育計畫。四、各級學校教科書之制訂計畫，不許商鋪自由編印。

時局：侵入寮國老撾之越共，已進侵至鑾巴拉邦城，忽於昨日撤退，而且法國反對美將提出聯合國之控訴，主張此必俄共欺誘美國干涉，希圖緩和熱戰之又一重大陰謀，或為其對寮國內容及其軍事部署，與對英、美、法、泰之試探之心理戰。但越共此一侵展行動，當已為美、英之窺破其對中南半島之企圖，如美國稍有警覺，將對俄益加戒備。但其當局心理未必如此也，可歎焉乎。

今日朝、午、晚各課如常，上午召見資料室組長以上人員後，召集財經會談，對目前經濟組織紛亂無主痛斥不已。正午約雲竹亭[1] 等聚餐。

1　雲竹亭，旅泰華僑工商鉅子，曾任海南會館理事長，家族在泰國政商勢力龐大。

五月九日　星期六　氣候：晴

雪恥：昨日午寢濡滯至四時方起，應戒之。午課後審閱卅一年七月日記。晡車遊頂北投回，入浴。晚課後閱報，讀詩。廿二時後寢。

朝課後記事，十時入府辦公，召見白鴻亮等。臺藉〔籍〕劉兼善[1]似有能力可用乎。召集軍事會談，聽取對美軍援提出之數量及方法，並要求其補助官兵餉款，比美軍百分五之例也。據美駐華軍政人員之表現，似其政府已有授意可能乎。運回留越被扣官兵，其臨時經費亦願全部津補也，此乃三年來自立自助而能獲得人助之效也。午課後審閱卅一年七月日記後，車遊淡水道上回，晚課。記上月反省錄。膳後讀詩，廿二時後寢。

上星期反省錄

一、上月美國防空司令[2]來華考察，對我訓練補充兵之優良成績以及師團管區工作之有效，引起其對我政府之重視。因之對我在實踐學社日藉〔籍〕教官之特別訓練工作竟亦停止其抗議，而於綠島共俘與匪犯之管訓，由其顧問團派政治部顧問前往視察以後，認為特別優異，此亦促成美員對我援助特別加強之近因也。可知人在自助，而後乃有人助與天助也。大陸只賴人助，所以被人遺棄矣，何怪於人。

二、二中全會開會與閉會連續二篇之講詞，依理對於一般幹部當有感情與補益，自覺盡我心力而為之，只求無虧於職責而已。

三、上月杪，研究院廿五期學員結業，第一階段教育完成矣。

1　劉兼善，字達麟，臺灣高雄人。曾任臺灣省第一屆省參議會議員、臺灣省政府委員，時任國民大會代表。
2　詹生（Leon W. Johnson）。

本星期預定工作課目

1. 建黨研究會教育方針之決定。

2. 蒙古兵法之研究。

3. 日本大亞灣登陸之史料。

4. 電子工學要領之研究（武器）。

5. 國防大學軍事精神教育原則催報。

6. 青年弱點心理之研究與補救（十二日）。

7. 青年團信條之研究。

8. 陸校校長人選。

9. 廿三年軍校校慶文告之檢閱。

10. 國防組織法之修正。

11. 二全會議決及指示各點實施辦法。

五月十日　星期日　氣候：晴

雪恥：一、美政府對於處理不願回國俘虜之辦法，似有遷就共匪提案精神之可能，此為今後反共戰爭成敗最大之關鍵，應加糾正。二、越共撤退老撾之原因，證明其為雨季已到，侵地且成澤國之關係。惟其接近暹邏之北汕據點未撤，更可證明其非俄共政治撤退之故，而且前日俄報猶為侵入老撾之越共張膽也。

朝課後記事，召見宗南與至柔等，嚴令速定留越官兵之運回計畫，不得再向美國過分要求也。禮拜如常。正午記上周反省錄。午課後手擬研究院後期教育之方針與目的。五時召見胡璉後，見蔣廷黼〔黻〕，其政客習氣之重，可怪。晡車遊陽明山回，晚課。膳後納涼，讀唐詩，入浴。廿三時前寢。

五月十一日　星期一　氣候：晴　晡雷雨

雪恥：一、據今日消息，美政府果因英國壓迫，而有接受共匪變形強迫遣俘之形勢，而且有允許共匪朱毛加入聯合國之可能。前者已甚明顯，其所表現之言行，是其行不顧言，喪失美國領導世界之威信，不僅使我反共被俘來降者數萬人無故送死，而且更增加俄共在亞洲之威信，以後無人敢與美國合作反共矣。此應使美當局深切了解其後果之嚴重也，應發動社會與世界輿論主持正義，以糾正之。本日為此心甚沉重，實為近來所未有之憂患也。

朝課後記事，增補黨政軍聯合作戰班教育方針。十時後到研究院召開院務會議，聽取三年半以來之成績，與余七百餘小時之工夫，頗得自慰，至其效果如何，則未敢計也。指示教育方法後散會。

五月十二日　星期二　氣候：晴

雪恥：昨午課後審閱卅一年八月日記後，審閱登陸演習講評等稿二篇畢。閒暇一小時後，車遊頂北投回，晚課。膳後讀詩，娛樂。廿一時半寢。

時局：一、邱吉爾外交演說，表示其對俄十足的妥協態度，而對美國當局加以誘惑與壓迫的形勢，此為國際悲劇之開始，亦為英國失敗主義者抬頭之預兆，最值顧慮。但自前年以來，俄共每一和平攻勢之來，英、法失敗主義者無不額手稱慶，但最後亦未有不失望之結果，惟俄共此次攻勢，至少當有一、二年相持之久，然最多亦不過二、三年，何況二、三年光陰如箭，很易過去乎，何必深憂。

朝課後記事，十時入府。約見埃及商人那哈拉後，召見七員，召集一般會談，指示民意機關，對共匪強迫遣俘之提案，應積極反對，並對美國嚴重警告。正午聽取運回越南部隊之運輸計畫。午課後審閱卅一年八月日記完。

五月十三日　星期三　氣候：雨

雪恥：昨晡見蒲立德[1]君，聽取最近英、美關係，美當局已受英之影響，非在外交上積極鬥爭，不能樂觀之意，其言甚為客觀也。與妻在頂北頭〔投〕道上散步回，晚課。膳後休息納涼，廿二時寢。

時局：一、四國定廿七日開對奧和約會議，英國宣布為無條件的約會，此又是英國失敗主義者對俄順服之一幕劇也。二、愛克已提雷德福為其參謀總長，與美國重要官員在檀島重要會議，此皆美國對太平洋形勢較前注重之表示也。朝課後九時，到蟾蜍山北麓作戰指揮中心所巡視畢，到中央常會處理全會各案實施辦法回，記事。午課後修正軍務會報訓詞完，指定訓練作戰制式，應學習美軍也，惟政工制度仍應保持不改耳。

五月十四日　星期四　氣候：雨

雪恥：昨晡因天雨未外出車遊，在寓審閱卅一年九月日記與讀詩，晚課。膳後審閱美國國防大學課程項目，其間對於工業課程並未特重，何耶，豈其尚有秘匿乎。廿二時寢。

本日朝課後記事，聽取美國對共匪遣俘問題之對案八條，主張北韓俘虜在停戰協定訂立後，即應就地釋放，自由歸田，而對中共俘虜則允印度派兵管理，限二月期滿時，如其不願回共匪，方自由行動。此實為美國自作聰明，以韓俘自由條件以難共匪，其必將弄巧成拙也。余上午見藍卿，特提出反對，認為以中國匪俘之生命換韓俘之自由，太不人道也。召見韓使金弘一，稱其李承晚總統願來訪問，余乃允之，此或於韓局有益也。聽取馬紀壯赴美考察之心得，甚不得要領也。

1　蒲立德（William C. Bullitt Jr.），又譯蒲利德、蒲雷德、蒲雷塔、浦雷德，暱稱威靈，美國外交官，曾任駐蘇聯大使、駐法大使。

五月十五日　星期五　氣候：雨

雪恥：昨午課後審閱二中全會講詞稿，長約萬餘字，須重加修正也。晚課後重修對軍務會議訓詞。晚讀唐詩，入浴，廿三時前寢。

一、對廷黼〔黻〕談話。二、九至十五年（缺十三年）日記，交經[1]鈔錄一份。三、經赴美訪察問題之研究。四、馬紀壯來談。

本日朝課後，修正全會講稿第一節。十時入府，召見各軍部政工主任十人畢，情報會談。臺灣氣候與地勢皆可使人性反常變質，軍隊之自殺風氣，與以下弒上及同性愛之仇殺皆為其例，此風應令政治部切實設法糾正與杜絕也。午課後記事，閱報。與大維談話後，與妻車遊回，入浴。晚約宴蒲立德與蔣廷黼〔黻〕，閒談至廿二時半散去，晚課後就寢。

五月十六日　星期六　氣候：雨

雪恥：一、殺害上官之風應力加遏止。二、大陸時代文武官員與北洋軍閥時代有何差異。三、自殺之風如何防止。四、高級將領研究風氣不如下級之可恥。五、卅二師政工人員應撤換。

朝課後記事，審閱二中全會講稿。十一時到淡水游擊幹部訓練班舉行二周年成立紀念會，及通信與參謀幹部各班結業典禮後，垂詢美員訓練班內容情形。正午回寓。午課後修正講稿及審閱卅一年九月日記完。晡因雨未外出。晚課，休息。晚讀唐詩。每閱舊日記到外交與軍事問題時，總覺對沉痛之教訓與經驗，仍大意疏忽，與主觀成見太深，所以失敗重重也，戒之。

1　經即蔣經國。

上星期反省錄

一、本周外交形勢，英國勾結俄國，壓迫美國遷就俄國，一切退讓，尤以韓國停戰允許共匪遣俘之條件，為其入手辦法，殊足寒心。

二、邱吉爾外交演說發表以後，英、俄一個月來秘密商談之內容可以窺其大要，對於德、奧與波蘭等問題絕無解決可能，而英國竟以此為妥協之基礎，究為何意，殊難臆測，誠令人莫名其妙。

三、美國會對邱吉爾與艾德禮[1]之演說多表不滿，而對艾譏侮美國議會更引起重大之風波，其結果如何雖未可知，但俄國誘導英國中立政策之陰謀已漸生效，殊為可怖。余信只要美國現有政策堅定不變，則英國無如其何，最後仍必追隨美國之後，取一致行動。但不知愛克果有此魄力，乘此關鍵領導英國反俄耳。

四、英國工黨領袖艾德禮，經此一番對美議會之惡感，今後美國對艾個人與工黨之裂痕更難彌補矣。

五、英國調換其駐俄大使，特派青年外交家海德[2]繼任，是英用其全力促成美俄之妥協，乃以亞洲全民為其交換禮品矣，豈美果順從其意乎。

六、韓戰遣俘條件，我立法院與外交部之反響或已生效，反對英國自私卑污之態度，對美當有影響也。今後遣俘當不能如共匪預想之易乎。

七、雷德福任美國參謀長之主席，此或於美國對太平洋戰略當有積極轉變乎。

八、修正軍務會議講稿完成。

九、運回留越南部隊之計畫，亦已開始實施。

十、接愛克之覆函，此為七年以來與美總統交換函札之第一件也。

十一、中東亞拉伯國家因反英而共同反美，其勢甚烈，此由於杜勒斯訪問中東時可以概見。美國受英之累，其或可以警覺一二乎。

1　艾德禮（Clement R. Attlee），又譯愛達雷、艾德立、艾脫力、艾德理，英國工黨黨魁。
2　海德（William G. Hayter），英國外交官，曾任波茨坦會議英國代表團秘書、駐法國公使。

五月十七日　星期日　氣候：雨

雪恥：一、李承晚來訪日期之斟酌，究以雷德福來訪之後乎。二、李之來臺訪問對於美國之影響，於我之利害如何。三、事前應否通知美國，此應由李自動決定，不必由我為之。四、李來訪共同宣言之準備，對亞洲共匪採取一致反抗鬥爭之行動，不問其在中國或韓國，必互助協力，貫澈反共目的，恢復東亞之和平而後已。

朝課後修正二中全會講稿，十一時禮拜如常。正午約藍欽夫婦[1]便餐，托藍回美轉述我對世局、對俄之意見，應注重基本問題與簡單方策，以援助我獨力反攻大陸，消滅共匪，則世界問題乃可迎刃而解也。特別注意俄匪聯合國防五年計畫，如果成功則將更為人類之大害，對俄制服更難矣。

五月十八日　星期一　氣候：晴雨

雪恥：昨午餐後不料藍欽夫人對我妻特提其前駐華武官包瑞德[2]事，質問為何拒絕其來臺居住。其語帶恐嚇無禮，乃知外人不可接近與優待，否則彼乃認為可欺矣。余屬妻置之不理可也，不足容懷，但於吾人對外交又增一經驗矣。午課後記事，續修講稿至二十時方息。晚課，廿二時半寢。

朝課後自七時三刻至十三時止，除朝餐與聽報半小時外，其餘時間皆為續修二中全會講稿，初次纔完，頗感辛苦。午課後記事，並記上周反省錄完。晡與妻車遊大溪，車中幾乎全談畫法，恐其又因畫而病為慮。回寓，入浴。膳後休息，晚課，讀詩。今日考慮外交情勢，尤以李承晚總統來訪，對於共同宣言之要領思慮更切也。廿二時後寢。

1　藍欽夫婦即藍欽（Karl L. Rankin）及其夫人波林・喬登（Pauline Jordan Rankin）。

2　巴大衛（David D. Barrett），又譯巴大維、包瑞德，曾任美軍延安觀察團團長，時任駐華武官。

五月十九日　星期二　氣候：晴

雪恥：一、李承晚來訪時機之研究。二、雷德福來臺待商各種問題之準備。三、韓戰停止方法與究竟結果之研究。四、運輸越南黃[1]部回臺與編組之方針。五、對李彌駐緬部隊之關係與最後之準備。

朝課後記事，清理積案完。十時入府會客，召見楊西崑[2]，可用之黨員。續見廷黼〔黻〕，相談一小時，彼之議論與意見較前平實，對本黨與政府亦不敢如過去之輕忽矣。召集宣傳會談，對韓戰並無良好意見，愛克受英影響已重，勢頗危急也。午課後入府召集軍事會報，解決越南部隊之編配及名額問題，決將本軍事性之佔額，如軍犯名額等轉移於政費，以新補充兵與越南部隊填補，勉可彌補，不致妨礙補充兵訓練之原案也。

五月二十日　星期三　氣候：晴　途中大雨

雪恥：昨晡與妻車遊，在「上北投」道上散步回，續審卅一年十月中旬日記。晚膳後與妻在廊樓納涼後，晚課，讀詩自娛，廿二時半寢。

本日朝課後記事，十時到中央黨部主持動員會報，聽取經濟、社會、文化與政治各報告，多不如上月之進步也。正午修補講稿，午課後整書。十六時由蔣林出發，經大溪寓所到山洞口大雨，乃在車上躲雨，閱讀論語學而與為政二章。大雨尚未停止，以東南方氣象明朗，乃與妻乘轎冒雨登山（山洞山巔）。天雨果止，及至八結[3]則大晴矣。但道途泥濘不堪，尤其沿途正在新築公路，故路更難行，苦煞轎伕矣。廿時半方到角畈山，膳後晚課，入浴，以

1　黃即黃杰。
2　楊西崑，字宿佛，1948 年任駐聯合國代表團專門委員，1952 年至 1955 年擔任聯合國託管理事會西非訪問團委員。
3　百吉，舊稱「八結」，位於桃園北橫公路進入復興鄉山區之入口。

傷風初起，乃即就寢。

今夜夢在郊行中，沿途遇見無數大蛇，其形如屋柱，大而且長，但見其皆鑽入洞中或躲在溝傍，其狀多如半死，並不敢向余正視也。

五月二十一日　星期四　氣候：晴

雪恥：今日革命基礎在臺灣之能否自力更生與強固不撼，而不在聯合國代表權之得失。故政府根本問題在確保臺灣主權，如果聯合國一經允許共匪朱毛偽政權加入，則我代表應毅然退出聯合國，以保持我國家民族（漢賊不並立、正邪不並存）之人格，而況決無共匪參加之事，否則世無公理，人類必將滅絕矣。此對定黼〔廷黼〕之指示也。

朝課後閱讀論語八佾章畢，記事。上、下午皆校正二中全會講稿，午課、晚課如常。晡聽讀新聞。愛克昨日爐邊談話，其對共俄之觀感與方針，尚未有何變更，而且其參議院羅蘭（諾蘭）[1] 等對共匪加入聯合國時，美國應立即退出聯合國之表示皆極堅定，美國對俄共政策似無突變之可能。但英國對其壓力甚大，不僅無恥之印度，即歐洲四小國瑞典、挪威等，亦對邱吉爾對俄政策特作擁護之聲明，此為從來所罕見，可知此次英國親俄聯共之主張與美 [2]

1　諾蘭（William F. Knowland），又譯羅蘭、羅倫，美國共和黨人，1945 年 8 月至 1959 年 1 月為參議員（加利福尼亞州選出）。
2　接次日雪恥項下。原日記格式如此。

五月二十二日　星期五　氣候：晴

雪恥：[1] 作全力之奮鬥，故板門店停戰談判，美國特作五日之展期休會，更可知美國不敢堅持原來遣俘之主張，不能不有所躊躇。惟余信其最後不致有犧牲其原則之讓步，但危機甚大，惟余並不以此為憂，而且對前途甚覺樂觀，以上帝必護佑正義之一方耳。晚讀唐詩，閱報，入浴。廿二時半寢。

本日朝課後記事，上午閱讀論語里仁與公冶長二章完，重校講稿畢，審閱卅一年十月日記完。午課後續閱日記（卅一年十一月上旬），聽讀新聞。美、英、法三巨頭預定在百慕達島會議，此乃英國又一陰謀之進行，應設法戳破其陰謀不能收效之理由。昨日米價由二百六十元降低至一百六十元，全賴上帝天晴豐收，有以致此也。晚課後讀詩，廿二時後寢。

五月二十三日　星期六　氣候：大雨

雪恥：一、毛邦初[2] 引渡交涉應加緊進行。二、農業社會一節，應摘印於二中講稿之後。

朝課後記事，讀論語雍也、述而二章後，審閱卅一年十月日記完。午課後重修與藍卿談話錄，審閱實踐學社講義摘要，聽讀新聞。波蘭噴射機又有一架逃飛丹麥國，此為第二架俄噴射機之叛逃也。俄之東歐附庸駕駛員，受其嚴格管訓最久者，尚有如此偷逃之思想，則中共朱毛之駕駛員，其必將乘機歸來，投誠更多矣。此乃為共匪鐵幕封閉不住，最大之制〔致〕命問題也。熟慮世局甚切，認為美國決無理由可容朱毛參加聯合國，而排除我中華民國之席位也。晚課後讀論語泰伯、子罕二章，讀詩後廿二時半寢。

1　續昨日記事。原日記格式如此。

2　毛邦初，號信誠，曾任航空委員會副主任、空軍副總司令。1951 年任空軍駐美辦事處主任時以誣告及貪污遭撤職，滯美拒歸，政府派員赴美調查提出訴訟。1952 年潛逃墨西哥。

上星期反省錄

一、本周仍以韓戰問題為最大。美國受英、印之壓力極重，其勢甚危，惟美
國會與輿論反英亦為希有之程度。依愛克爐邊談話所發表之言論，對俄
之觀感與態度如昔，乃其未受英壓力之影響，雖於板門店談判展期五日，
但其自由遣俘之原則當不致有所改變。此實美國信義與成敗利害惟一之
關鍵，豈其能屈己從人，以自召其敗退乎。愛克召開美、英、法三國會
議，或為其婉勸英、法不能犧牲原則，以求其一致對俄之共同行動乎。

二、重理論語開始。修正二中全會講稿完。

三、對留越黃[1]部運回與補編方針，大致決定矣。

四、糧價狂瀉，星期四日一日之間由二百六十元降至一百六十元，幾乎恢復
三月前之原價矣。

本星期預定工作課目

1. 美國大使人選與方針。

2. 對雷德福協商問題。

3. 人事法令有否實施查報。

4. 對中共戰略與政略，致愛克函稿。

5. 與李承晚共同宣言要旨。

6. 美不能使朱毛進入聯合國之重要因素。

7. 民權主義與自由思想之理論，不可漠〔模〕糊。

8. 警覺與堅忍。

9. 樂與育二篇補述草案之審閱。

1　黃即黃杰。

10. 總體戰之內容草案之審閱。

11. 反共抗俄戰爭指導綱領之核定。

12. 戰爭原則十二目之擬定。

五月二十四日　星期日　氣候：雨

雪恥：一、公務員體操命令有否實施查報。二、公務員出勤守則之訂製。三、紀念周與小組會議之要務，以講解法令與上周命令為第一。四、黨員必須認定一項專門學術與一科專門工作之研究。

朝課後讀論語鄉黨章完，記事。審閱卅一年十二月日記完。午課後審閱卅一年日記總反省錄及摘記，乃知是年之修養進得與工作之辛勤，亦較往時為大，但自覺經驗與識見淺小，且主觀太強耳，戒之哉。聽讀新聞。終日雲雨為愁，故心神甚不適也。晚課後修正戰爭十二原則，侯騰抄襲英、美原文，多不適用於我國，乃悉心重訂，至廿二時未成，乃寢。

五月二十五日　星期一　氣候：雨

雪恥：一、防大讀訓、陸軍務會報[1]與二中全會講詞。二、參校優等生與防大優生之查報。

朝課後讀論語先進章，晚讀顏淵章。上午批閱要案，手擬戰爭原則草稿，以美、英與中國軍事與民族習性皆不同，所以侯騰與龔愚所抄擬者多不適用。此為要務，必須親自草擬，但十二項目又恐太多，最好至多減成為十目也。

1　指陸軍軍務會報。

午課後清理積案，岡村[1]供給實踐學社之資料雖多陳舊，然尚有可取，在我國仍為必須之參考材料也。晡聽報後外出，至國民學校散步。近日天雨不息，妻之舊病濕氣又發為苦。傍晚開朗，明日或可見晴耳。晚課後讀論語，讀詩，廿二時後寢。

五月二十六日　星期二　氣候：雨

雪恥：一、清理積案。二、審閱卅一年外電輿論。三、批示育與樂二章之增減各要旨，樂章以藝術為主，分文藝與武藝二篇，而以發展提倡獎進詩詞歌曲為要務之一，以地方自治機構為其（主體）發動之本源，使之務實有恆，並以真實美為藝術之精神。

朝課後讀論語子路章，晚讀憲問章。上午記事後，終日審閱育與樂二章初稿，對於樂章甚不健全也，須重加修正。午課、晚課如常。晡聽報，乃知美國提交共匪遣俘之對案，在秘密會議中進行，恐將韓俘就地釋放一條取消，果如余在十日前與藍欽所說，但願最後不要將此條改變之語，其果不幸而中乎。今如改變，則美國被英國壓迫，完全遷就共匪，以放棄其原則，而對侵略者之屈服，以求和態度出之，則停戰必將實現，而美國從此無法對俄共矣。

五月二十七日　星期三　氣候：大雨

雪恥：續昨記。美國政府出此一舉，乃重外而輕內，舍本而逐末，忘義而圖利，對於其參議院本黨主張於不顧，一意徇外（英、俄），以求苟安。愛克

1　岡村寧次，中國派遣軍總司令官（1944 年 11 月至二戰結束）。1949 年 1 月 26 日，上海軍事法庭宣布其「無罪」釋放。回國後招募日軍軍官成立白團，赴臺灣擔任教官。

或認此為無關宏旨，只要照其預定方針先獲韓戰停止之原意，其他則另定應付辦法，例如其對共匪參加聯合國當嚴加拒絕之政策。殊不知此自由遣俘之原則一經犧牲，則以後對共心理作戰之基本條件盡失，則匪軍固結死守更無使之內潰之法矣，美國領導其果始終不可信賴乎。廿二時後寢。

朝課後記事，讀論語至季氏止。十時巡視妙高臺新植樟樹苗一匝。召見鄉長、校長、黨、警各主管後，與妻乘轎冒雨下山，十四時回蔣林。午課後批閱要公，審閱卅一年日記附錄，即美、英對我夫婦之輿論，及交通（戰時）有關檔案集後，晡與妻車遊頂北頭〔投〕，散步。晚讀詩，晚課，寢。

五月二十八日　星期四　氣候：晴

雪恥：一、重審研究員結業論文。二、防大訓詞要旨：甲、精神與物質。乙、精神在修養。丙、智、仁、信、勇、嚴與仁、義、禮、智、信之仁字意義。惟仁者，為能愛人，能惡人，仁者無敵。丁、物質在組織。戊、組織在科學與藝術。己、科學在研究與發展。庚、藝術在精（真實美）熟。辛、中國古代之戰爭原則，為道、天、地、將、法五者。壬、將之首要在智。智者知人、知己、知敵、知上、知下、知友。其次曰信，即三信心，言禮則勇與嚴皆在其中矣。義者宜也，奇正數變皆合於宜則中矣，此仍在於修養精神也。

朝課後讀論語陽貨章。十時入府辦公，召見八人，會李石曾[1]先生後，批閱公文。午課，記事。十六時到國防大學召見學員卅人，指示戰爭原則之要旨。晡與妻散步於頂北頭〔投〕回，入浴，剪甲。膳後晚課。廿三時前寢。

1　李石曾，名煜瀛，字石曾，以字行，直隸高陽人。曾參與創建故宮博物院、籌備中央研究院。1948 年任總統府資政。1949 年去瑞士，1956 年定居臺灣。

五月二十九日　星期五　氣候：晴

雪恥：一、黃杰職務之預定。二、對防大學員切屬研究大學與中庸為修養之基本要目。三、人心惟危，道心惟危，惟精惟一，允執厥中之解釋。四、接見哈定[1]參長。五、蒲雷德速赴韓助李承晚。

朝課後讀論語微子章，記事。十時入府，召見邵毓麟等八人，召集財經會談，聽取經濟機構之調整方案報告後，對於本年應速定掌握糧食出口之數量，以補足無着之預算數字為目標也。午課後記反省錄。對於愛克與其參議院多數領袖為其過於遷就英國之壓迫而互訐，以及韓國反對美國遣俘之對案事，無任憂悶。到防大召見學員卅人回，與妻出外散步於頂北頭〔投〕回。晚課後閱報，廿三時前寢。

五月三十日　星期六　氣候：陰　申雨

雪恥：一、軍官待遇事與經援應設法說明原由。二、周提雷[2]說帖之改正。三、傘兵重要之說明。四、如何協助李承晚達成其反對停戰的主張。

朝課後讀論語子張章完。九時半到聯勤總部聽取軍需動員演習之報告，以其間需要取得的部分最為重要。十時半入府，批閱，召集軍事會談。雷德福總部派其參謀長哈定來協商聯防臺灣辦法皆有結果，此為二年餘來美國對我拖延搪塞之問題，至今方得其頭緒，實為我臺灣本身之力量增強至可談聯防之程度也，而其政策之轉變亦由此而來耳。但蔡斯對我政府所提要求仍多破壞，是其陸軍對東方民族之傳統觀念所致也。決定越南部隊編補特種兵為主旨，其他編為各軍之補充營也。

1　哈定（Truman J. Hedding），又譯赫定，美國海軍將領，第七艦隊第七十二特遣艦隊司令。
2　周即周至柔，雷即雷德福（Arthur W. Radford）。

上星期反省錄

一、俄又拒絕參加對奧和約預會，不知英國對俄又作何感想。

二、本周三、四日，共匪在韓戰場又取局部猛烈攻勢，而且其空軍夜襲漢城，此在聯合軍對匪提出遣俘求和問題之後也，豈其真欲停戰而特示其威乎。

三、美國妥協新建議提交共匪，全屬秘密，但其要點已經外洩，不惟其國會大多數反對，而韓之李承晚亦積極反抗，主張其單獨剿共與反對印度等中立國之監視俘虜之軍隊入韓。尤其是參議院太虎脫[1]與羅蘭公開反對，而以允共匪參加聯合國時美國應即退出聯合國之主張最為激烈，可知愛克仍為英國所製造之人物，而非美國式獨立之政治家也。

四、據報，俄駐聯合國代表維辛斯基[2]忽宣布於下星期三日返俄，此乃馬立克[3]在四十年七月間先促成韓戰談判及其實現，其即宣告返俄以為避免責任之舉動相似。可知此次停戰之希望，仍甚微妙乎，俄果不肯放鬆英、美乎。

五、在角畈山避囂一周，清理重要積案，如育與樂二章補述稿之審閱，對戰爭原則之審閱，以及卅一年日記全部審閱完畢。論語全部重理一遍，此皆重要工作也。

六、國防大學聯合作戰研究班第一期畢業，余乃趕回臺北，各別召見學員與教官，此乃建軍重要之基本工作也，私心竊慰。

1　塔虎脫（Robert A. Taft），又譯太虎脫，美國共和黨人，1939 年 1 月至 1953 年 7 月為參議員（俄亥俄州選出）。

2　維辛斯基（Andrey Y. Vyshinsky），又譯維新斯基，曾任蘇聯檢察總長、外交部副部長，1949 年起任外交部部長。

3　馬立克（Yakov Malik），蘇聯外交官，曾任駐日大使、駐聯合國大使。

五月三十一日　星期日　氣候：陰悶　晴

雪恥：昨午課後記事。審核周致雷函稿，須修正後准予提出，此為重要關鍵也。十七時到國防大學召見學員卅二人，主任教官六人。此次防大第一期學員畢業，各別召見其師生詢問所得，認為最圓滿之重大收穫也，建軍基礎又進一步矣。晚課後入浴，讀詩。廿二時半寢。

朝課後讀論語堯曰章完，記事，記上周反省錄。到蔣林堂禮拜如常。審閱卅三、四年日記。午課後核定至柔致雷德福之反攻大陸方案，與外交部要求美援增款各稿。申刻約蒲立德來談韓美停戰近情，與百慕達會議之叵測，應努力設法打破英之陰謀也。車遊與散步回，晚課。膳後約王、周[1]來談，指示對雷德福與美參議員竇克生[2]來臺時，應注意與交涉之重點。入浴後，廿二時半寢。

1　王、周即王世杰、周至柔。
2　竇克生（Everett M. Dirksen），又譯陶沙克、竇甘，美國共和黨人，1951 年 1 月至 1969 年 9 月為參議員（伊利諾州選出）。

上月反省錄

一、二中全會開會與閉會詞，闡明革命失敗與民族落後所在之原因，並指明科學與工業之重要，以鍼砭幹部，此為最近學習進步之效果乎。

二、本月三日手擬復國時機之決定，實為重要工作也。

三、重理「論語」完畢，雖覺所得無幾，但亦數年來預定自修之要藉〔籍〕，在忙中搶學完畢，今後並擬重加研究，期有所得也。

四、月杪糧價漸平，但尚未回復原狀為慮。

五、經濟機構尚未如期調整。

六、對明年度美援要求之計畫已具體提出，但尚未能有確數決定之消息。

七、越南被扣部隊已於下旬開始運回矣。

八、本月國際局勢動盪最激烈，英國勾結俄帝壓迫美國，因之美、英反感突起，但愛克對停戰新對案已被英國完全壓服，殊為可怪，豈美國終無領導世界之人才，而始終受英之欺弄，不僅害世，而且美國自受其害無窮，果不覺悟乎。愛克被英、俄雙重欺壓，自其停戰新建議提出後，大局已入於極危境域，尤以允許共匪加入聯合國，為其秘密談判中似已默許，為不可想象〔像〕之事，然余並不以此為憂。

九、韓國反抗美國之對共匪無恥屈服之條件，殊足感佩，李承晚誠不愧為革命之領袖矣。

十、俄國對英國協商奧國和約之建議，已完全拒絕矣。

蔣中正日記
Chiang Kai-shek Diaries

六月

蔣中正日記
Chiang Kai-shek Diaries

民國四十二年六月

本月大事預定表

1. 對雷德福戰略之建議。

2. 准周提雷[1]之方案。

3. 對韓國之協商

4. 派韓對俘虜之組織。

5. 對美議會之運用。

6. 招待美來臺視察美援之議員，與建議之準備。

7. 編補越南運臺部隊之研究與注重各要點。

8. 駐美大使人選與方針。

9. 糧食管理與取得及掌握之數量。

10. 經濟機構調整之完成。

11. 國防大學畢業典禮。

12. 建黨研究會之召集。

13. 黨藉〔籍〕清除之方針。

14. 研究員結業論文之重審。

15. 高級將領之調整與人事方針。

16. 國防部高中級人事之研究與調整。

1　周即周至柔，雷即雷德福（Arthur W. Radford）。

17. 育與樂補述篇之修正。

18. 戰爭原則之核定。

19. 十三師與傘兵縱隊編併之方針。

20. 傘兵與游擊戰爭之關係。

21. 因調整國軍待遇後，國家預算不能容納之業務經費，應增加經援配合軍援之撥款。

22. 衛戍司令人選與組織。

23. 保安司令部與警務處同地辦公，憲兵司令部與衛戍司令部亦同地辦公。

24. 國防組織法之修正。

六月一日　星期一　氣候：晴

雪恥：一、科學萬能、組織第一運動之設計。二、防大優生派實踐學社研究。三、人事優生之調整。四、軍事科學之具體科目。

朝課後準備講稿，記事。九時前到國防大學，指示與研究今後教育方針。召見美太平洋艦隊司令部新、舊參謀長哈定等畢，舉行第一期聯合作戰系生畢業典禮，致訓半小時後，到陽明山研究院，舉行建黨研究委員會開學典禮，致訓說明本會之宗旨，與重建本黨變化氣質之目的畢。聽取陶[1]總講座之教育方針報告後，攝影，回寓。令傑已來臺報告與美議員接洽情形。午課後批閱要公，清理積案。晚與妻到防大會餐回，晚課，廿二時讀詩後寢。

1　陶即陶希聖。

六月二日　星期二　氣候：陰晴

雪恥：一、與雷[1]談話要旨：甲、哈定等來臺，與國防部協商經過表示滿意。乙、問其反攻大陸之意見與希望如何。丙、遠東反共整個計畫應早日決定，不可如過去處處立於被動地位。丁、反攻計畫之要否。戊、游擊傘兵之重要。二、美擬以唐[2]調換蔡斯，應作反對之表示。三、李承晚似已為美屈服，此乃不可思議之事。余認為韓國停戰雖可實現一時，但世界大戰必由此次鼓勵共俄侵略之邪惡強權行動而更逼緊一步，此一停戰不過是大暴風前一刻之沉悶狀態耳。

朝課後記事，十時前入府辦公，到國父月會聽取外交及公務員健身操等實施情形之報告畢。召集美援有關人員，指示對雷與竇[3]等商談計畫之要領。午課後審閱實踐學社講稿摘要，及總體戰內容等小冊。晚宴雷福[4]夫婦，並留住新宅。晚課後廿二時寢。

六月三日　星期三　氣候：晴

雪恥：一、戰爭之藝術化：甲、時間、空間配合之精密。乙、人與物之配合協同。丙、黨政軍任務之配合協同。二、品德、職權與責任之關係，登陸戰海軍與陸軍指揮權之交接為例。三、道德與精神力量。四、三軍通信一元化。五、戰鬥群與獨立作戰，每一分子之盡職。

朝課後記事，記錄防大優等生十員。十時入府，召見派往韓國指導匪俘者陳

1　雷即雷德福（Arthur W. Radford）。
2　麥唐納（John J. MacDonald），1949 年任美國駐臺北總領事。
3　竇即竇克生（Everett M. Dirksen）。
4　雷福即雷德福（Arthur W. Radford）。

建中[1]，指示方針後約見蒲立德君，談論時局一小時。彼獨對美之培植第三勢力為最注重，認其政府為不名譽之所為。昨有第六軍士兵二名，搶劫加拿大人家不成時槍傷戶主一人，不勝憂痛，乃嚴令周[2]總長澈查，處治其官長。午課後與雷將軍談話二小時半，彼對我政治部與治安機關保防與思想統制多有疑問，而以軍隊中之派別與將領對保防之戒懼二點為最關切。余告以可令蔣[3]主任面告一切，自當了解。

六月四日　星期四　氣候：晴

雪恥：昨晡與雷將軍續談第三勢力問題，彼承認此事為前政府之政府[4]，保證一年之內必澈底取消。繼談軍援顧問團人事與組織問題，彼先說明其今後對此事之方針，實為先得我心，故余同意後不再多談也。會談完畢後，與妻帶令傑往頂北投散步，為寶克生等覓住處也，回入浴。膳後休息，晚課畢，寢。朝課後記事，十時前入府，召集周總長、葉部長，商決提交雷將軍保衛臺灣與反攻大陸以及軍經配合增援數目案，及游擊傘兵計畫同時提出。召見十餘人，審閱經濟機構調整案，批示畢回寓，見胡伯玉。午課後自十六時半至十八時，與雷談美對華政策之究竟，及共同反攻大陸之組織要領。余則僅提我單獨反攻計畫，而彼乃專談聯合作戰之指揮權責也，余立即應允，其可歸美指揮也。

1　陳建中，字懷璞，又名程俠，陝西富平人。1947 年當選第一屆國民大會代表。1952 年
　　11 月，出任中國國民黨中央委員會第六組副主任，1956 年 12 月調升主任。
2　周即周至柔。
3　蔣即蔣經國。
4　原文如此。

六月五日　星期五　氣候：陰晴　申雨

雪恥：一、蔡斯留否與回信方式處置之辦法。二、對雷應交文件方式之決定。三、經援增補事應否與雷說明。

昨晡獨往研究院巡視後回，約美參議員竇克生、麥紐生[1]來見。竇則初見，其面容談笑甚肖愛克也，對余倍致精誠。公宴畢，笑談至廿三時，臨別時竇則忽向余擁抱，余不知所措，乃亦向之擁抱，並微臭其頰。此實為平生以來第一次之敬禮也，事後甚不自得。晚課後廿三時半寢。

本日朝課後記事，十時入府辦公，召見越南國軍回臺之高級將領等十餘名。召集情報會談，大陳外圍與西北游擊隊逐漸削弱，應設法恢復原有態勢。午課後與雷談游擊傘兵使用之計畫，約二小時。晚約雷將軍夫婦便餐畢，談韓戰停止後對自由遣俘與防制共匪威脅之辦法，望其特別注意，認此為反共成敗最大之關鍵也。

六月六日　星期六　氣候：晴

雪恥：昨晚雷最後提出包瑞德回臺請余照准事，可知包之神通廣大與美之需用包在臺之重要矣。余仍堅決拒絕其請，直告其為中、美兩國合作無間關係，不能令其回臺居住也，否則為雷關係，則可准其居住澎湖耳。雷知余意堅定，乃其自稱了解此意，不再提此云。廿二時辭出後，晚課，入浴畢就寢。

今晨初醒，悟及對韓停戰後之注重各點及主張，應明告雷德福將軍，並電愛克知照，五時前乃即起床。朝課畢，召見蒲立德與葉[2]部長，派葉先告雷以余對韓戰停後之主張。八時前往新屋與雷話別，明告其停戰後之主張，彼全同

1　麥紐生（Warren G. Magnuson），又譯孟達生、麥納生，美國民主黨人，曾任眾議員，1944 年 12 月至 1981 年 1 月為參議員（華盛頓州選出）。
2　葉即葉公超。

意，惟對太平洋聯盟方式，主張用各別聯盟，再以間接的用聯合行動出之，余認為可以考慮也。十時前入府辦公、會客與軍事會談，討論大陳方面敵情與行動方針。午課後手錄可用之人才畢，與麥紐生談話約一小時。彼之態度遠不如寶克生之精誠也。晚課如常。

上星期反省錄

一、星期晨以孝鎮[1]懶惰、不知負責自立，無意中又痛憤暴怒難遏，以致喉部作痛，切戒之。

二、第二軍士兵二名槍傷教士與盜搶案，此為遷臺以來，為軍譽未有之污辱，不勝抑鬱。又與寶克生還禮，自覺失檢，亦為近來悶損之一事，以後對於外人交接，寧失之簡拙，而不可失之輕巧，對婦人尤應莊重也。

三、美參議員全體一致反對中共朱毛加入聯合國，此為苦撐五年又一忍辱負重之重大效果也，感謝上帝恩佑。

四、板門店停戰談判又開秘密會議二次，事實上已完成協議，對南韓、對匪俘只有從傍設法減輕其損害與犧牲之程度。決定對愛克之忠告與建議。

五、雷德福此次來臺，比上二次之結果優良，對於共同防衛問題，總算有一具體之協議矣。

六、寶克生等訪臺調查，其美共和黨對援華乃具誠意也。

1　蔣孝鎮，浙江奉化人，蔣中正族侄孫。長期擔任副官侍從。時任總統府內務科科長。

本星期預定工作課目

1. 理想、抱負、自動、朝氣、熱情。

2. 魏大銘[1] 參加紀念周。

3. 小學標語與圖話太深。

4. 童德昌[2]、苑金函[3]、劉慶生[4]（皆可）。

5. 憲兵與警務處合地辦公，衛戍與保安合地辦公。

6. 桃園及高雄至臺南公路修整。

7. 駐美大使人選與召回霍亞民[5]。

8. 電愛克對韓戰停戰之主張。

9. 速懲治第六軍槍殺加拿大人之部隊主官。

10. 經濟機構調整案之核定。

11. 對蔡斯之答覆。

12. 清理黨藉〔籍〕案。

13. 駐美大使人選。

14. 高級將領人事。

15. 確定緬北根據地之方針。

1　魏大銘，江蘇金山人。時任國防部第二廳電訊室主任。

2　童德昌，來臺後，先後入革命實踐研究院第八期、國防大學第二期受訓。1955 年調升國防部第三廳副廳長、國防部高級參謀，1957 年 3 月出任預備第九師師長。

3　苑金函，1954 年 1 月出任空軍第一聯隊空軍飛行副聯隊長、後升任聯隊長，在其手中批准成立雷虎小組，之後出任空軍幼年學校校長。

4　劉慶生，原任海軍總司令部第四署署長，1953 年 6 月調任聯合勤務總司令部經理署署長。

5　霍寶樹，字亞民，抗戰勝利後任行政院戰後救濟總署署長、中國銀行副總經理。1949 年起派駐美京華盛頓任中國技術團主任。

六月七日　星期日　氣候：大雨

雪恥：一、審核金門突擊計畫，對使用降落傘部隊之利害如何，應澈底研究。
二、國防法案之重新審查。

朝課後修改為韓停戰問題之主張，致愛克電文，自覺泰然自得，不費心力而完成此稿。以此時為美國、為韓國之前途，皆不能不言也，而對我中國本身與亞洲整個之利害，亦不能不言也。十時召見王、葉[1]，即令照改正之稿發致愛克。十一時禮拜如常畢，記事，記上周反省錄。午課後重修戰爭原則初稿，減為十項目，頗費心力也。晚約竇克生與麥紐生在家便餐，作辭別之會談，余直告以韓戰停止，不能結束亞洲戰禍，如欲消滅世界侵略之戰禍，必須先消滅朱毛中共，以亞洲中心問題全在中國大陸，而不在韓國也，而且余自願擔負此滅共之責任也。

六月八日　星期一　氣候：雨陰

（續昨記）麥、竇皆認此為惟一辦法，亦非余不能解決此一問題也。晚課後廿三時寢。

雪恥：一、金門突擊計畫。二、大陳海軍無勇怕死之情形應懲處。三、駐美大使人選于竣〔焌〕吉[2]之提出。四、經濟機構調整案之研討。五、立法院延會十日之提示。六、緬北部隊方針之指示。

朝課後記事，九時半到研究院紀念周，講解教育最大缺點（自民以來）：絕不注意民族精神與倫理教育，所以一般國民與社會皆無愛國與革命之熱忱、朝氣與合作團結之習風。今後建黨教育必須自我教育與建黨研究會做起，來改造國民與黨員暮氣沉沉、不相為謀、自私自利之舊習，並提示消滅死角運

1　王、葉即王世杰、葉公超。
2　于焌吉，字謙六，1946 年 2 月任駐義大利全權大使。1952 年兼任駐西班牙全權大使。

動推行於黨政方面之重要。正午開臨時常會，研討鹽斤加稅案，以糧價未平，故未決議。十三時半會畢回寓。

六月九日　星期二　氣候：晴

雪恥：昨午課後審閱抗戰期間與盟國聯合作戰經過之資料與總論，甚有益也。晡與妻帶傑甥[1]車遊淡水回後，得悉板門店換俘協定已於今日簽字，而停戰協定尚未提及也。李承晚雖接愛克電報，提議停戰後可訂美韓安全協定，但李仍堅持共匪必須退出韓國，實行韓國統一為條件也。余意以為，應在停戰協定未簽訂以前，美韓安全協定必先簽訂，如是則李應可贊同停戰乎。晚課後廿二時後寢。

朝課後記事，十時前入府，菲律濱公使[2]呈提國書後會客，召見八人。召集一般會談，商討韓停戰情勢，與我政府對各種問題之準備事項。英國輿論對我之攻訐，及對愛克與國會之挑撥，已用其全力來達成，其力助共匪參加聯合國，以驅逐我中華民國代表之目的也。英國之罪惡，實為我國之世仇也。

六月十日　星期三　氣候：晴

雪恥：昨正午約見韓大使金弘一，面告其中、韓兩國始終是同舟共濟之兄弟之邦，只要能助韓國統一與自由之事，余必盡我全力，決與韓國同存亡、共患難，毫不有所躊躇也。屬以此意轉告其李承晚總統也。午課後，審閱對共

1　傑甥即孔令傑。
2　艾德瓦（Manuel A. Adeva），時為菲律賓駐華公使、臺北扶輪社總監。

匪面的戰法及總體戰總動員與全面戰之理論，未完。晡與陳、周、葉[1]等商討緬北李彌部之處理辦法，余認為象徵性之撤退，可容納美政府之意，但不能保證我民眾對李部今後之斷絕接濟也。散步，入浴，晚課後寢。

朝課後記事，九時半到中央黨部，與葉部長對緬北部隊之民間接濟不得妨礙之理由明示美國，勿再干涉為要。上午常會，聽取整理黨藉〔籍〕結束之總報告後，討論出售公營事業股票以抵償耕者有其地之地主地價案，決議通過。午課後召見李彌後，審閱總體戰案及審閱輿論。

六月十一日　星期四　氣候：晴　夜雨

雪恥：昨晡與妻在頂北頭〔投〕西道散步回，入浴，晚課。膳後又閱輿論，省察時局。美國諾蘭對韓態度改變，無異勸說李承晚屈從美國，又聯軍克拉克亦對李作恫嚇，不接濟糧食之驚〔警〕告，殊為可痛。弱肉強食之世界乃如此也，誠為美國危矣。

朝課後記事，九時半到實踐學社，聽取白鴻亮等對反攻大陸光字計畫，至十二時半方畢。其方針與余原意相同，今後準備工作應積極指導，又以小型汽艇設法製造為先也。與學員聚餐後回，午課後批示軍官賞罰權限等要公，修正防大講稿未完。約日本眼科專家中村氏[2]診斷目疾，彼認為目中有一血管收縮，所以發漲閃光，此疾如能休養得法，尚可於數月內痊癒也，此心為之一慰。以前眾醫皆認此為年老之病，不能復原耳。晡視察後草廬，遊覽公園回，晚課，廿二時後寢。

1　陳、周、葉即陳誠、周至柔、葉公超。
2　中村康，日本千葉醫科大學眼科學教授、日本眼科學會理事長。

六月十二日　星期五　氣候：雨

雪恥：一、戰略單位之決定。二、戰爭指導方針應注重運用國力及使用國力之限度，與戰爭終止之範圍（極度）及其時機之把握。

朝課後記事，與令傑談話，對於美友互助之方針甚為困難。九時到實踐學社，聽取動員年度中央部門之報告與演習，至十二時完回寓，再屬傑甥對美友互助實情之說明，切不可稍有含混，寧使先為小人也。正午評議委員聚談，討論對韓如何援助問題，接報韓國昨日一致決議，要求其政府進行中韓軍事同盟，此舉實使余為難，反不能對韓有所貢獻耳。午課後批閱要公，修正防大講稿至二十時半方畢。本申服中村藥方開始，晚課後入浴，廿三時前寢。

六月十三日　星期六　氣候：雨

雪恥：一、美國輿論漸向南韓反對停戰行動表示同情。二、李承晚只要求美韓安全協定先行簽訂，即可不反對停戰之表示，則美國不能不順從其意，此乃韓、美不致決裂之希望。三、美國對法國要求不放棄越南反共戰爭，是其在亞洲不肯放任共匪之明證。

朝課後記事，十時舉行指參學校正則班第二期畢業典禮，致詞半小時後點名。正午入府召見王統佐 [1] 等四員，批閱公文。午課後修正講稿未完。召集財經會談，決定調整財經機構與人事重要問題，指示糧食出口之數量，必須預先作一標準量，以彌補外匯之不足也。對美韓問題應處之態度，決保守鈐〔緘〕默靜觀，不作主動也。入浴後晚課，廿二時後寢。

1　王統佐，江蘇贛榆人。1956 年 1 月任陸軍供應司令部計劃處處長。

上星期反省錄

一、應警告美國，停戰之後不必再需要對中共姑息遷就，應主持正義公理，
實現韓國的統一與自由，貫澈聯合國決議案。

二、應勸告韓國，需要原諒美國謀取停戰的苦心，只要美國能於停戰以前簽
訂美韓安全協同，則不可再反對停戰的協定。

三、韓國會通過中韓攻守同盟之要求案，殊令人為難也。

四、美參議員來臺調查完畢，竇、麥[1] 對我極表同情，或可加我援助，令傑從
中接洽，為益不少，但前途困難正多，實令人亦喜亦懼耳。

五、對緬北李[2] 部之方針已決定，對經濟機構調整之方案亦已決定。

六、光字計畫之聽取與中央動員行動演習，皆有益也。

七、英國集團各國總理在其女王加冕禮完畢後集會，其結果自然是擁護俄帝，
扶持朱毛，促停韓戰，排除中國於聯合國之外，印奸尼赫魯主張尤烈，
其肉誠不足食矣。

本星期預定工作課目

1. 美國噴射機之交接與視察。

2. 對韓停戰之秘密交涉，其最後一步之注意。

3. 陸軍官校校慶與廿四期生畢業典禮。

4. 陸校校長之人選。

5. 平定糧價之督導。

6. 高級將領之調整與防大學員之指定。

7. 戰爭原則條目之規定與指示。

1　竇、麥即竇克生（Everett M. Dinksen）、麥紐生（Warren G. Magnuson）。
2　李即李彌。

8. 戰爭藝術化之講解。

六月十四日　星期日　氣候：雨

雪恥：一、韓派其總理白斗鎮[1]赴美，作對停戰最後之建議與呼籲，此乃一不得已而且為不可少之舉措，未知美國果能為之懸崖勒馬否。二、美眾議院外交委會提出讚〔贊〕成太平洋聯盟案，當與余七日致愛克電有關也。

本日為先妣[2]忌辰，忽忽已卅二年逝世紀念矣。每念撫育劬勞之恩勤，而又不能回鄉供奉紀念，彌覺小子罪孽深重，有忝所生矣。朝課後記事畢，未敢朝餐，以紀念生我養我者之辛苦也。上午聽報後記上周反省錄，十一時往蔣林堂，禮拜如常。正午召集經兒全家與緯兒，向母像前跪拜，由妻禱告畢，茹素聚餐。午課後與妻商談美友增援之酬勞辦法後，續修防大講稿約二小時，入浴，晚課，讀唐詩，廿二時寢。

六月十五日　星期一　氣候：晴

雪恥：一、召見龔愚、謝齊家[3]。二、陸校主要人員。三、葉成、許朗軒[4]等之召見。四、石覺等之召見。五、視察噴射機隊之時間。

1　白斗鎮，韓國黃海道人。曾任韓國國會議長，1951年至1954年和1970年至1971年兩度擔任國務總理。
2　王采玉（1864-1921），蔣中正之母親。十八歲前夫故去，二十歲再嫁蔣肇聰為繼配，1887年，生蔣肇聰次子蔣中正，後又生一男兩女：蔣瑞蓮、蔣瑞菊、蔣瑞青。
3　謝齊家，號其潔，湖南華容人。1951年11月任臺灣北部防守區司令部參謀長，1957年5月任臺東師管區司令兼臺灣東部守備區司令。
4　許朗軒，號永洪，湖北沔陽人。1950年9月，任第六十七軍副軍長。1953年4月，升任第七十五軍軍長。1954年5月，調任第九軍軍長。

朝課後記事,九時緯兒來拜別,教以負責成器,勿事應酬,勉為克家之子,有許多話想說而不忍說也。十時前到實踐學社動員訓練班第五期結業典禮,宣布風紀不良之單位後,宣讀科學中庸篇,更覺此篇對於革命軍人之重要矣。禮畢,對臺灣縣市議員中之黨員自治訓練班一百六十人點名、訓話後,召見指參學校優等生十五人完回。午課後研讀孫子計篇,十八時起飛至屏東,與妻同到高雄澄清,已八時半矣。在陽臺上與妻對談,月白風清,潮聲波影,安樂自得無已。晚課,入浴,廿三時寢。

六月十六日　星期二　氣候:晴　溫度:八十七

雪恥:一、戰爭的內容不僅複雜,而且(矛盾)衝突的。必須調理正反,統一矛盾,乃合於戰爭藝術化。二、藝術化之意義,如音樂之於聲浪高低、輕重、長短音調之融洽,節奏之合拍(起落抑揚升降),如圖畫之於墨韻濃淡深淺,構圖之上下遠近、大小之變化配合,無一而非適中合度,就是生動自然,形容畢肖真實,不能有絲毫之更改差異。這種配合融洽,適中合度,臻於自然之境域,方得謂之惟精惟一,執中無二之藝術化也。

朝課後九時到鳳山陸軍官校,舉行建校廿九年紀念及第廿四期畢業典禮,致訓後參觀演習,巡視教育設備,比之去年大有進步,聚餐致詞後回。午課後修正講稿。晡與妻車遊柴山、水社,經左營而回,獨在海濱散步後,晚餐畢,觀月納涼。晚課,入浴,寢。

六月十七日　星期三　氣候:晴　溫度:八十八

雪恥:一、分析敵我(審定)觀察強弱,盱破優劣,判別輕重,決定部署(奇正分合),採取行動,配合戰力,融會全局,支配空間、時間,相機應變,無

往而不制宜，此之謂兵家之勝不可先傳也，無以名之，只可名之為藝術化耳。
朝課後記事，九時到左營，舉行海軍參校第二期畢業典禮，致訓後到海總召
見蔡斯等，明示其只要美海軍對我海參校供給教材與顧問，則我可辭聘外藉
〔籍〕日本教官，決不使美國秘密洩露於其他國家也。再與海軍五校各校長
談話後，巡視左營基地，與到新由越南來臺之黃杰部隊官兵視察，加以慰問，
自覺快慰。正午回寓，手擬戰爭藝術化稿。午課後續修講稿，召見南區陸軍
將領與各校長。晡與妻在其書齋閒談，甚得閒暇自樂之趣。

六月十八日　星期四　氣候：晴　溫度：八十九

雪恥：昨晚膳頗早，並在澄清陽臺上觀月聽潮，薄暮時分又覺別有興味也。
膳後與妻散步於海濱沙灘之上，清風明月，波光潮音，認為仙境不是過矣。
在此失敗之餘，天涯海角得此洞遊桃源之樂事，此非上帝特賜予以最後成功
之預備乎。近日韓境停戰，甚憂反共陣線失敗之時，余反覺自得，認為反攻
大陸之準備，至少尚需二、三年之時間，在此期間，一面重整卅年來經過之
史實與文件、日記，省察成功與失敗經驗之教訓，一面又得在軍事政治上，
從容準備我雪恥復國之工作，此非天賜，何能獲此良機也。今後除發憤自強
之外，還能對強權世界冷眼靜觀其變化與結果矣。晚課，月下靜坐。廿二
時寢。

六月十九日　星期五　氣候：晴　溫度：八十八

雪恥：昨十八日，朝課後閱報，聽報，記事。約中村康眼科日醫便道來診，
認為比上周已有進步，數月後必可痊癒也。續修講稿，午課後方完。召見日

本海軍教官帥本源[1]等，彼認為海、空軍聯合作戰訓練，應特別加強實習也，又小艇之製造亦應從速實施也。據報，韓國李承晚總統已將其禁在陸上之北韓不願再回北韓共區一萬三千餘人完全釋放，此乃一重大事件，且看美國作如何之處理矣。入浴，晚膳後與妻散步於海濱，約半小時回，晚課。明月清風，安樂自得如昨也。

本日朝課後，聽報韓國釋放俘虜已至二萬七千名矣。東柏林俄區示威反俄運動，擴大至東德各地矣。上午記事，批閱公文，清理積案。午課後整記防大與參校優生名冊，召見周雨寰司令，此乃優秀將領也。

六月二十日　星期六　氣候：晴

雪恥：昨晡入浴後與妻車遊半壁山下，繞道至高南公路而回，意甚適也。晚膳後獨自散步於沙灘潮邊，為潮所逐，鞋褲皆濕矣。月下晚課，心神自得無已，此來澄清休養二日，身心皆有益也。

本晨四時後起床，天猶未明。朝課後記事，手錄參校第二期優生名單。八時由西子灣出發，九時到臺中機場，參觀噴射機成隊表演，此為該式飛機首次來臺，是亦三年來所日夕想望者，今竟第一次來到，乃亦自助人助，埋頭苦幹之效也。巡視訓練各教室後起飛，十二時回至後草廬住也。午課後抄摘舊日記要語後，到研究院開會，通過鹽斤加價與出售公營事業二案（中央常會）。對立委代表又發怒動氣矣，戒之。指示對韓戰與美韓關係宣傳要領之指示，以民間輿論應主張公道，不能任令韓國長受壓迫也。晚課後讀詩，廿二時半寢。

1　山本親雄，化名帥本源，日本帝國海軍少將，參與白團協助海軍訓練計畫。時任圓山軍官訓練團、實踐學社副總教官。

上星期反省錄

一、本周在高雄休息三日，雖忙碌如常，但環境美麗，甚覺自得。在此失敗待罪之時，尚有如此優良生活，予我以從容整理與準備之時間，更感天父待我之厚恩大德，但有心謝不置而已。

二、美國噴射機已交一批（十一架）。

三、陸軍官校廿四期生與海軍參校二期生皆已畢業，建軍復國基礎漸加強矣。

四、十七日東柏林工人大遊行，示威與暴動翌日擴展至東德各區，此乃俄國調換其統帥朱可夫[1]，而代之以專員制度之結果也。

五、十八日韓國政府釋放其北韓反共戰俘一舉，是乃美國壓迫之結果，不能不出此最後之手段。李承晚實為韓國唯一之革命領袖也。

六、對戰爭藝術化之意義講稿修正完成矣。

本星期預定工作課目

1. 傘兵近情及其人事與統轄之系統。

2. 三軍通信一元化計畫。

3. 戰鬥群（獨立作戰）。

4. 品德與職權責任（指揮權之轉移）精神力量。

5. 時空配合，精密周到，物力、人力之配合（協同）。

6. 全面戰爭與面的戰爭之區別。

7. 製造登陸小艇之計畫，出售廢艦。

8. 海空聯合作戰之訓練計畫。

9. 中央日報人事之解決。

---

1 朱可夫（Georgy K. Zhukov），蘇聯陸軍將領，曾任駐德蘇軍司令，1953 年 3 月任國防部第一副部長。

10. 調解美、韓之方式如何進行。

11. 高級將領調整方案之決定。

12. 作戰原則之研究。

六月二十一日　星期日　氣候：晴

雪恥：一、安南柬埔寨國王[1]又突然由暹邏返國。二、板門店停戰會議，昨由共匪宣告無限期休會。三、美國務院對韓明告，美國必須達成停戰目的，此誠天真與可恥之態度。

朝課後記事，批閱要公，修正對韓戰屈辱求和之態度，痛斥英國可恥自私之言行之感言，暫不發表。上午續修講稿，禮拜如常。午課後與經兒談中央日報社長人選後，續修講稿，並另擬對韓美協調與停戰問題解決之建議草案，認此為今日美國解決韓局惟一之途徑，但發表方式與利害影響，須從長考慮，此時發言更應慎重也。晡車遊後晚課，讀詩。廿二時半寢。

六月二十二日　星期一　氣候：晴

雪恥：一、對愛克之勸告此時似有必要，不問其對我之觀念以及警告之效果如何。二、為了問其前電之去電如何以及今日情形，他不能不注意我的態度，以今日李承晚之處境與他如果失敗時最後之歸處，只有在我自由中國，方是其惟一前途也。故決再電愛克，勸其再加忍耐，並運用其大智大能與大權，當機立斷，決與韓國在停戰協定以前簽訂互助安全協定，以堅定全世界弱小

1　東埔寨時為法國殖民地，施亞努（Norodom Sihanouk），1941 年 4 月至 1955 年 3 月任東埔寨國王。

民族對其領導自由與扶助反共之信心，並達成韓戰停火之目的也。

朝課後手擬為美韓妥協建議發表談話稿，約二小時。到研究院紀念周，朗誦大學之道上下篇畢，召集一般會談，商討對韓、美應處之方針，約二小時，最後暫不公開表示，只對愛克以私電勸告方式出之。午課後記事，記上周反省錄與記本周工作表。晡步遊公園，晚課。

六月二十三日　星期二　氣候：晴　溫度：八十四度

雪恥：閱李承晚歷述美國出賣韓國之史實，不禁為之寒慄，帝國主義之強權政治，無非一邱〔丘〕之貉，不過其程度有其差別耳。吾為李危而更為己危，故不能不為之努力暗助，以救其危而促其成也。本日再致愛克電，勸告其接受韓國互助安全協定提前訂立之要求，未知能有效否。

朝課後記事，本晨醒後，考慮對韓局勢不能不負責，主張以促美國之改變態度，乃手擬致愛克電文大意，交秘書長撰譯全文發出。上午會客，有阿根廷通訊社主任，特予優待。召集宣傳會談，對我國反共俘虜突營逃出以後，韓警又捕回拘留，乃命外交部電韓政府抗議，並要其負責保護也。午課後批閱公文，約見薛芬士[1]君，談菲律濱情形一小時餘，與妻車遊後入浴。膳後晚課，廿二時寢。

1　薛芬士，旅菲華商及僑領，自 1934 年至 1955 年擔任菲律賓馬尼拉中華商會主席，和第四十二至四十四屆名譽理事長。1952 年任華僑救國聯合會菲律賓地區常務理事。

六月二十四日　星期三　氣候：晴　溫度：八十七

雪恥：一、前、昨二日自克拉克與李承晚談話以後，韓、美情勢已轉緩和，當美遠東司長[1]赴韓出發之頃，忽又增派其陸軍參謀長同行來韓，以意測之，其意當在妥協而不在決裂也，此為美國惟一之方法（對韓），最後當必訂立美韓安全協定也。二、駐美大使人選之決定。

朝課後記事，九時半入府，約見菲國國防部長[2]，並告其無故被拘之華僑尚在監禁者一百五十人，從速釋放，以敦邦交之意。十時召開總動員會報，四組業務無何進步，惟指示不遺餘力。午課後批閱公文，手鈔舊日記中之先儒格言約二小時畢，出外散步於草山公園。晚課後車遊回，讀詩。

六月二十五日　星期四　氣候：晴

雪恥：上午入府時，據外交部報告美代辦[3]有其國務卿命令，須向余口頭面告，余允其來見後，聞其為對韓反停戰問題，以韓堅拒停戰，且擬將韓軍脫離聯軍統帥，殊難挽救。若美自韓撤退，則美方無疑的將要重新考慮其對臺灣之政策云。其大意如此，余乃即中止會見其代辦，雪艇面有難色，以為不妨一見，此種見解殊難想像。不說其他，即說對本問題，如余果受其美國代辦面告以後，則彼美愚昧蠢物之外交，即使欲收回此極橫暴之威脅語意，亦不可得，則今後對美外交更無轉回之地矣。此種外交常識，彼尚不知也，可歎。

1　勞勃生（Walter S. Robertson），又譯羅白生、羅勃生，美國外交官，曾任駐華大使館公使銜參事、軍事調處執行部委員，1953 年 4 月至 1959 年 6 月任國務院遠東事務國務助卿。
2　卡斯特羅（Oscar Castelo），菲律賓國防部代理部長。
3　鍾華德（Howard P. Jones），又譯瓊斯，美國外交官，戰後曾任駐德國高級專員公署柏林辦事處主任，1951 年至 1954 年任駐華大使館代辦。

朝課記事後，往祭李君佩同志畢，到國防部月報訓話後，入府會客，批閱公文，為美國威脅行為，不禁為美國危也。午課後手鈔舊語錄格言。晡散步回，入浴，晚課，膳後讀詩，看書。

六月二十六日　星期五　氣候：晴

雪恥：近日語繁聲粗，漸帶驕峻之色，應切實注意改正。

朝課後記事，九時前到保安部，聽取徐培根等考察美國軍事教育之報告，至十二時後完。召見葉[1]部長、王雪艇，推討美國昨日電意，乃認為是其副國務史密斯[2]一時衝突，軍人無識者之所為，以為其與對華政策無關。及余閱其原文（由其代辦抄送於雪艇），乃知其奉政府之命，而非如昨日雪艇所報為其國務卿個人之名義也。甚覺其情勢重大，不能以普通視之，應考慮答復要旨，不能以一笑置之也。午課後審閱實踐學社講義，得益頗多，尤以對海軍戰術部門為然也。聽報，清理積案，晡徒步往遊公園回，入浴。晚膳後與妻散步於頂北頭〔投〕之南路，沿途月光泉聲，談笑自得之至。晚課後廿二時半寢。

六月二十七日　星期六　氣候：晴

雪恥：今晨三時醒後，考慮美政府昨來之抄件，是其即為覆余致愛克之電，必須據理報之，不能默認也。不一時又昏沉睡去。五時又醒，天猶未明，乃即起床，朝課，記事，擬令顧大使[3]對美國務卿面告余報答之詞，應予以善意

1　葉即葉公超。
2　史密司（Walter B. Smith），又譯史密斯，美國陸軍將領、外交官，曾任歐洲盟軍最高統帥部參謀長、駐蘇聯大使、中央情報局局長，時任國務次卿。
3　顧維鈞，字少川，1946 年 6 月擔任駐美大使，1956 年 4 月辭職獲准，轉任總統府資政。

警告，再不可一意容忍，否則以後對愛克不能說話矣。九時後入府，面令王、葉[1] 擬答覆美政府電稿，嚴告其對美來件之幼稚橫暴不能付之一笑，必須嚴正警告，或能使此幼孩覺悟知過也，且非使之覺悟知過不可也。會客二十餘人，召集軍事會談，留越黃[2] 部安全到達者已十之八矣，而且編配如計進行，並無異狀，頗覺欣慰。午課後審閱講稿與作戰原則要目含義之核定。經兒來談後，獨步公園遊覽回。與妻車遊淡水道上，見禾稻結穀將熟，不勝欣喜，但糧價未降、軍糧空虛為慮耳。入浴，晚課如常。

上星期反省錄

一、戰爭藝術化意義之闡明篇發表，尚覺妥善，但尚須繼續研究耳。

二、本周為韓國停戰與美韓關係惡化二事，幾乎全心盡力，期其運用有效也。最初手擬對記者發表意見之長稿，未發。其後再擬致愛克第二電稿，警告其必須停戰以前與韓成立共同安全協定，以解除停戰之障礙也。不料其國務卿杜勒斯突來一威脅之舉動，言其對韓政策，決定其退出戰爭，任令韓國單獨作戰，並對我臺灣亦將改變其政策相威脅。其意乃欲我轉達韓國，以期韓李屈服於其停戰條件也，殊為可惡。因之不能不對杜反擊，予以嚴正之警告，試觀其今後之態勢如何矣。

本星期預定工作課目

1. 舊日記鈔錄各條之證求史料之情形。

1　王、葉即王世杰、葉公超。
2　黃即黃杰。

2. 外交人員之訓練（駐外武官）。

3. 各軍通信之嚴屬管制計畫。

4. 製備登陸小艇之計畫與經費。

5. 甲午前中日海戰史之查報，又馬漢[1]著作購譯。

6. 步兵學習傘兵（三周間學習）為必須課。

7. 第十三師調駐大陳方案之研究。

8. 劉廉一[2]等任用令。

9. 沈昌煥與張平羣[3]調職。

10. 劉蕺山、黃黎〔梨〕洲與顏李學案[4]之研究。

11. 建黨研究委員分別召見。

12. 令安國專心研究機械工業建設整套之計畫。

六月二十八日　星期日　氣候：晴

雪恥：一、軍官學校編制之審定。二、指參學校講稿之審核。

朝課後記事，閱報。關於韓、美談判，自勞勃生到韓晤李[5]後，並無解決問題之跡象，不勝憂慮。如果美國避免美韓共同安全協定不提，而僅以空洞友義辭令說服韓李，乃是糊塗幻想，其必招致世界全人類之大戰浩劫無疑，余不

1　馬漢（Alfred T. Mahan, 1840-1914），美國軍事家，提出海權論，1911 年發表《海軍戰略論》。

2　劉廉一，字德焱，號榮勳，湖南長沙人。1952 年 6 月，奉派往美國指揮參謀大學深造，1953 年 6 月返國，8 月奉命出任大陳島防衛司令部司令，及浙江人民反共救國軍總司令部副總指揮。

3　張秉勳，字平羣，天津市人。1946 年起任駐紐約總領事，次年起兼任聯合國經社理事會首席代表等職。1958 年至 1962 年回國擔任外交部歐洲司司長。

4　明末清初學者顏元（1635-1704），明末清初思想家、教育家，顏李學派創始人。原字易直，更字渾然，號習齋。主張培養文武兼備、經世致用的人才。其弟子李塨（1650-1733），號恕谷，繼承和發展顏元學說，形成著名「顏李學派」。

5　李即李承晚。

信美國之政治與外交乃幼稚至此，實為世界最不幸之命運也，可危極矣。上午蔣林堂禮拜如常，正午審閱大戰期間我國參加實戰之資料與檔案。午課後審閱育與樂二篇之草稿，仍須補充之點甚多，批閱要公及核定作戰原則各目中含義。哺步遊公園後入浴。膳後車遊下山一匝回，晚課，讀詩，廿二時半寢。

六月二十九日　星期一　氣候：晴

雪恥：一、機械工業建設開始至發展全套設計之研究與準備，認為第一（建國）之要務。

朝課後修正荒漠甘泉，圈點顏習齋學案開始。十時在研究院紀念周，誦讀政治的道理篇，講解誠與禮之關係，及不獲乎上，民不可得而治矣二節，以警誡至柔等之踞傲形態，諷其自反改正。對臺灣各縣市議會之黨員二百人點名、訓話，召見蘇令德[1]，慰勉其在緬北之奮鬥到底，回記事。午課後閱讀習齋存學篇完，接閱愛克覆我第一次電文，其詞句比較溫和，但其內容與杜勒斯日前威脅之意無異。彼等視我中國與東方民族，一言以蔽之曰「劣等賤種」是也。此一教訓實予我以最大之益趣，余在卅一年自記，謂欲求國家獨立自由，必須世代繼續奮鬥，至百年工夫或可得也，何怨於彼哉。

1　蘇令德，字子雲，雲南昆明人。1945 年任第十集團軍參謀長，1948 年任雲南大理師管區司令。大陸陷共後，率部於滇緬地區與中共作戰。1951 年 1 月，受任為雲南人民反共救國軍副總指揮。

六月三十日　星期二　氣候：晴

雪恥：昨晡入浴後車遊山下一匝回。晚膳畢，休息後晚課，讀詩，廿二時半寢。

朝課後記事，入府辦公，見威爾斯[1]夫婦等十餘人，召集一般會談，商討韓、美會談，情勢已憑〔瀕〕決裂邊緣，無任憂慮，但亦無法旋轉此危機，惟有為韓李[2]朝夕禱告天父，使其韓國能轉危為安，終能達成其統一自由與平等獨立之目的，不為共俄侵害，則幸矣。午課後審閱建黨委員自傳後，往研究院與委員十人各別談話，又與希聖談話，延長研究會日期以及後期教育準備程序。又與公超談對美杜[3]所來（前日）面告電文，以及愛克覆余電文各起草人名及其經過，刻又接顧[4]大使昨與杜談話要點，彼杜仍以不可鼓勵李反停戰之語相威脅，當思有以報復之。膳後晚課，廿二時寢。

1　威爾斯（Grant Carveth Wells），又譯威爾士，探險家、旅行作家。原籍英國，1918年移居美國舊金山。
2　韓李即李承晚。
3　美杜即杜勒斯（John F. Dulles）。
4　顧即顧維鈞。

上月反省錄

一、由韓國停戰教訓，如我再不能澈底放棄以美援反攻復國之幻想，則國家永無復興與獨立之望矣。即使其始能援助，而終被遺棄，則將如何？即使其能始終助我復國，則依人成事，其果能獨立自由乎？抗戰勝利而又亡國之教訓，還未受足乎？今後更應確立自力復國之計畫，重下自力更生之決心，一面力求自救，一面促成共匪崩潰，勿忘勿助，持之以久。以前曾準備五年完成復國，今當準備十年至十五年時間，自不難成功也。今日所恃者，一則臺灣軍政基礎漸穩，已有獨立自強之道，一則共俄獸行決無久存長治之可能，余何憂乎？但英、俄必已秘密諒解，促成共匪參加聯合國與解決臺灣地位問題。根據三、四月間，杜勒斯對紐約時報記者秘密談話，連想及臺灣問題之消息，更足寒心矣。

二、韓國停戰協定雖已議妥，但以李承晚反對及其釋放反共俘虜之故，尚未簽訂。

三、為韓戰問題，保證韓國安全與美韓共同協定之主張，誠意與愛克電商而反獲恥辱，又使余增加經驗不少。

四、美、英、法三國百慕大會議一再改期與停頓。

五、東德反共示威與共產集團內反俄形勢表面化。

六、俄帝積極策動其和平攻勢有加無已。

七、埃及改建共和制。

八、英國集團倫敦總理會議，主張共匪加入聯合國，而美國參議院全體一致反對共匪參加聯合國之決議。

九、雷德福訪臺五日，協商重要問題，已有具體決定，美參議員寶克生等訪臺，或對我有益也。

十、國防大學第一期、指參學校第二期、陸軍官校第廿四期、海軍參校第二期等學生畢業，惟此最足自慰苦中之心懷，以建軍基礎漸增強也。

十一、美、英、法百慕大會議本定於十九日，後改為廿六日召集，最後乃以邱吉爾告病，因之無限期展延集會。其內容未有正確情報可供判斷，但可以最近國際形勢之發展，英國對俄實力之估價及其附庸控制之動搖，不能不使其對俄共政策有重新考慮與暫作觀望之必要。而美國內部，對英國壓迫美國愛克對東方反共政策之轉變，亦對邱引起最大之反感，是亦其原因之一，但邱之老病或亦事實。總之百慕達會議之停開，實與國際形勢之轉變，當有重大意義也，不能不特加重視爾。

十二、為法越繳械拘禁之部隊官兵與義民青年三萬餘人，交涉四年餘之久，至本月杪方得安全歸還臺灣。雖在財政困苦之中增加負擔，但此心甚慰也。

十三、財經安全委員會成立[1]，此為三年來中央與地方權限與人事之爭，相持不決，財經無法統制之大障礙，自國楨辭職，鴻鈞繼任後，最重要問題乃得解決也。

---

1 經濟安定委員會於 1951 年 3 月成立時，由臺灣省主席兼任主任委員，本年 7 月擴編並改以行政院院長兼任主任委員。

蔣中正日記
Chiang Kai-shek Diaries

七月

蔣中正日記
Chiang Kai-shek Diaries

民國四十二年七月

本月大事預定表

1. 高級將領調職令之完成。

2. 讀孫子與論語及顏習齋四存學案。

3. 育與樂篇稿之修正。

4. 十三師如何使用。

5. 衛戍司令人選與國防大學第二期學員。

6. 美國大使人選。

7. 大陳島部署之督導。

8. 韓戰問題發展與演變之研究。

9. 黨政軍整個設施與綜核機構之建立。

10. 外交人事之訓練與調整之計畫。

11. 人事制度與幹部政策現狀之檢討。

12. 公營事業成本會計與戶警合一制之檢討。

13. 電氣化與工業化之具體計畫之設計。

14. 各省區負責人員之指定。

15. 民防總隊組訓現狀如何。

16. 精神動員與思想領導之方案（顏、李思想提倡）。

17. 人事考銓與職位分類制之督導。

18. 行政考核與專任職責制。

19. 政經對精神與物質二方之綜核及調整。

20. 行政三聯制之檢討實施情形。

21. 糧食管理與計口授糧及普遍配給制。

22. 機械工業建設籌備與指定專人負責進行。

七月一日　星期三　氣候：晴

雪恥：一、勸韓李只要美國對韓停戰後有一確實保證，則應與勞勃生會談，求得一結果，其他細節勿宜過求。二、只要美不索回已釋放之俘虜，則可同意其停戰，勿使破壞停戰之名加於韓政府，而讓予共匪負之。以韓政府支持停戰，而美不索回釋俘，則共匪必將反對停戰也。否則韓如不同意停戰，則美雖不能索回釋俘，而共匪反願與美簽訂停戰協定，以排除韓政府參加停戰會議，使韓孤立之陰謀，不能不特別注意之意告之。

朝課後記事，九時入府，召見藍卿大使，談話自九時半至十一時止，說明我對韓國停戰之意見與態度，以釋美國務院以為我鼓勵韓李破壞停戰之疑竇，並以耶穌「如使信我的小孩跌倒」一節，警告美國勿可壓迫弱小民族，以免其自身沉溺也。即發致王[1]大使電，轉李承晚總統，勸其不要與美談判決裂，最好能有一結果也。

七月二日　星期四　氣候：晴

雪恥：昨正午到中央主持常會，解決召集國民代表大會，決用憲法第廿九條文也。午課後批閱審閱委員自傳，召見十員回，入浴。膳後晚課，廿二時寢。

1　王東原，名修墉，安徽全椒人。時任駐韓國大使，1951 年 10 月到任，1961 年 1 月離任。

本日朝課後記事，九時半入府辦公，為美韓會商之僵局仍未打開，無任憂慮。晨接愛克第二覆電，其意謂如無合作誠意，雖訂立互助協定，亦必無益，乃指韓李不能與美合作也。又聞共匪果有接受克拉克前日對匪要求簽訂停戰協定之北平廣播，更為韓李焦急矣。上午召見十人，與徐傅霖[1]會談，乃知民社黨張君勱派有通共之陰謀。（晝寢甚遲）午課後召見十一員畢，入浴，膳後晚課，廿二時寢。

七月三日　星期五　氣候：風

雪恥：一、幹部之幹部，其職責在以身作率，領導民眾與部屬應具風動草揠〔偃〕之道德，品學精神感召之魄力（以一當萬）。故風度動作更為重要，更應以愛黨愛國之精神，以黨為家，貢獻一切，不以物質報酬為金錢勢利所誘惑，袪除自私觀念為最低之基礎。二、黨政軍聯合作戰班應以改變氣節，積極勇敢，富於黨性與犧牲精神。三、職位分類之準備經費應列入預算。四、心七物三之提倡。五、軍事尚陰尚微，故主隱主密。

朝課後閱報，九時後入府會客，召集情報會談，聽取第二廳報告，該廳工作頗有進步。由內地來臺之軍民，無論心理與生理皆發生其消極自殺與憤世錯亂之變態者，不勝枚舉，應如何設法防除之。午課後記上月反省錄未完，召見十人後，入浴。因有颱風未車遊，但散步如常，膳後晚課，閱存心篇。

1　徐傅霖，字夢巖，廣東和平人。1950 年 3 月，組織中國大陸災胞救濟總會，9 月創《民主中國》半月刊發行人。同年任中國民主社會黨代理主席。

七月四日　星期六　氣候：晨風

雪恥：一、理論委員會恢復。二、建黨方針戰鬥體為主要目標。三、政府各級人事皆應由黨銓敘，故銓敘與人事組織最為重要。四、黨員不得向政府荐私人，但可報告其所屬或所知黨員中成績最優良者，備當地政府之參考。五、召見電機發明等人員。

朝課後記事，十時前入府辦公，到國父月會聽取財政部長報告財政情形後，召開軍事會談。對聯勤總司令保養與接收美援之不良情形，以及處理不當與不能負責之工作，大聲斥責，事後自覺不安，以近來心情燥急，出言聲粗，可知修養有退無進也，戒之。大陳各島匪諜充斥，積谷島失陷，以該島遊〔游〕擊隊被匪誘降，而胡宗南尚不知也，可痛。午課後閱讀存性論完，召見十員回，入浴，車遊山下一匝，視察風災，並未有何損失，惟禾稻多吹倒睡田而已。膳後讀詩，晚課，廿二時寢。

上星期反省錄

一、本周幾乎全為美韓對停戰關係之交涉，思有以打開僵局而努力：甲、對杜勒斯無理威脅而予以反駁。乙、對藍欽談話二小時之久，表示我國對此之態度。丙、電韓總統勸其與勞勃生談話勿可決裂，最後能達成協議。丁、接愛克覆電，仍無誠意，藉口以對方無誠意，則訂立共同安全協定為無益云。至此階段，余以竭盡心力，不能再作進一步之行動，只可到此為止，靜觀其將來之變化如何而已。

二、開始閱讀顏習齋學案，甚思重加研究也。

三、召見建黨研究會委員，各別詢問其心得，對余甚有益也。

四、事天自安箴自本周朝課靜坐默誦時增誦始。

本星期預定工作課目

1. 後期訓練之要目：甲、思想修養。乙、情報。丙、組織。丁、宣傳文化（教育）。戊、調查統計（要領）。己、群眾心理為必修之科。宣傳工具以廣播與電影為主要工具，應裝備至村鄰為止（擴大器）。
2. 生產機關必須興辦職業學校與成年夜校。
3. 建黨目標：甲、建立戰鬥體制。乙、統一指揮（一元化）。
4. 行政機關與黨務訓練機關及其研究打成一片，應以研究院為政府設計與研究業務之基礎。
5. 耕者有其田與兵役及勞動服務之規定。
6. 樂與育二篇第二次稿之審核。
7. 指參學校講稿之重審與孫子重習。
8. 董[1] 著傳之正誤及顏集之續習。

七月五日　星期日　氣候：晴

雪恥：一、毛邦初案之繼續交涉引渡。二、第六八師馬師長滌心[2]、第二○三團長梁幹[3] 及其營長戴一正[4] 皆應調換。三、長治艦應設法擊毀。四、大陳島戰略與兵力海軍之決定。

朝課後記事，十時到管理局禮堂禮拜，以夏季蔣林堂禮拜暫遷至此也。回寓，記上月反省錄。午課後記上周反省錄與本周工作預定表。十七時與妻車遊視

1　董即董顯光。
2　馬滌心，安徽盱眙人。1951 年任第六軍第三三九師師長。1952 年該師改編為第六十八師，任師長。1958 年任金門防衛司令部代理參謀長，後任灘頭指揮部指揮官。
3　梁幹，1950 年任第六軍第三三九師第一○一七團團長。時任第六十八師第二○三團團長。
4　戴一正，1951 年 2 月 17 日革命實踐研究院軍官訓練團第五期結業。時任營長。

察淡水至基隆風災情形，禾稻大部樹立未倒，農作物品無傷害為慰。自淡水經小基隆、石門、阿里巷〔荖〕、金山、柳野〔野柳〕直達基隆，約二小時之久，其間石門與柳野〔野柳〕之風景頗佳足賞也。回寓已廿時半矣，車中靜默，晚課，膳後讀詩，批示閱報，廿二時後寢。

七月六日　星期一　氣候：晴　午雨

雪恥：一、公務人員出勤守則之催訂。二、黨員必須認定一個專門學術與一科專門工作之研究，及其經常為黨一體之經常任務，例如管理或調查月會，或為其鄰里環境衛生或擔任戶警協助工作等事。

朝課後記事，手擬講稿要目十餘條。九時後到研究院紀念周致詞後，朗誦訓練的目的篇講詞。自覺十五年前之手訂講稿多未能實踐，及今為之猶未為晚也。召見黃杰[1]、李文秉〔彬〕[2]等，一由越南歸來，一將往緬北游擊，皆加以慰勉。午課後重校樂育篇，應補充之點甚多也。晡車遊一匝回，續補育篇稿目，膳後晚課，廿二時半寢。

七月七日　星期二　氣候：晴

雪恥：午課後續修育樂篇至十八時，第二次修補之稿始完成也，車遊與晚課如常。

朝課後記事，接閱王東原見了韓李後之覆電，乃知此老堅持其統一生存方針

1　黃杰部隊於本月 2 日分批接運返臺，黃於 3 日抵臺。
2　李文彬，字質卿，雲南鹽興人。1949 年率第十三軍團殘部撤至越南富國島。1951 年 1 月，受任為雲南人民反共救國軍副總指揮兼滇西軍區司令。1954 年 1 月，調任總統府參軍。

不能變更，而其目的不在目前停戰後之保障，故對美韓共同安全協定並不在意也。其見解與精神殊足感佩，惟有朝夕代其默禱上帝，保佑其能貫澈主張，獲得最後成功而已。十時入府，召見美教授等十人後，召集宣傳會談，討論時局，韓戰有長期拖延不能強停之勢，以韓之政策（反停戰）必堅持到底也。今後反共復國不能再寄望於美援或第三次大戰，而全在於自立與注力於俄共內變，以其多行不義必自斃，應在此求得復國之道。故自力更生與沉機待變，乃為反共抗俄方針之不二法門矣。

七月八日　星期三　氣候：晴

雪恥：家庭夫妻之樂，乃可勝過一切辛苦與困難，即能不計工作與環境之艱困也。

朝課後記事，九時到中央黨部，召見馬紀壯，命其撤換大陳海軍指揮官齊鴻章[1] 之不力無能，為怯惰者戒，並見教育廳長後常會，檢討第一、二、三各組工作皆無大進步，惟第二組大陸黨部漸有初基而已。指示下半年中央工作之重點在海外僑務與聯合陣線之準備也。午課後批閱要公，讀習齋存治篇，修正古代作戰原則與藝術化意義之下篇未完，聞孫立人昨日陸軍節在臺北賓館大請外客教授與不相干之軍人，不勝忿怒，此人荒蕩〔誕〕狂妄，非嚴教切戒不可矣。因之晚間心緒又不能安定與苦悶，如何能使之就正成人耶。車遊與散步，入浴，膳後休息，獨自閒詠，晚課，廿二時半寢。

1　齊鴻章，字印輝，江西進賢人。1952 年 8 月任第二艦隊司令，1954 年 7 月調海軍士兵學校校長。

七月九日　星期四　氣候：晴

雪恥：一、共匪昨覆克拉克要求重開停戰會談函件之內容，其痛斥與諷刺，無異對求降者訓誡，凡稍有血氣者決難忍受，不料克氏竟要求即日開會，以示停戰求和之決心。美國民族性之幼稚衝動，其將何以領導世界反共，幾何不為共匪所敗乎，誠為世界之不幸危也。二、美副總統將來亞洲訪問各國，其所表現之事實如此，來訪果有何益耶。

朝課後記事，九時半入府，聽取劉廉一、汪奉曾[1]報告留學美國參謀大學（回來）之心得，至十二時完，召見劉明奎[2]師長畢，批閱公文。午課後續修講稿畢，再讀孫子五篇，讀至卷二作戰篇，始悟後勤與戰時財政，在古時亦已為作戰第一之基本要素，其作戰篇幾乎完全言財政與後勤業務，而其他軍事戰務很少提及也。諸孫來候後車遊，入浴。膳後讀孫子，讀詩，晚課。

七月十日　星期五　氣候：晴

雪恥：一、俄國公布免除其內政部長貝亞利〔利亞〕[3]職務，並宣布其叛國之罪狀，此一消息比之史大林之暴斃更為重大，人人所預料其俄共內部必起鬥爭，自相殘殺無疑，但不料其爆發之速如此也。此乃共匪多行不義必自斃的定律，實為反共世界之福音，如能運用得當，則消滅赤禍當不致如過去所想像之久遠與艱鉅也。二、美國與共匪在板門店停戰會議，又在秘密中進行，是其仍在對共求和，勢非達成其求和停戰目的不可，殊堪痛心。

朝課後記事，上午在研究院聽取建黨委員研究政治與經濟結果之總報告，成

1　汪奉曾，湖南長沙人。1952 年 7 月至 1953 年 6 月，奉派赴美陸軍指揮參謀大學留學。1954 年 6 月，任第八軍第六十八師師長。

2　劉明奎，名聚五，四川廣漢人。1950 年 7 月，任獨立第十三師師長，12 月兼馬祖守備區指揮部指揮官。1954 年 7 月，調任第一軍團增設副參謀長。

3　貝利亞（Lavrenti Beria），蘇聯秘密警察首腦，史達林逝世後遭整肅。

績不良之至，乃命下午報告停止，重行改正後再定。午課後讀孫子至第十篇完，召見軍援副團長[1]報告，其視察大陳之結果甚惡，其西方企業公司協助遊〔游〕擊人員亦將撤退矣，可笑。

七月十一日　星期六　氣候：晴

雪恥：昨晡與妻到公園散步回，入浴，膳後晚課，廿二時後寢。

朝課後補修講稿，九時半到指參學校舉行將軍班第一期畢業典禮，訓詞半小時後，聽蔡斯講詞，甚覺有益。禮畢，與蔡斯談對俄情及韓停戰之新意見，屬其轉告克拉克與美當局，對匪如再示弱，則停戰必失敗不成，若能改取強硬，並多容納李承晚意見，先達成內部統一目的，則停戰必成也，以其明日將歸國對其參議院報告也。召見學員十六人後，回宴傘兵顧問。午課後記事，補修講稿後，見美中央情報局副局長葛勃[2]，未與提及其撤退大陳訓練我游擊隊之人員，以不強求其留駐大陳也。美國幼稚行動只可時時防其變化與自然結果，令其自覺也。召見十五員後，入浴，膳後晚課。

上星期反省錄

一、俄格別烏頭子貝利亞已被其馬林可夫整肅，其內容：甲、上月廿六日莫斯科調軍戒嚴。乙、韓停戰協定本定於其前一日廿五日簽訂，因韓李反對而未成，但其俄對治貝預定計畫迫不及待，而卒如期於廿六日實行。

1　魏雷（John P. Willey），美國陸軍將領，曾於中緬印戰區任職，1951 年 5 月美軍顧問團成立時任陸軍組組長，1953 年時任副團長。

2　葛勃（Charles P. Cabell），曾任參謀首長聯席會議聯合參謀部主任，1953 年 4 月起任中央情報局副局長。

丙、貝案至十日方始公布。丁、貝案公布後數小時，俄駐英大使亦返英準備交涉，必將加強其和平運動，此為其除貝之最大目的（掩護其和平運動）。

二、韓李與美勞[1]交涉結果，總算有一廣泛協調之協議。

三、美、英、法三國外長會議，十一日在華盛頓開會。

四、美國在韓停戰談判，十一日又在板門店秘密會議。

五、美情報局（即企業公司）人員在大陳者突然撤退。

六、孫立人在陸軍節狂妄大宴，不知其究何用意，愚極矣。

七、重理孫子十篇、習齋學案存治篇，闡釋定靜安慮得與危微精一中篇，尚未完稿也。

本星期預定工作課目

1. 政府改組之準備。

2. 高級將領選入防大就學與職務問題。

3. 各設計委會與研究院如何打成一片。

4. 研究院主任人選。

5. 戰略顧問會、戰略研究會與實踐學社，如何打成一片及其對外之利害關係。

6. 衛戍司令派黃杰擔任。

7. 實踐學社繼續辦理或方式之研究。

8. 第十三師調防問題之決定。

9. 黨部婦女運動與指導會。

10. 四年經濟計畫進行之督導。

11. 黃杰職務之決定。

1　李承晚、勞勃生（Walter S. Robertson）。

七月十二日　星期日　氣候：晴

雪恥：一、大陳島之防務，應從新另定計畫：甲、對空軍臨時增援。乙、海軍行動之指導。丙、通信守則之重訂。丁、第十三師決調大陳增防。戊、大陳司令部與防諜組織之加強。二、再不要幻想美國援助我反攻復國，該國之政策與諾言絕不能信賴。其幼稚衝動、反覆無常之教訓，如果自無主張與實力，若與之合作，只有被其陷害與犧牲而已。吾甚佩李承晚之態度，彼實最認識美國之革命家也。

朝課後記事，韓美在韓談判之公報發表，果能如余致李電之預期，甚慰。禮拜如常，召見鄭介民[1]，聽取其對俄變局之判斷，多足取也，記上周反省錄。午課後，讀孫子九地、火攻與用間三篇完，甚慚大陸失敗之前，多違反其原則，今後更應時時研讀，如學庸首篇，每朝背誦也。

七月十三日　星期一　氣候：晴　溫度：八八

雪恥：昨晡與妻遊公園，徒步來回。入浴，膳後車遊。近日妻脈甚快為慮。晚課後廿二時寢。

朝課後記事，草擬對俄整肅貝利亞後一般情勢發展動向之講稿，十一時研究院紀念周與建黨研究會結業典禮畢，講解對韓李與美勞協議之發布為反共陣線勝利之起點與俄國今後之動向判斷，約一小時十五分完，即在研究會聚餐致詞。午課後，續修指參學校訓詞至十七時方脫稿。會美記者馬利氏約談卅分時後，為黃仁霖[2]在勵志社服務廿五年題字（忠實精勤）。與妻散步至公

1　鄭介民，原名庭炳，字耀全，廣東文昌人。1952年10月，任中國國民黨中央委員會第二組主任。1954年8月，任國家安全局局長。

2　黃仁霖，江西安義人。1948年2月，任聯合勤務總司令部副總司令，1954年7月兼代總司令，1955年6月真除。

園回，入浴，膳後車遊一匝。今日為舊歷六月三日新月初入，廊前納涼，清風明月，無主自在之象，甚覺身入天堂之感，夫妻同謝天父賜福不置，廿二時寢。

七月十四日　星期二　溫度：八六

雪恥：一、止定靜安慮是修養入門之順序，而非各自分立的。二、慮就是考慮本末、終始、先後的規律。三、存養省察就是定靜安慮修養的基礎。四、因其已知之理益窮，以求至乎其極，就是精益求精的精字注解。五、至於用力之久，而一旦豁然貫通，也就是得的注解。六、研究院教育設施（聯合方法）。七、物資不落敵手之口號。八、地方軍事政府制度之研究。九、領導辦事之程序：甲、目標。乙、組織（機構）。丙、計畫。丁、協調。午〔戊〕、指導。己、管制—監督—考核。

朝課後記事，入府召見七人，召開一般會談，商討國際局勢與國代開會方針，決定在此次國代大會不能對憲法有所修改或曲解為人指責之處。午課後清理積案數十通。晡夫妻往公園回，入浴，讀唐詩，膳後車遊，晚課，廿二時後寢。

七月十五日　星期三　氣候：晴

雪恥：一、美、英、法三外長會議閉幕，其公報對俄共仍持觀望態度，但決議召開俄國在內之四國外長會議，以試探俄國態度，此美似已較前堅強積極乎。二、共匪對韓戰場發動其七萬人以上之大攻勢，聯軍已撤至第二線陣地抵抗，其勢不利乎。三、板門店昨日停戰會談仍無結果，此皆必然之勢也。四、發表岳軍為實踐研究院主任。五、決定大陳派軍之部隊，似以十三師為宜。

朝課後記事,九時半入中央主持常會,聽取各組會上半年工作報告完,指示今後綜核設計指導機構籌設之重要,其各單位工作聯系協作,為增加效率之惟一方法。午課後,審閱實踐社講義要領後,修正柯遠芬[1]之思想戰建議,頗費心神也。今日未散步,膳後與孟緝談話,令其入國防大學。車遊一匝,讀詩後廿二時寢。

七月十六日　星期四　氣候:晴

雪恥:一、中國軍事傳統精神與戰術定型(制式),以及中國戰爭哲學之學理與本質定名之研究(中國魂或正氣團),此一工作為軍事最基本工作,亦為余重大任務之一,不可延緩矣。二、對反共抗俄戰爭軍事本質與性別之確立,乃為軍人精神教育中重要之問題,窮二日之力,規定為思想的總體戰,仍以武力戰為中心,此一決定,乃可使全體將領觀念一致也。

朝課後記事,入府召見國防大學顧問戴蒙,詳詢其防大應改革之業務與對人事之感想,約談一小時之久。接見泰國僑團後,會客八人畢,辦公。午課後,手擬反共戰爭之本質與性質初稿完。晡與經兒散步於公園回,入浴,膳後車遊一匝回,晚課,觀月,吟詩,廿二時寢。

1　柯遠芬,名桂榮,1949 年 5 月任第十二兵團副司令、新竹怒潮軍校校長。1950 年任金門防衛司令部政治部主任。1952 年 9 月兼任福建反共救國軍副總指揮。

七月十七日　星期五　氣候：晴

雪恥：一、防大教育處長與第五組長之召見。二、個人主義及非我不可之心理與惡習，應令將領澈底革除。三、加強協同與公開無私、無保留的態度教育。召見藍卿談話之準備：甲、美援助我國是出於友義與誠意，吾人受援惟有感佩，故不願再有強勉或分外不情的請求。乙、美如不願協助撤退任何工作，則必不強留或使美友為難，但希望美友能有一預商撤退之計畫，不使中國感覺奇突與損害。丙、但終久的損失與責任，最後仍須由美國付出比前更大之代價，尚不能補償，此突如撤退無商討餘地之行動，殊為美不智也。

朝課後記事，入府辦公，召見十餘人，召集財經會談。午課後，重修面的戰術與反共戰爭特質之指示要旨完，續核育樂二篇補講稿未完。晡公園與妻散步回，入浴，膳後車遊回，讀詩，晚課畢，廿二時半寢。

七月十八日　星期六　溫度：九十

雪恥：一、東山與大陳各戰役之總檢討會議。二、要求美第七艦隊協助大陳防務，或劃入其巡邏範圍，以大陳離臺北太遠，我海空軍無法掩護大陳，而且共匪海、空軍基地皆在大陳附近，故非由美艦隊負責掩護不可也。三、對美西方公司人員撤退大陳，不先與我方協商突然撤去，應嚴重警告，要求其今後切實改正。

朝課後記事，入府會客，召見十人後，召集軍事會談，聽取胡璉突擊東山縣之戰況報告，成績不良，但經此教訓，又增加對匪經驗不少也，傘兵使用亦得到經驗矣。正午與藍卿談話一小時餘，午睡滯起，氣候最熱。午課後重審育樂篇未完，入浴，膳後車遊，晚課。

上星期反省錄

一、美、韓談判於周初發表共同公報,果能獲得協議,此乃反共陣線初步之勝利也。美、韓若果決裂,則俄共全勝而吾人失敗矣,只要其能不決裂,即為勝利之基礎,但美之政策搖盪未定,卒為英所操縱,思之寒心極矣。

二、美、英、法三國會議,對俄政策暫取觀望,尚待九月間西德選舉之結果,但英、法對俄之妥協苟安心理,反將因俄之內訌更趨消極矣。

三、共匪對韓軍發動五萬至十萬人之二次攻勢,乃為韓戰以來最大戰爭也。

四、胡璉部對東山突擊,以傘兵運用不當以致戰局不利,此實為重大之教訓,應切實檢討。

五、與藍欽談話嚴正直率,未知果能有效否。

六、孫子兵法重讀一遍,自覺比前能更有心得,古代作戰原則與戰爭藝術化之闡述下篇修整完成,此於本國戰爭哲學之貢獻,不為無益也。

本星期預定工作課目

1. 防大學生配屬研究院與實踐社。

2. 三軍無線電通信各機,由國防部負責考核與派遣,並管理密碼。

3. 反攻之運輸船艦,平時準備具體最小限度之運量計畫與糧食之存儲。

4. 東山與大陳戰役之檢討。

5. 研究院主任案提常會報告。

6. 看韓停戰協定之簽訂與實施如何。

7. 外交與記者武官班之籌備。

8. 工業建設的準備與設計人選之組訓。

9. 檢討戰役應特注重洩密與保密之研究。

七月十九日　星期日　氣候：晴　申刻雷雨　溫度：九十

雪恥：一、板門店談判，今日共匪竟接受停戰條件，而其自稱為不健全的協定，或於本星期內可以簽訂，但誰亦知其虛偽而決非和平之實現也。二、共匪急於停戰，果能解除其覆亡危機乎，果能脫出俄帝羈絆乎。三、我果能對共匪之兇行毒計已能獨立消除乎。

朝課後記事，十時禮拜如常，回與至柔談大陳指揮官人選，決派劉廉一暫任也。午課後續修育樂講稿未完。六時後與妻冒雨車遊北投與臺北市內，以久旱望雨，如市內再不能得雨，即有疫癘發生之憂，乃前往視察，果亦得雨轉涼，甚為市民欣慰。晡讀詩，晚宴檀香山華僑觀光團後，納涼觀月，雨後澄空堪賞也。晚課後廿二時寢。

七月二十日　星期一　氣候：上晴

雪恥：一、對美要求二事，任其自定一種：甲、中美共同安全協定。乙、積極援助我反攻大陸，並啟示其要想朱毛變為狄托，亦須先要由我反攻而後纔能誘其來歸轉變之理由。

朝課後即續修育樂篇補述第三次稿件，正午已脫稿。此為三個月來不斷之研究，亦為二十年來想作而未敢擅作之重大任務，幸於今日初成，不僅聊以自慰，亦可告慰於總理，以補其民生主義講稿未完之遺憾乎。記事。午課後增補育樂篇之家庭與公民教育各節內之重要內容（六行與四維以及積極負責與服務精神），加以充實，衷心自得乃可無遺缺乎。審修參校將官班畢業訓詞完，此亦為軍事哲學啟示將領修養工夫重要之工作也。

七月二十一日　星期二　氣候：晴　申雨

雪恥：昨晡約會費吳生等後，續見紐約時報記者，問答約一小時餘，皆甚重要問題（另記）。車遊山下回，晚膳，在廊上納涼觀月，讀詩，補修訓詞後晚課畢，廿二時入浴後寢。酣眠最樂也。

本日朝課後記事，入府辦公，召見彭佐熙[1]等八員後，召集宣傳會談。因對東山縣突擊失利，事隔五日尚未得胡璉詳報，而共匪反宣傳其勝利，致為各方疑懼，此乃我將領指揮學識與精神修養未有進步所致，故對國防大學戰爭哲學科之有特設必要也。午課後先閱清儒學案目錄及其凡例，此書為徐世昌[2]主編，自有許多缺憾，但亦不失為中國傳統哲學之重要研究材料也，擬計畫閱其全書。晡記上周反省錄，與審閱抗戰後期中之訪印記述完。獨往公園遊覽，散步時甚想陽明全集為中國軍事哲學之基本教範也。

七月二十二日　星期三　氣候：晴　申雨

雪恥：昨晚審閱陽明全集目錄及其年譜後，屬秦孝儀秘書重新編訂目錄之要領，加以整理目次後擴大印行，務令高級將領必讀此書，並予以課試測驗其對於哲學有否興趣，即可斷其事業之大小與志節之高下也。晚課後廿二時寢。

朝課後記事，手擬對中央各組黨務工作講評的目錄，各幹部對工作皆不注重重點與自動發展的精神，都不能成為革命領導工作之幹才也，可歎。上午主持中央常會講評，約二小時方畢。午課後，續修軍事哲學「定靜安慮得」與「危微精一中」修養精神要領之講稿第四次完（即參校將官班畢業講詞也）。

1　彭佐熙，字民庸，1949 年任第二十六軍副軍長、軍長、第八兵團副司令官，撤至越南金蘭灣。本年來臺後任臺灣中部防守區副司令官。1955 年任戰略設計委員會委員。
2　徐世昌，字卜五，號菊人，清朝進士，曾任清末皇族內閣協理大臣。1918 年任北京政府大總統，1922 年去職。

晡獨往公園散步，小黑犬同行，甚為親愛，不料今夜十時，被藍欽座車在途中壓斃矣。膳後讀詩，觀月，晚課，廿二時前寢。

七月二十三日　星期四

雪恥：一、對留韓反共華俘通信之設計。二、提出華俘遷移中立區，無異強迫遣俘之抗議。三、嚴懲傘兵作戰不力官長。四、戰役檢討之決定。五、派出國外發展僑教黨務幹部之籌畫。六、黨務工作應特重發展、創造、自動與重點中心之要領。七、傘兵改組政策之研究。

朝課後記事，九時半入府辦公，召見九員後，對海軍赴美學生訓話畢，清理積案。美聯社來問余對紐約時報記事所說：同意韓國停戰協定及俄將不致支持北韓二點，要求說明，余正想設法糾正第一點之曲解，乃約莫沙[1]面告其意，發表談話之真實內容，未知對美國能發生影響否。午課後修正講稿與審閱董[2]著英文傳譯本，大致不錯，乃可准其發行也。經兒來報傘兵在東山作戰，其官長不力情形，可痛。晡與妻車遊淡水，膳後觀月自得。

七月二十四日　星期五　氣候：晴　申雨　溫度：九十

雪恥：昨晚廿二時見美聯社談話稿不妥處，親批修正幾一小時，晚間工作腦力與目力受損更大，乃至失眠，故最近自制燈下寫作閱讀，因談話稿急要，故不得不即時修正。不料修正以前，其英文稿早已發出，於是枉費心力，不

1　莫沙（Spencer Moosa），又譯慕沙、摩沙，英國記者，曾任美聯社重慶特派員、東京特派員，時為臺北特派員。
2　董即董顯光。

禁惱怒，但仍晚課如常，廿三時後寢。惟未曾失眠為快，故今晨精神頗佳，
特記之。

朝課後記事，入府辦公，召見魏清德[1]等十六人後，批閱公文。午課後審校對
俄貝利亞整肅後世界之形勢講詞錄，修正完，與妻往公園散步後再車遊淡水。
夫妻皆以小黑犬不幸而死，時用遺念，認其感人之切，狗亦有靈也。膳後讀
詩，晚課，廿二時半寢。

美國眾議院對不准共匪加入聯合國亦一致通過矣。

七月二十五日　星期六　氣候：晴

雪恥：一、共匪噴射機已在寧波機場出現，本日與我巡邏機在臺州灣對戰，
我機應〔因〕受傷，在歸還〔返〕途中基隆附近墮〔墜〕落，幸人員無恙。二、
六十四師應加速運大陳增防，換防部隊緩撤。三、劉廉一提前赴大陳指揮。
四、宗南交代時日之研究。五、共匪對大陳有否積極攻佔之企圖。

朝課後審閱秦孝儀所編王陽明[2]全集目錄完，入府辦公。召見八員後召集軍事
會談，聽取中美海空軍聯給〔合〕巡邏報告，美對大陳據點以其琉球基地關係，
似極重視也。午課後記事，審查防大與參校畢業生名次後，約見芳澤大使[3]，
彼面告霧社屠殺紀念碑，忍〔認〕為是排日傷害兩國民情之舉，意存抗議，
余以此非政府之意答之，仍以寬大不校示之。車遊山下一匝，入浴，膳後納
涼觀月，妻常認此為天堂也。今日口誦曾鞏[4]雪竇詩，不忍絕口也。晚課。

1　魏清德，字潤庵，曾任《臺灣日日新報》漢文部主任、臺北州協議會員、臺北州會議
　　員等職，戰後出任臺灣合會儲蓄公司總經理，時為瀛社詩社社長。
2　王守仁（1472-1529），字伯安，號陽明子，故世人稱之為王陽明，浙江紹興府餘姚縣人，
　　明代中期乃至中國歷史上重要和影響深遠的思想家。集陸王心學之大成，精通儒、釋、
　　道三教。其學說世稱「陽明學」，在中國、日本、朝鮮半島都有重要而深遠的影響。
3　芳澤謙吉。
4　曾鞏（1019-1083），字子固，北宋散文家，被譽為「唐宋八大家」之一。

上星期反省錄

一、韓境停戰協議，美、共二方皆已手續完成，惟韓李尚在反對，故美國未敢貿然簽訂，余對紐約時報記者與美聯社記者前後二次談話，皆側重美國必須獲得韓國同意，而後訂立停戰協定，方是明智之舉，以間接助韓也。其次鼓勵美國停戰以後，乃可對共匪強硬，不可再事姑息一點，應提起其朝野對反共之決策，但其政府尚望朱毛變成狄托之幻想，故其必不願取強硬政策也。明知其無望，而不得不竭盡我忠告之意也。

二、俄國最近蘇維埃會議改期八日，此其內部不能一致，與馬林可夫不能掌握其內部之大破綻也。

三、共匪噴射機發現於臺州灣，其對大陳將積極進攻乎。

本星期預定工作課目

1. 傘兵改組之方針。

2. 對僑務與僑校及留學生工作計畫。

3. 工業計畫設計之人選，與組織設置綜合研究所，農業、無機化學、有機化學、土木、水利、電氣、物理（重工業建設為主），以實際應用重於理論之研究。

4. 三軍通信建立之成績如何，檢討第一。

5. 駐外記者與外交官武官之召訓計畫。

6. 獎勵地方興辦社會救濟事業。

7. 清理留外回國服務學生，分別國與科查記。

8. 民防與自衛隊及防空隊之組訓督導。

9. 大陳防務計畫與指揮官調換命令。

10. 改組實踐研究院與張岳軍主任就職。

11. 東山戰役之檢討。

12. 滿期將領調換令。

七月二十六日　星期日　氣候：晴

雪恥：一、召見唐毅[1]與趙觀濤[2]。二、以軍事科學與革命精神為消滅共匪之基本武器。三、高級將領調動命令之發表。四、緬北部隊之處置。五、傘兵與第十三師編組方針之決定。

朝課後記事，召見至柔，指示大陳防務方針，與美顧問團商討其海、空軍協防大陳之要求問題後，禮拜畢。召見孟緝，指示研究院改組與張主任就職日期，余認孟緝在將領中事理最為清楚之一人，能力亦強也。記上周反省錄，午課後記本周工作預定表，手擬召見各校優等學員名單。十八時與妻乘車登竹子湖，轉金山經野柳、景美各村，沿海風景以此最美，再到基隆經臺北，回後草廬已廿一時矣。膳後讀詩，晚課，入浴，廿二時半寢。

七月二十七日　星期一　氣候：晴　溫度：九十　最熱

雪恥：一、劉廉一與胡宗南名義關係之研究。二、國外黨藉〔籍〕整理方式之研究。三、黨務檢討，注重新頒重要小冊之實踐與應用程度及其效果如何。四、親自參加東山戰役檢討會議，特別注重戰場殘留傷兵與落下人員為何不予收容，指揮官應負重責。

朝課後審閱重建革命組織（即民眾運動方針）未完，九時後到研究院，主持夏令營講習會紀念周訓詞畢，與至柔、公超談大陳防務與美國交涉方針後，召集張岳軍、曉峯及本院各副主任商討本院組織與今後教育方針，重在養成革命戰鬥精神與實用軍事科學方法。十二時半回，午課後審核重建革命組織

1　唐毅，名化潤，更名毅，字令果，號野涵。行憲後第一屆國民大會代表。1949 年底，奉派擔任臺灣省政府顧問，兼省民防委員會秘書長。繼復奉派為國家安全局顧問，並膺聘為臺灣證券交易所顧問。

2　趙觀濤，字雪泉，曾任第八軍軍長、軍事委員會參議。1949 年，隨政府來臺。1958 年 3 月，任總統府參議。

稿（希聖擬）第一次完，此時甚為需要，修正後應即頒發。晡車遊一匝，膳後晚課，入浴，寢。

本日十時，板門店停戰協定簽訂。

七月二十八日　星期二　氣候：晴　溫度：九十二

雪恥：昨接令傑電，美參議院撥款會增加我經軍各援款項約六千餘萬美金，指明由其秘密費中撥出，此為美援中難能而可貴之舉，其數雖小而作用甚大，對美國交基礎從此漸定乎，傑甥實與有功也。

朝課後記事，入府見留日華僑青年二十餘人後，召見劉廉一，指示其大陳職責與名義，決先以大陳區防衛司令兼江浙游擊副司令赴任，使宗南不致難堪也。召集一般會談，討論美政府要求我對留韓反共華俘發表訓示，使之就範，不反對其由濟洲島移往中立區也。此舉可痛可恥，余決嚴拒，加以痛斥，認美為最不道德、陷人騙人之卑劣行為，余何能為之意直告之。正午回寓，妻以中央開除孔、宋[1]黨藉〔籍〕之小組決議案為問，余直告其此案為在半年以前事，余並未批准，此案不致實現慰之。當時經國反對此案通過，並主張必須待總裁批示也。

七月二十九日　星期三　氣候：晴　溫度：九十一

雪恥：昨午課後續修「重建革命組織」詞稿第一次完，以中央幹部不識大體與美國卑劣請求二事夾在一起，心情悒鬱，沉悶已極，乃讀王安石[2]詠雪竇七

1　孔、宋即孔祥熙、宋子文。

2　王安石（1021-1086）字介甫，號半山，北宋撫州臨川縣人，著名政治家、文學家、思想家。文思敏捷，世稱為唐宋八大家之一。創立荊公新學，影響宋明之季經學。

絕一首，以解愁苦也。與妻車遊山下一匝，入浴，讀詩，晚課後廿二時寢。

朝課後記事，九時後入中央，與陳、葉[1]討論對留韓反共俘虜之訓示問題，以李承晚昨已公開表示對華藉〔籍〕反共俘虜返回臺灣作負責保證，故余亦不能不作指示，勸導其與聯合國統帥部合作，勿予衝突之意，以順美政府之請求也。召集動員會報，各組作半年來之工作檢討後，加以指示。午課後，審閱官兵反共抗俄問題十四條條文，此在半年前已批改一次，令其重修呈核，不料仍有許多不當之處，又須親手修改，此件認為精神教育之基本教材，不能不慎重其事也。

七月三十日　星期四　氣候：晴　溫度：九六

雪恥：昨晡與妻往遊公園，並順道至小黑犬墓上插花，以誌紀念。本日以第一組長唐縱[2]太不識大體，以致黨藉〔籍〕毫無改革與進步，加以訓斥，幹部無能，最作悲歎。膳後讀詩，晚課，入浴，寢。

本日朝課後，修正對留韓反共華藉〔籍〕俘虜廣播稿。九時半入府辦公，召見陸興善[3]、孫成城[4]等十員畢，與經國處理歷屆中委黨藉〔籍〕問題，手令凡無不法言行與附匪嫌疑者，准予發給新黨證，但未歸隊登記者，一律撤消其黨藉〔籍〕也，此為近日來最足惱人之案也。午課後修正官兵問答初稿完，亦頗費心力之事也。晡與妻車遊山下一匝，膳後讀詩，晚課，入浴，廿二時半寢。經兒午後往大陳與胡[5]商談調職事。

1　陳、葉即陳誠、葉公超。
2　唐縱，字乃建，湖南酆縣人。1952 年 10 月，出任中國國民黨中央委員會第一組主任。1957 年 8 月，調任臺灣省政府秘書長。
3　陸興善，1951 年 6 月，任陸軍總司令部砲兵訓練處處長。1952 年 2 月調任陸軍砲兵學校教育處處長。
4　孫成城，1952 年 3 月任國防部第三廳兵棋室主任。10 月調總統府侍從參謀。
5　胡即胡宗南。

七月三十一日　星期五　氣候：晴　未刻雷雨　溫度：九六

雪恥：本日檢討中旬突擊東山戰役之得失案，甚覺我將領思想學術與精神修養，仍如過去在大陸時代一樣，毫無進步也，可怕極矣。甲、陣地攻擊之戰法、步驟、段落，尤其接近敵人陣地，如坑道作業與掩蔽接近等戰術應特別訓練。乙、攻擊貫澈之精神。丙、海軍火力集中與陸上聯絡觀測，間接瞄準之實習。丁、步兵學校課程對於陣地攻擊之戰法如何。

朝課後記事，入府辦公。召集東山縣突擊戰役檢討會議，自九時半至十二時半止，其間講評約一小時，不覺如何疲倦，但對將領之不學無術之情形，引起無窮之憂憤。會畢對留韓反共俘虜訓示灌音，回寓已十四時矣。午課後記事，重修官兵問答稿未完，晚宴太平洋美艦隊新總司令史敦普[1]，廿二時客散後，晚課畢，就寢。

1　史敦普（Felix B. Stump），美國海軍將領，曾任美國大西洋艦隊航空司令、1953 年 7 月至 1958 年 7 月任太平洋司令部司令。

上月反省錄

一、近二月遷駐「後草廬」以來，每朝黎明（約五時）即起，朝霞曉月之風光時起，余少年十一歲前後，未明即往書塾誦讀早書，途中並約國彥[1]（即生和）伴行，吸呼空氣清新無比之感，今難再享此福矣。

二、太虎脫參議員竟於月終病逝，對我又減少一個良友，他始終未能與我謀面，但彼此心交甚久，彼實美國共和黨中惟一之政治家也。

三、俄貝利亞被整肅事件發生以後，世界局勢與國際心理對俄觀察已為之改觀，對共產集團之實力，亦不如過去之重視乎。

四、韓戰停火協定已強勉簽訂，但世人心理皆認為是虛偽的，而不寄其真正和平之幻想。

五、對美記者發表二次談話，對於美韓協議與停戰後，美國對俄共之政策已發生具體之影響，頗覺自慰。

六、對藍卿談話與對杜勒斯駁斥，皆為對美外交重要之記錄也。

七、美國眾議院在其韓國停戰之際，亦隨其參議院上月反對共匪加入聯合國之後，亦作一致通過之表決，此實美國民意對我友義之精誠表示也。

八、美、英、法在華盛頓三外長會議，皆對俄取觀望態度，而以四巨頭會議改為其四外長會議矣。

九、美機與俄機皆在俄、韓、日邊境地區。於月杪在其不同地點與不同日期，各擊落一架，此乃俄為報復，不肯對美示弱之表示而已。

十、胡璉部對東山島突擊一次，未能完全成功，發現胡部甚多缺點，而且其指揮無方亦完全暴露，對該部今後之整訓，當有大益。

十一、實踐研究院主任已由岳軍接事，黨政軍綜核設施與機構亦得決定建立矣。

1　蔣國彥，浙江奉化人，蔣中正堂侄。

十二、大陳防務重新部署加強，此於美之關係甚大，以該島實為琉球對匪之前哨也。

十三、鹽斤加價後物價未受影響，但糧價尚未降低為慮。

十四、本月著作重要者：甲、育與樂兩篇之補述。乙、作戰原則與藝術化下篇皆已完成。

十五、陽明全集、習齋學案與清儒學案各書重讀之設計開始。

十六、對立人之無知無識之行動能忍耐不燥，自覺修養進步之效也。

八月

蔣中正日記
Chiang Kai-shek Diaries

蔣中正日記
Chiang Kai-shek Diaries

民國四十二年八月

本月大事預定表

1. 金門機場之修理。

2. 傘兵總隊與第十三師編組方針。

3. 降落傘自製與登陸小艇製造經費第一。

4. 幹部制度之建立督導小組，以建立基層小組組長對其本組保荐人員之當否為準則。

5. 舊日記摘要徵求戰役史料之催促。

6. 建立我國軍事制式與傳統哲學。

7. 外交與記者及武官召訓計畫。

8. 黨政軍聯合作戰訓練計畫及人選。

9. 各省區黨政主持人員之遴選。

10. 實踐學社教育日期之減縮。

11. 緬北李彌部之撤出一部。

12. 宣傳教材之指定：戰國策、三國演義與西遊記。

13. 韓停戰後我對外、對匪之策略設計。

八月一日　星期六　氣候：晴

雪恥：一、營連攻擊陣地之戰術及其程序之研究。二、對蔡斯請求延留一年任務之研究，約葉[1]來談。三、第十三師與傘兵合併之方針。四、陸軍校長人選之決定。

朝課後記事，入府與孟緝討論軍事教育方針，余認為參謀作戰計畫之業務訓練，應參照美軍軍事科學之精神及其技術的訓練。而作戰命令下達以後，對於戰況變化之運用，其指揮精神與學術的磨鍊應參戰〔照〕日本軍事訓練之方式為上，以期我國軍事教育能建立自主之制式也。舉行國父月會以後，召開軍事會談，對胡璉予以單獨訓戒，彼能自覺接受也。宣讀指示研究哲學與修養精神篇，及糾正思想戰性質之誤解。

上星期反省錄

一、上月廿七日美機在北韓附近擊落俄國運輸機一架，卅一日美機在海參威附近公海上被俄機擊落，雙方互提抗議，乃知俄之此舉為對美報復行動而已。

二、美國兩院對我國軍援經費增加百分之二十，另撥艦艇五萬噸，此屬難能可貴特殊之舉動，其美國民意對我國之精誠殊足感慰，傑甥工作功效大見矣。

三、對留韓反共華藉〔籍〕俘虜勸勉之文告已頒發，表示對美之合作對我無所損也。

四、實踐研究院主任職務已由岳軍接辦，此於本黨訓練工作當有進步也。

五、大陳防軍已開始運輸增防，人事問題亦已解決矣。

六、東山縣突擊戰役之檢討會議及講評，自覺必有效益也。

1　葉即葉公超。

本星期預定工作課目

1. 慰問在韓反共華俘之組織。

2. 韓戰停後，對國際與共匪之策略與計畫，應擬定具體實施方案：甲、韓戰政治會議之運用。乙、聯合國特別會議之注意。丙、與李承晚之協商問題。丁、華藉〔籍〕共俘問題。戊、對大陸之宣傳綱領。己、對美共同安全協定或助我反攻大陸。

3. 反共抗俄之官兵問答及軍歌之審定。

4. 組織革命民眾運動方針之脫稿。

5. 研究清儒學案開始。

6. 高級將領調職令之發布。

7. 攻擊陣地教令之研究。

八月二日　星期日　氣候：晴　溫度：八十九

雪恥：昨午課後修正反共抗俄官兵十四問答，以整理過久目力疲乏，又發閃光矣。晡與妻散步於公園回，入浴，膳後讀詩，晚課，廿二時寢。

朝課後記事，膳後續修官兵問答稿第三次完，禮拜回清理積案，審核實踐研究院組織大綱。正午約曾寶蓀、約農[1]等午膳，彼等自美國參加聯合國婦女會議回來報告，甚得力也。午課後清理積案，審核日本教官整修海軍意見書，甚有價值也。本日以目疾為慮，故十八時後不敢閱讀，乃誦陽明遊杖錫與雪竇詩自娛。晡與妻車遊碧潭，余認此為臺北附近山水最優勝之地也，惜其範圍太小，不如吾鄉之武嶺遠矣。膳後誦詩，入浴，晚課，廿二時後寢。

1　曾約農，原名昭樅，字約農，湖南湘鄉人，曾國藩曾孫。1949年避難香港，隨後轉赴臺灣，受聘為臺灣大學外文系教授，後於1955年3月被東海大學董事會推舉為首任校長。

八月三日　星期一　氣候：晴　溫度：八十八

雪恥：一、防禦戰車與火戰砲等戰術歌。二、共匪服裝、符號之製備。三、約胡璉來見。四、密語與保密電話特製與訓練。五、陸、海二軍聯合作戰之船砲與陸軍協同方法之訓練。

朝課後記事，上午審閱官兵口號問答淺說，多不能用。召見公超，商討保留蔡斯方針，屬其代函雷德福，表示余擬留蔡斯意見。本日無紀念周，故在家辦公也。午課後手改剿匪軍歌，以其已失時代性，故有關戰術攻防問題者皆應澈底重著也，頗費心力。晡與妻車遊山下一匝。膳後讀詩，晚課，入浴，廿二時後寢。

八月四日　星期二　氣候：晴　溫度：八十九

雪恥：一、馬呈祥[1]、馬繼援[2]來見。二、約見帥本源。三、師長滿期者之呈報。

時局：東德工人與社會反共運動形勢日見增漲，俄軍實彈掃射壓迫亦漸失效用，實有野火燒不盡，春風吹又生之勢，對大陸民眾之反共運動與宣傳，更應加緊進行。

朝課後手擬軍歌、戰術歌要旨，與審核已經修正各歌，交托候〔侯〕騰研究。九時半入府，召見哈金史[3]（美女記者）後，召見八人畢，召集宣傳會談，討論報紙新聞登載與編輯方法，及組織赴韓慰問（反共俘虜）團及經費。午課後記事，記上周反省錄，審核高級將領調動計畫完。晡與妻乘車，經大屯山

1　馬呈祥，字雲章，馬步青女婿，曾任騎兵第五軍軍長。1949 年取道巴基斯坦赴埃及，1950 年抵臺，1951 年任中國回教協會青年部幹事長。

2　馬繼援，字少香，經名努日，原籍甘肅河州，生於青海湟中。馬步芳之子。曾任第八十二軍副軍長、軍長、青海省政府委員。時任國民大會代表。

3　希金斯（Marguerite Higgins），又譯哈金史、赫金斯，美國記者，紐約《前鋒論壇報》戰地新聞特派員。

鞍部直駛淡水之公路，由北投回來，約計二小時之久。膳後讀詩，晚課，入浴。妻畫太勞，其體又疲弱不支矣。

八月五日　星期三　氣候：晴　溫度：九十二　最熱

雪恥：一、生產機關與職業學校。二、補習夜校。三、組織宣傳、教育訓練與文化整個之計畫。四、思想與哲學之領導。五、積極主動發展實踐犧牲之黨性。六、風度、容止、態度之重要。七、府中職員住所之建築。

朝課後記事，九時後到中央常會，決定國民代表大會召開計畫之準備程序，與反共救國會議召開之時期，此乃政策之重要業務也。午課後整理高級將領人事調動，以及國防大學第二期學員指定之人員，大體已經就緒。此最費心力之事，但自覺三年來教育與人事之考核實為將來建國建軍之最本工作也。審閱各部隊建立制度以來之精神與士氣之情勢未完。晡與妻散步於頂北投回，入浴，晚課。

八月六日　星期四　氣候：晴　溫度：九十

雪恥：一、實踐學社課程應改為六個月至八個月。二、美援我反攻軍、經二援數量之計畫，與卅五年允我之借款五億元之重提及空軍之優勢方案。

朝課後記事，九時後入府會客，與侯騰談戰術與軍制之定型，指示其要旨，召集情報會談，聽取保密局報告，半年來大陸之情報工作比前困難，且華北重要地點如平、津、石家莊等電臺，皆已被匪破獲矣，犧牲幹部亦不少也。正午約公超與廉一分別談話。午課後修正高級將領人事調動稿完，審閱要公畢，文、武、勇三孫來見，其體力似較強，但體重未增，何耶。晡與妻散步，本擬由復興岡〔崗〕後巡視通淡水新闢之山道，以路基不良乃折回。入浴，膳後讀詩，晚課。

八月七日　星期五　氣候：晴

雪恥：一、朱悟隅[1]二〇五團缺未補（6A）。二、放領公田與開墾經費預算。三、召見管伯英[2]（工校）、江雲錦[3]（陸總）。四、戰力標準之重新規定，又意志、學術、技能與裝備之研究。

朝課後記事，九時半入府，召集李彌、經國、至柔、公超等，商討李部不肯遵令撤退緬北孟撒事，最後仍令其撤退也。會客六人後，召集財經會談，美援增加數目六千餘萬元，此乃其共和黨議員對我特別之關係，所以其他各國美援數字皆比去年減少，而對我獨增加百分之二十也。行政院部主官皆不識其內容也，此實為中美邦交進一步之強固基礎，夫人實與有力也。午課後修正士兵口號淺釋，甚費心力，此乃為軍事精神教育之最基本而重要之文件，他人皆視為無足重視之件，何必要我如此重視費力也。晡見譚伯羽[4]後，獨往公園散步回。入浴，晚宴美國青年歸主團員後，再召見李則芬[5]，切令其緬北預定之撤退部分計畫必須遵行也。晚課。

1　朱悟隅，號荔山，河北灤縣人。1952 年 11 月，調任第六十九師第二〇五團團長。1953 年 7 月，調任國防部第三廳第五組組長。1954 年 7 月，調任總統府高級參謀。
2　管伯英，時任工兵學校大隊長。
3　江雲錦，曾任陸軍官校幹部訓練總隊大隊長，時任陸軍總部督訓組組長。
4　譚伯羽，原名翊，字伯羽，湖南茶陵人，譚延闓之子。曾任駐瑞典大使館代辦、德國商務參事、交通部政務次長等職。1950 年起任職國際貨幣基金會執行董事。
5　李則芬，字虞夫，廣東興寧人。歷任軍事委員會政治部總務廳第一處處長，陸軍大學兵學教官，第五師副師長、師長，第五軍副軍長，整編第九十三旅旅長。後進入緬甸，擔任雲南人民反共救國軍副總指揮，參加薩爾溫江戰役。撤退來臺後，任國防部聯合作戰計畫委員會委員。

八月八日　星期六　氣候：晴　溫度：九十

雪恥：一、侯騰編之情報學有否印就。二、函告胡璉速照美軍方式着手訓練。三、召見帥教官[1]與鄭琦[2]。四、實踐學社課程定為六個月。

朝課後，續修士兵口號淺釋完。九時半入府召見九員畢，召集軍事會談，聽取秋季演習計畫報告，及對大陳空軍支援作戰意見報告畢。對海軍馬[3]總司令無魄力無精神之工作下，單獨予以訓斥，殊為海軍憂也。午課後記事，修正組織革命運動即民眾運動方針第三稿完，批閱公文，清理積案。晡獨自散步於公園回。入浴，膳後與妻車遊山下一匝。晚課後廿二時寢。

美韓互防協助條約已於今日由李承晚與杜勒斯簽字。

上星期反省錄

一、士兵口號淺釋與民運方針各稿皆已完成。

二、高級將領調動與國防大學二期學員名額之指定皆已下令。

三、美援特別增加百分之二十，殊為難得之事，我對美今後交涉要旨亦已定有腹案（記六日）。

四、美韓互助防衛協定草約已於周末簽字。

五、美國放棄琉球與日本間之奄美群島交還日本，但華盛頓正式聲明琉球、水〔小〕笠原等群島仍由美佔領。

六、俄最高會議中，馬林可夫宣布對北韓經濟復興助款二億七千餘美元，並對美譏刺為韓戰干涉者，可知在韓境俄、美相爭，決不因停戰而終止也。

1　山本親雄，化名帥本源。
2　鄭琦，原任國防部軍學研究會研究專員，1952年9月調任國防部動員幹部訓練班副主任。
3　馬即馬紀壯。

七、俄答覆美、英、法，對四國外長會議作有條件之同意。

八、本周克制工夫足慰，可知修養實有進步也。

本星期預定工作課目

1. 心理作戰綜核組人選。

2. 婦女指導委員會人選。

3. 科學綜核研究所：甲、重工業之設計計畫。乙、農業科學。丙、電氣。丁、水利。戊、土木建築工程。己、鐵道礦務。

4. 召見彭孟緝與白鴻亮等。

5. 視察傘兵總隊。

6. 鐵皮活動營房之催建。

7. 機械工業與大陸重工業之籌備設計人選。

8. 獎勵地方救濟事業與墾荒計畫。

9. 行政考核與專任職責契約制之督導。

10. 政治經濟之心物綜核設計與調整辦法。

11. 糧食管理之督導與管制平價。

八月九日　星期日　氣候：晴

雪恥：一、情報學印本之查報。二、情報研究班之資料、書名之指示。三、軍政府制度之研究。四、防大應設新武器性能之說明學課。

朝課後記事，修正民運方針中目標一項之要領與說明完，往陽明山管理局，禮拜如常，回記上周反省錄。午課後記上月反省錄及本月工作課程表後，約

見美眾議員福特[1]，其人為一青年純潔之代表也。晡召見孟緝，指示其明年實踐學社教育方針與課程縮減之要旨，期與指參學校與國防大學相配合也。與妻車遊一匝，入浴，膳後晚課。叔銘[2]來報，至柔包庇貪污，周鳴湘[3]與方朝俊[4]等驕橫欺蒙，可痛，應加制止。廿二時寢，服安眠藥。

八月十日　星期一　氣候：晴　溫度：九十一　大熱

雪恥：一、與韓國進行盟約之程序。二、對共匪人海戰術與面的戰術及其對策之研究課應專設。三、軍政府制度之研究。

今朝四時半起床朝課畢，六時與妻乘車出發，七時半到龍潭傘兵縱隊，視察其基本跳傘與正規跳傘訓練，參觀傘庫與烘傘廠及折傘訓練，乃知美國以科學為基礎之一切訓練與管理，其如何分工簡單與確實矣。初視之皆為呆笨粗拙之行動，其實皆本科學之精神，吾於此自覺又增進智識不尟也。巡視傷兵（東山島突擊者）醫院慰問後，集合全體傘兵訓話畢，經大溪休息後回，已十一時半矣。午課後記事，批示，重修士兵口號淺說完。晡與妻往來於公園散步回，入浴，讀詩，晚課，廿二時前寢。

1　福特（Gerald R. Ford），美國民主黨人，1949 年至 1973 年為眾議員（密西根州選出）。
2　王叔銘，本名勳，號叔銘，山東諸城人。曾任空軍官校教育長、空軍副總司令。1952 年至 1957 年任空軍總司令。
3　周鳴湘，曾任航空委員會秘書室主任、副官處處長，時任參謀總長辦公室主任。
4　方朝俊，曾任空軍通信學校校長，1952 年至本年 10 月任空軍官校校長。

八月十一日　星期二　氣候：晴

雪恥：一、美國陸軍大學課程表之要求。二、傘兵營養之增加。三、傘兵擴充成旅之設計與營房之補建。四、馬林可夫講詞之綜核。五、經濟四年建設計畫，令兵工署孫世篤[1]參加。六、修己治人之道。

五時半起床，朝課後記事。九時半入府，約見日本議員早稻田[2]等六人後，召見五員畢，召集一般會討〔談〕，商討美韓協定內容之外，決定我國對韓戰之政治會議不願參加，惟主張該會議以韓國問題為限也。至於共匪參加該會議乃為事實必然，故我亦不加阻礙也。午課後重修反共抗俄問答稿，此為第四次之修正矣。批閱公文後與妻車遊，並在頂北投散步回。入浴，膳後讀詩，廿二時後寢。

八月十二日　星期三　氣候：晴

雪恥：一、福建藉〔籍〕文武人員分類分業統計其履歷詳報。二、部隊缺點之改正命令。三、研究馬漢海軍論與蒙古西征記之設計。

朝課後記事，九時半中央常會，聽取曉峯報告俄共黨史最近改變之大要後，討論對大陸宣傳情形及今後方針，務使大陸同胞對匪所謂韓戰勝利之反宣傳加以駁斥，與對韓戰之政治會議共匪所以參加之意義及原因詳予指明，免為匪所欺也，並決定我國不屑參加此一會議之理由，詳加記錄。午課後批閱公文，桂[3]之頭腦不清，可歎。審閱部隊最近缺點與進步報告，殊有益也。晡與

---

1 孫世篤，時任聯勤總司令部兵工署技術組副組長。1953 年 5 月入國防大學校聯合作戰系受訓，1957 年 12 月任聯勤總司令部生產署研究室副主任。1964 年 8 月任唐榮鐵工廠總經理。

2 早稻田柳右衛門，日本愛知縣小牧市出身，民主黨籍，自 1946 年起連任十二屆眾議院議員。

3 桂永清，字率真，江西貴谿人。1948 年 8 月任海軍總司令，1952 年 4 月轉任總統府參軍長。1954 年 7 月任參謀總長，8 月 12 日病逝。

妻車遊一匝後入浴，膳後讀陽明遊雪竇「千丈飛流舞白鷺」一首，神馳古鄉無已。與經兒談話，報告突擊東山時黨員來歸與士兵被俘不屈之詳情，甚慰也。晚課後寢。

八月十三日　星期四　氣候：晴

雪恥：一、東山島突擊戰對敵軍陣地之構作型式與方法，以及我軍攻擊之戰法，應令重作檢討詳報。二、小部隊（班、排至連）之陣地攻擊戰法，及敵軍在韓與東山工事模型式之構築，預定校閱時作一次攻防演習（不專用重武器為攻堅方法）。三、小部隊攻堅戰法之特別注重，並為步兵訓練之第一要目。
朝課後記事，入府召見赴韓慰問反共之共俘團員十餘人畢，另召見六人與留美學員十餘人後，批閱公文。午課後清理積案，批示戰地美制軍事政府與我政治部制之比較、飭令研究等要公，讀陽明杖錫道上七律二首。晡車遊後入浴，膳後讀詩，晚課，廿二時後寢。

八月十四日　星期五　氣候：晴　溫度：九十一

雪恥：一、研究院設立手槍射擊場。二、各部隊專技訓練定期實施之計畫。三、軍士制實施情形如何。四、各校年資官長應調升部隊長。五、統計留學生分科分業與調職本科業。六、去年考績最優良各級主官、軍、師、團、營長列表呈報。
朝課後記事，九時半入府辦公，約見香港回國僑團周日光[1]、樂濟世[2]等十人，

1　周日光，香港人，周壽臣之長子，東亞銀行董事。
2　樂濟世，香港僑商回國致敬團副團長。

此乃外藉〔籍〕之僑商對我政府之傾向心理一大轉變，尤其是香港入英藉〔籍〕之老僑周壽臣[1]，現年九十三歲，彼等向以英藉〔籍〕自豪，從不對我政府與國家有任何關係之表情，而今周竟其子特作信賴之表示，而且在其英國與我絕交之時來訪，更覺難得也，故特加嘉勉。召見五員，手擬令稿數通。午課後清理積案，批示東山戰役檢討之講評，加以指正。手擬要令數通後，獨往公園散步，入浴。

八月十五日　星期六　氣候：晴　夜風雨

雪恥：昨晚約宴港僑團員與美國探險家威爾斯夫婦等畢，與妻車遊中山橋畔回。晚課，讀陽明杖錫道上七律山鳥懽呼欲問名一首[2]，余以此首為陽明之特著，朗誦不忍息口，直至背熟為止，使余心神重入杖錫至雪竇道上「遇雲」途中矣。

本日朝課後重修「民眾運動方針」稿。九時半入府，召見空軍勇士與赴美學員等二十餘人畢，召集軍事會談，對至柔驕橫蠻態不勝憂慮，令人絕望也，奈何。午課後記事，審閱實踐學社研究課目簡報表，清理積案完，與妻車遊基隆道上回。入浴，晚宴杜蘭義[3]西方企業公司主持人，即將回國也，以其協助我遊〔游〕擊工作有功，故授予勳章。晚課後，廿二時後寢。

1　周壽臣，香港人，曾任奉錦山海關兵備道兼山海關監督，東亞銀行理事會主席，香港太平紳士、議政局首位華人成員。
2　〈杖錫道中詩用張憲使韻〉。
3　杜蘭義（Robert J. Delaney），曾任美國中央情報局日本站站長，時任該局政策協調處轄下西方公司在臺負責人。

上星期反省錄

一、法國切望與共匪及其越共胡志明[1]妥協，以期減輕其對越南軍事之負擔，此乃夢想。即使法國將越南完全交給胡志明，則俄帝亦不允胡接受，否則法國捨棄越南，而以其全力經營其西歐防務，此乃俄之最大害處，決不容其實現此計，彼必始終牽制法國在東方之軍力，故亦不容越匪消除法軍也。

二、美、韓交涉形勢乃美屈服於大道之表現，故對外交必須以理與法力爭不屈，否則徒增長其幼稚之帝國惡習，不可不鑒也。

三、近日美國對俄共之表示，似皆照我在上月對美所發表之意見漸轉堅強矣。

四、本周關於作戰訓練手令以及士兵問答與民運方針等基本工作，自信其必為有效之著作也。

五、法國大罷工案與錫蘭暴動案，皆共俄對美報復其東德反共運動之示意乎。

本星期預定工作課目

1. 張莫京[2] 84D、楊貽芳[3] 57D、孟述美[4] 18D、林豐炳[5] 17D 各師長之召見。

2. 外交人才之培養與調整。

3. 高級心理戰會議與黨務。

4. 婦女指委會主任之發表。

1　胡志明，本名阮必誠，號愛國、秋翁，曾任越南總理，1949 年至 1969 年任越南民主共和國國家主席、越南勞動中央黨主席。

2　張莫京，湖南醴陵人。時任第六十七軍第八十四師師長。

3　楊貽芳，號喆君，安徽合肥人。時任第五十七師師長。

4　孟述美，1949 年夏，升任第四十三師師長，秋移師金門，參加古寧頭之戰。戰後調任第十八師師長，1952 年冬接防馬祖。

5　林豐炳，福建長汀人。曾任第十九軍參謀長、第十一師師長。1952 年 6 月任第十七師師長。

5. 防大學員徐培根調李昌來[1]。

6. 對軍援團長問題。

7. 經援平準經費辦法之改正。

8. 經國訪美之準備。

9. 研究院教育方針之決定。

10. 軍隊缺點改革辦法。

八月十六日　星期日　氣候：大風雨

雪恥：一、經國訪美注意事項：甲、少說話。乙、多訪友（但不應酬）。丙、考察軍政府與監察、保密，及通信與發展防共等制度。丁、隨員賴名湯[2]、沈琦〔錡〕。

朝課後記事，經兒來談其美國務卿與國防部長聯名約其赴美，其意在增進關係乎。上午禮拜如常，回閱卅二年開羅會議記錄檔案，頗多感慨，實增加我外交經驗與教訓不少也。午課後以風雨大作，光線不良，故未能閱讀，僅聽讀夫人對美國退伍軍人協會寄稿（即共黨到美國之路是經由中國的）論文畢，與夫人對奕跳棋消遣。近日以目疾不癒，切思戒閱文書，總想學習（洋牌）「克難思跌」[3] 消遣，但以其數字複雜不能耐學，故只有下跳棋耳。讀陽明杖錫道上七律「每逢佳處問山名」一首[4]，不禁對「遇雲道上」心往神馳矣。想念昔賢不置，時以重興陽明學系自任也。廿二時前寢。

本日颱風據說是四十年來未有之狂風也。

1　李昌來，號璞蓀，湖南平江人。1947 年 11 月，任陸軍通信兵學校校長。1953 年 5 月，調任國防部國防科學研究室研究員。

2　賴名湯，號曉庵，江西石城人。1950 年 12 月，調任國防部第二廳廳長。1954 年 7 月，調任聯勤總司令部參謀次長。

3　指拉美橋牌（Canasta）。

4　〈四明山道中〉。

八月十七日　星期一　氣候：雨陰

雪恥：一、研究院教育委會主任之人選：曉峯與雪屏？二、外交人事調整與訓練計畫之督導。三、約見臺大錢[1]校長。四、收回成績冊。

昨晚九時前颱風中心進入臺北，水漲雨急，市區泛濫，交通與通信皆經斷絕，甚以成災為患。本晨未明即起，朝課記事後，九時前入府，俞[2]主席面報颱風並未損失，而且各縣旱象未能插秧之田，因昨日大雨，全省旱荒皆已消失，此乃因禍得福，上帝佑華復國之示意也。上午討論經援補助軍援經過不合理之現象，以及對等基金運用完盡之辦法與今後之改正辦法。正午往吊辭修母喪。午課後批閱公文。晡在研究院與岳軍商討本院教育與組織及人選各案，甚覺一般幹部之舊有習性與觀念毫未改變為憂。與妻車巡山下一匝，並無災象。讀詩，晚課後廿二時前寢。

八月十八日　星期二　氣候：晴　申刻雷雨

雪恥：一、波斯伊朗國王被其內閣總理莫沙德[3]逼迫出國亡命，此乃俄帝對其併吞波斯之陰謀實現之第一步驟也，莫沙德尚在夢中，可憐。二、邵毓麟任聯大會議顧問。三、遠東會議說之追問。四、共黨利用各國弱點而擴大進擊，但英、美反因共黨之弱點而鬆弛，並代為其補救而求苟安，此一病根應對美國指示，使之有所警覺。五、張平羣。

朝課後記事，入府召見香港海珠〔珠海〕大學學生後，召見七人畢，召集宣

1　錢思亮，字惠疇，生於河南新野，籍貫浙江餘杭。1949 年由北京經南京至臺灣，隨即被臺灣大學校長傅斯年聘為化學系教授及教務長，1951 年傅斯年辭世後，即接任校長一職。
2　俞即俞鴻鈞。
3　麥沙德（Mohammad Mosaddegh），又譯莫沙德，伊朗政治家，1952 年 7 月任伊朗總理兼國防部長，1953 年 8 月遭政變下臺。

傳會談，聽取國際變動之報告。俄帝一面主張和平，一面積極擴張動亂，而英國又以中立態勢為俄作倀，可痛之至。對中韓與中美互助協定問題，均不取主動進行之方針。午課後批示要公後，召見侯騰與孟緝，督促其工作之進行。入浴後晚膳畢，與妻車遊市內回。讀詩，觀月，晚課，廿二時寢。

八月十九日　星期三　氣候：晴　溫度：八十八

雪恥：一、自覺今後革命之成敗，全視自我之忍耐與靜待之程度如何而定，若能修身靜養以自保，順天待時以自得，則持之五年十年之時期，革命未有不成者也，勉旃。二、軍隊官兵必須學習臺語閩南話，擬具學習之計畫。三、造成各級領袖之方法：甲、令負責任。乙、使能盡職責。丙、信任與支持（對於人事之獎懲、升降使之有權）。四、日本黨務應專派員主持。五、對僑務之計畫。

朝課後記事，到中央常會聽取上官[1]省黨部工作報告後，討論黨政關係委員會組織，及對民意機關黨員不遵守決議與違反紀律案之處治辦法，最後作結論甚長，認為此次黨藉〔籍〕整理之結果完全失敗之理由，痛斥第一組之不力與官僚成性之惡習，並指示以後嚴整立法院中黨紀之辦法，勿再因循姑息，戒之。

1　上官業佑，字啟我，湖南石門人。1952 年 12 月出任中國國民黨臺灣省黨部主任委員。1954 年 1 月調任中國國民黨中央委員會第五組主任。

八月二十日　星期四　氣候：晴　夜風

雪恥：昨午課後重修民運方針稿完，批示公文畢，閱馬漢海軍戰略論第一章起首。晡獨往公園散步回。入浴，晚膳，讀詩，晚課，寢。

一、唐毅派為四川情報主持人。二、第五十四軍軍長及新任軍長令之調整。三、發教官經費。

朝課後記事，十時土耳其大使[1]呈遞國書畢，召見葉[2]部長，指示其整理外交人事與訓練辦法後，召見六員，手擬地方黨部工作方針與辦法四條。午課後閱馬漢海軍戰略論第一章完，甚有所得。批閱要公畢，獨往公園散步回，入浴。以妻受涼，身體不適，乃陪其車行一匝，使之精神轉佳也。膳後審閱明儒學案類鈔太極篇未完，晚課，寢。

伊朗王出走後，伊國陸軍保王黨起義，逮捕其親俄總理莫沙德。

八月二十一日　星期五　氣候：晴

雪恥：一、機雷。二、掃雷艇之重要與俄雷之優良。三、潛艇與巡洋艦之要求。四、情報與通信教育課程之檢討（組織與管制方法）。五、通信爭取速度。六、營、團、師長參校受訓之順序計畫。七、跳傘技術為步兵必須課目之一種。八、交戰方略之內容與性質舉例。九、純戰爭科學之講解。

朝課後記事，九時半入府，召見青年作戰訓練營代表數十名，點名訓話後，約見帥本源，另召見五員，宗南由大陳回臺，就學國防大學也。召集財經會談，聽取四年經濟計畫進行之情形報告，會畢已十三時餘矣。午課後批閱公

1　阿克薩勒（İzzettin Aksalur），土耳其駐日大使兼駐華大使，1953 年 8 月 14 日到任，1955 年 5 月 29 日離任。

2　葉即葉公超。

文後，約見韓國國會議長申翼熙[1]君茶點。晡與妻車遊回，入浴，晚課，寢。

八月二十二日　星期六　氣候：晴　夜雨

雪恥：一、經兒訪美之準備：甲、辭謝特殊招待，應照各校長往訪時先例。
二、不着軍服。三、乾咳習慣應注意戒除。四、僅訪幾位有關的美友與親屬。
五、專事考察研究發展與監察管制之制度及其組織。

朝課後記事，九時入防大聽講兩棲作戰綜核講述大綱，其中最應注意者為火力支援及佯攻，與預備隊之使用與指揮關係各要點，而其最重要者為克服兩棲作戰之複雜性問題，要在一切協同與準備之訓練與預演耳。十二時完。午課後批閱要公，研讀馬漢海軍戰略論第二章未完，與妻車遊一匝後入浴。晚宴土耳其大使夫婦畢，晚課，讀詩，廿二時半寢，失眠。

上星期反省錄

一、研究院教課方法與學員人選應速決定。

二、臺灣經濟建設計畫與經援配合軍援之懸案，因二次財經會談之督導或有
　　進步。

三、黨政關係與民意機關立法院委員對違反紀律案等在常會指示方針後，或
　　能有具體之決定乎。

四、美顧問兩棲作戰之訓練與組織（作業）等之一周講述，對三軍將領必有

1　申翼熙，字汝耉，號海公。流亡中國之韓國人，曾在上海共組「大韓民國臨時政府」。
　　1948 年 8 月被選為國會議長。1949 年為韓國民主國民黨委員長。1950 年當選第二屆
　　國會議員兼國會議長。

進一步之了解。

五、馬漢海軍戰略論研讀開始。

六、聯合國會議臨時會開會，美反對印度參加。韓國政治會議信其主張可以貫澈也，如其中途不示弱。

七、伊朗保王黨勢力推翻莫沙德，迎其國王已回國，此乃中東安危之重大關鍵也。

本星期預定工作課目

1. 彭啟超[1] 或趙振宇[2] 代陳寶華[3]。

2. 黃杰、黃仁霖、沈發藻[4] 入防大。

3. 研究院教育、研究二會人選之決定。

4. 召集研究院務會議。

5. 各省黨政領導人選之研究。

6. 陸軍大學之復制與課程。

7. 營、團長考選分期入參、防之計畫。

8. 土耳其大使講演在防大。

9. 追問侯騰為顧問購金剛鑽事。

10. 外交人員與武官之訓練計畫。

11. 心理戰會議之人選與組織。

1　彭啟超，號冠軍，原任臺灣省保安司令部副參謀長，1953 年 11 月調升預備兵團參謀長。
2　趙振宇，又名震雨，字漢勛、思昊，河南商城人。1951 年自緬甸輾轉來臺，任國防部戰略計劃研究會秘書處副主任。後任第一軍第五十八師副師長、師長。
3　陳寶華，時任第九十二師師長。
4　沈發藻，江西大庚人。1950 年 1 月任臺灣防衛總司令部副總司令。1953 年 7 月升陸軍總司令部副總司令。

八月二十三日　星期日　氣候：晴

雪恥：一、戰略研究委員參加防大受訓。二、杜鼎[1]與王寓農[2]。三、通信教育與設備經費第一。三[3]、陳寶華缺候補人選。四、盛文[4]入防大。

朝課後記事，十時禮拜如常，回寓記上周反省錄與本周工作預定表。午課後重閱海軍戰略論第二章，引史例說明集中、中心線、內線運動與交通線之重要。以妻咳嗽甚烈，余亦望消遣養目，故與妻學習「廿一點」牌數回，仍覺無興趣，不能忘卻閱讀也。晡獨往公園遊覽散步回，入浴，膳後讀詩。

建國革命之道莫過於人才，培植人才必須先有志氣與學術，以造成其器識而致重任。學問之道以哲學、科學與兵學三者為基礎，兵學所以求戰術，科學所以求技術，而哲學所以求心術，必須此三術並進，而後乃能左右逢原，臻於藝術之境，無入而不自得矣。

八月二十四日　星期一　氣候：晴

雪恥：一、反共戰爭之文武幹部必具之性能：甲、警覺。乙、深入（研討與觀察）。丙、澈底（工作）。丁、實踐。戊、修養：子、科學（技術）。丑、哲學（品性）、（志氣）、（膽力）－決心。寅、軍學戰術（藝術）、機勢、靈感運用、執中、領悟、澈悟、了解、應（悟）機乘（識）勢、相時適中。二、今試以科學為技術，兵學為戰術，則哲學為心術矣，必須以上三種學術

1　杜鼎，字卓九，湖北棗陽人。曾任第一○○軍軍長，國共長沙戰役後取道緬甸輾轉抵臺，擔任國防部參謀。
2　王寓農，號士昌，浙江杭縣人。1952 年 5 月派任陸軍軍官學校學生第二總隊總隊長，7 月調任陸軍軍官學校預備軍官訓練班班主任。
3　原文如此。
4　盛文，字國輝，湖南長沙人。1949 年 12 月任成都防衛總司令，月底，所部為共軍擊潰。1950 年 2 月赴香港，旋去臺灣。1951 年 6 月，任國防部參事。1952 年入革命實踐研究院軍官訓練團高級班旁聽，1953 年 8 月入國防大學選課旁聽。

之綜核涵養為基礎，而後方能成為戰爭之藝術，故藝術之境域乃入於澈悟靈感，即聖神功化之妙用矣。

朝課後記事，九時半入府，約見周日光與梁寒操[1]等，召集軍事會談，批閱公文。午課後，批示研究院教育與研究二會人選後，閱海軍戰略論第三章完。晡約檀香山華僑茶點，並往公園遊覽。膳後讀詩，晚課。

八月二十五日　星期二　氣候：晴

雪恥：一、哲學之（作用）要領，在解決人生觀與生死觀，而尤重在袪除私心與恐懼悲觀之心理。如私心與悲觀及怕敵之觀念不能除去，則不能作戰，亦不能帶兵，更不能治國平天下也。

朝課後，研閱海軍戰略論第四章完，此章詳述海軍集中之史例，對於十七世紀歐洲各國之盛衰關係亦可概見矣。入府召見黃雪村〔邨〕[2]與任顯羣等八人畢，召集一般會談，商討收容香港與華僑青年來臺入學之辦法，余認為此時有其必要，故擬設立華僑學校，由行政院籌款進行。午課後記事，批閱，審閱實踐學社課目簡報表，甚擬作成對匪一個集團軍兵力相等之計畫與編組也。

1　梁寒操，號君默、均默。原籍廣東高要，生於三水。1948 年任第一屆立法委員。1949 年赴香港，出任香港培正中學、新亞書院教官。1954 年赴臺灣，任中國廣播公司董事長。
2　黃雪邨，曾任北平行轅秘書主任、政工處處長、總統府第二局局長，中日合作策進會幹事長。

八月二十六日　星期三　氣候：晴

雪恥：昨晡入研究院，與岳軍主任商討重要人事與開學時期畢，召見薛敏泉[1]軍長後，散步回寓。入浴，膳後讀詩納涼，妻病漸癒矣。

一、第九十二師副師長劉鐵君之成績查報。二、派員赴港招待。三、軍費預支辦法。四、注重小街後門之清潔。

朝課後記事，到中央主持總動員會報，聽取耕者有其田視察團之報告，以及公營事業成本會計最近情形之報告，更覺過去二十餘年之政治經濟之敗壞，不務其本之弊政是乃必然失敗之原由。宋子文為害國家之罪惡，思之痛憤無已，是亦余知人不明之過也，及今悔悟或可補救，然而太晚乎。午課後閱讀海軍戰略論第五章，約見香港來臺之教育界人士，加以慰勉。入浴，膳後得報，知經兒今晨起肚痛甚烈為念。晚課。

八月二十七日　星期四　氣候：晴

雪恥：一、軍略與政略之主從關係，其決定之因素應視時機而定：甲、戰爭勝利時期應以政略為主，軍略不能以其勝利之故而超越政略之原定方針。乙、如戰爭不利或失敗時期應以軍略為主，不能以政略關係而牽制軍事，使戰爭更陷於不利，以至無可挽救之絕境也。

朝課後即往中心診所，視經兒病狀，按其頭部，略出汗但已無熱度，其腹痛亦已平息，故此心略安，但其是否腎石尚未斷定也。視病後即入府辦公，批閱，召見李瑞亭同志，彼初自從大陸工作來臺報告者，敘談匪區內組織情形約半小時，頗覺欣慰，另見十餘人。午課後記事，閱海軍戰略論第六章未完。晡與妻車遊一匝，其病未痊也。入浴，晚課。

---

[1] 薛敏泉，號貴生，1952 年 9 月任國防大學教官第三組主任教官。1953 年 9 月任第五十軍軍長，1954 年 7 月任國防部戰略計劃研究委員會委員。

八月二十八日　星期五　氣候：晴

雪恥：一、謀略：對匪使之猖狂冥行，四出侵略威逼。二、對美政策之貢獻，必須使共匪內部分裂，而後方能誘導其歸向民主陣線，脫離蘇俄羈絆，但非先有重大壓力與進攻，則無法使之分裂，故對共匪任何之企圖，必須要先由我之反攻為之導線也。

朝課後記事，入府辦公，會客，召見候選人員數人，召集財經會談，聽取預算差額，財經當局皆以平時慣例編訂收支數額，如非減少軍費或增加美援，幾乎束手無策。余明告其舊有頭腦如不澈底警覺，則永無建國復國之日。余以為必須從勤勞與節約入手，指明增加國民勞動服務日期與節約糧食之消耗，由余先倡導，每周食雜糧二餐做起，即可減省軍糧與民糧，增加出口，乃可平衡預算也。

八月二十九日　星期六　氣候：晴　夜午雨

雪恥：昨午課後閱海軍戰略論第七章未完，諸孫皆來作伴戲笑，活潑可愛，經兒病已漸癒為慰。晡散步於中正公園一匝，頗有進步。晚宴菲列德[1] 將軍，廿二時辭出，晚課後寢。

本日朝課後，研讀海軍戰略論第七章未完。十時對中等學校教員講習會致詞，以勤勞節儉為今日建國復國教育之要領畢，入府辦公，召見郭克悌[2] 與劉廉一等十餘人後，批閱公文。午課後，續閱海軍戰略論第七章後記事。晡獨往公園散步回，入浴，膳後晚課，廿二時前寢。

1　符立德（James A. Van Fleet），又譯菲列德、符理德、菲列塔、菲列得，美國陸軍將領，曾任第八軍團司令、駐韓聯合國軍總司令。

2　郭克悌，號書堂，河南孟津人。1949 年 4 月，任臺灣工礦公司董事長。1953 年籌設農工學院，1955 年 10 月定名中原理工學院，代理董事長兼院長。

本日對於大陳防地匪諜之靈敏情報不勝憂慮,可知胡宗南之舊習頑態仍未改變,而其內部高階層組織仍有不少匪諜也。

上星期反省錄

一、經兒暴病肚痛,最初不知所由,甚為憂慮,幸經一日之後病勢漸減,周末幾乎痊癒。據醫稱為膽囊石移動之故,但 X 光線終未能照出證明耳。

二、聯合國大會對韓國政治會議之方針,美國主張卒獲通過,而印度無恥之投機行動,妄圖參加會議之要求,終以美、韓堅決反對而其自行撤消其參會之要求也。

三、研讀馬漢海軍戰略論至第七章完,甚覺有助於我平生學習之欠缺也。

四、美第七艦隊新澤西洲〔州〕號由柯拉克[1]司令乘艦訪高雄,其在香港對聯防臺灣與不妨礙我反攻大陸之談話,當有利於中、美二國之政策也。

本星期預定工作課目

1. 劉廉一之指示:甲、前指揮部內高級人員人事之去除。乙、周轉金之撥付。丙、築機場。

2. 空軍官校校慶與畢業典禮。

3. 國防大學第二期開學典禮。

4. 土國大使之講演。

5. 對羅蘭討論大勢之研究。

---

1 柯拉克(Josef J. Clark),又譯克拉克,美國海軍將領,曾任第七艦隊第七十七特遣隊司令,1952 年 5 月至 1953 年 12 月任第七艦隊司令。

6. 對防大開學詞稿之研究：甲、革命戰爭與國際戰爭之差別。乙、人海戰術防阻之要領，只有我取積極攻勢，則共匪人海戰術無所用其技。丙、強大防禦之縱深工事，只能防阻外敵之侵略者，而不能阻遏我革命軍之發展。革命戰術應避免攻堅，力求擴張戰區，不在土地得失。

八月三十日　星期日　氣候：風雨

雪恥：一、文化、社會（戶政、民防、工會、地政）、外交幹部教育計畫。二、公務員出勤守〔手〕冊、警員服務守〔手〕冊。三、電化教育經費之預算案。四、省、市衛生警察聯合解決各種衛生問題（拉扱與後門之污物紙筒〔屑〕等）。五、庶務與管理人員之訓練與成績如何（行政專校承辦）。六、銓敘與人事經費之預算。七、出國人員守則。

朝課後續閱海軍戰略論。十時禮拜，妻體甚倦故未參加。回寓記事，記上周反省錄。午課後手擬防大開學講稿要旨，約巴西大使[1]茶點，以其卸任辭行也。晡在研究院召見王蓬[2]與宗南，甚覺宗南痼習之不易醫治為慮。令偉[3]由香港來訪。膳後休息，重閱海軍戰略論，晚課，廿二時前寢。

1　李奧勃南柯（Gastão Paranhos do Rio Branco），又譯李奧勃朗柯，巴西駐華大使，1948 年 11 月 30 日遞交國書，1952 年在臺北復館，1953 年 8 月卸職。
2　王蓬，字一峰，上海人。曾任行政院善後救濟總署駐英國代表，時任行政院美援運用委員會秘書長。
3　孔令偉，原名令俊，孔祥熙與宋靄齡次女，宋美齡外甥女。參與圓山大飯店籌備及營運，擔任經理。

八月三十一日　星期一　氣候：晴

雪恥：一、育樂講義：甲、電氣化與工業化之用具與享受暫不計及。乙、宗教與學術研究之樂應補述。二、空軍學校朱元福、陳津生案[1]之查報。三、保密成績應列入年終考績計分之列。四、後勤（戰時）編制問題之呈報。五、車牛瘐〔瘦〕弱與載重過分之取締。六、通信教育與機構部隊官兵對保密與警覺之設施。七、對人海戰術與面的戰術之對策。

朝課後記事，九時半到國防大學與侯、黃[2]二校長談防大與參校教育方針，參校戰術仍用外國地圖，須至明年底方能改用本國地圖，聞之痛心，嚴督其下期學課必須改正也。舉行兩校開學合併典禮，致訓半小時後畢。會客，召見防校首席顧問，談美國陸軍大學課程與內容，對我國學制之研究甚有益也。午睡後乘機飛高雄，駐澄清樓。午、晚課如常。

1　朱元福，安徽旌德人，曾任空軍軍官學校預財科科長。陳津生，浙江蕭山人，曾任空軍軍官學校預財科軍需官。兩人因涉入空軍軍官學校貪汙案免職被押，1954 年 2 月初判，朱元福徒刑一年六個月，緩刑二年；陳津生有期徒刑十六年，褫奪公權五年，追繳不法所得，所有財產除家屬生活必需外全部沒收。
2　侯、黃即侯騰、黃占魁。

上月反省錄

一、本月關於俄共重要事項：甲、俄國蘇維埃會議完滿結束。乙、俄對美、英、法拒絕奧國和約會議。丙、俄發表氫彈製造完成，而且繼續不斷爆炸之試驗。丁、俄在千島之大演習。

二、英主張太平洋聯盟，惟中、韓兩國在外，而日本則在其內，美國並未有反響。

三、北非麻洛哥王為法國廢除。

四、印度與巴基斯坦對克什米爾問題，以投票方式協商解決辦法。

五、聯合國臨時會議對韓國政治會議之方式，以作戰雙方之方案通過，是美之勝利，而俄之反對無效，印度希圖參加亦遭美堅決拒絕，但美以八屆大會之主席允選印度為條件。

六、美韓共同安全協訂簽訂成立。

七、北韓共黨之整肅。

八、對留韓反共華俘之勸告，令其與聯合國統帥部合作發生重大效果，華俘對祖國與我政府表示之忠誠使美國大受感動。

九、美國會對我軍援數目特增百分之二十，此為希有之提案，殊足珍重。傑甥工作與吾妻五年來對美策勵，至此乃克奏效也。

十、美對共匪之態度已漸轉強硬與積極矣。

十一、法國大罷工三周以上。錫蘭島共黨暴動。

十二、伊朗國王回國復辟，此為俄國陰謀之失敗也。

十三、我海軍訪問菲律濱如期實行。

十四、共匪對重慶艦尚未修復之消息已證實。

十五、本月工作重要各事：甲、研究院人事調整已完成，此為黨政培養人才之要務也。乙、大陳人事調整與防務已增強。丙、財經會談督導之有

效。丁、緬北李[1]部處理方針之督導。戊、兩棲作戰之聽取。己、馬漢海軍戰略論上篇看完。

十六、本月節慾克制工夫進步,殊覺自慰。

十七、對匪心理作戰,組織加強之督導。

十八、對匪面的戰術之研究已有初步之結論。

1　李即李彌。

九月

蔣中正日記
Chiang Kai-shek Diaries

蔣中正日記
Chiang Kai-shek Diaries

民國四十二年九月

本月大事預定表

1. 防大訓詞說明，是以大學始教一段與今日防大教育與研究程序方法一致，此乃為軍事科學之原則。

2. 精神（心）七分、物質三分之軍事力。

3. 戰事是陰性的，故主隱微。

4. 重生與復興之道。八（七日）。

4.[1] 統一指揮制與戰鬥體為建黨教育之要旨。

5. 改變氣節與聯合作戰之教育。

6. 職位分類科，人事考銓制。

7. 國防法案之重審。

8. 秋季演習（民族戰略與民族戰術之建立）。

9. 糧食管理與軍士制度之督導。

10. 精神動員與思想領導方案。

11. 領導辦事之程序，自動負責與發展之精神。

12. 與羅蘭[2] 商討援我反攻與聯防協定事及遠東同盟。

13. 軍事科學精神：甲、組織。乙、分析。丙、聯系。丁、統一。戊、澈底。己、

---

1   原文如此。
2   羅蘭即諾蘭（William F. Knowland）。

　　分工。庚、解決（無形戰爭與地下戰爭）。辛、綜核歸納與演繹。壬、有

　　系統的整理。癸、建立正確的原理。

14. 美國防大與陸大課程與我國學制之研究（現階段我防大內暫設聯戰系與軍

　　種大學系）。

15. 預算之督導工役（勞動服務增工之具體計畫）。

16. 革命領導要領與工作方法之指示。

17. 東鄉[1]在對馬殲滅俄艦隊與乃木[2]攻克旅順之戰史。

18. 臺北市長競選人之預定。

19. 研究院第二階段教育開始。

九月一日　星期二　氣候：颱風　大雨

雪恥：一、督察檢閱團之限制與統一。二、以前手令呈報，限期事項之檢查
其未報之事項。三、各縣市地政機構之重要性。四、農民黨員與幹部及農會
總幹事之組訓。五、都市土地之從速辦理平均地權手續。六、預借軍費一千
萬元。七、退役經費一千五百萬元。八、日僑之組管宣傳加強。九、對匪縱
深陣地及其工事之對策。

朝課後續讀海軍戰略論。十時到岡山空軍官校，查究方朝俊經理舞弊案。十
時半舉行校慶與卅三期生畢業典禮點名訓話。本期空軍教育之進步已進入一

1　東鄉平八郎（1848-1934），日本海軍大將。1904 年 8 月 10 日指揮黃海海戰，擊敗俄
　　國海軍的突圍。1905 年 5 月 27 日指揮對馬海戰，大破俄國波羅的海艦隊。決定日俄
　　戰爭中日本的勝利。

2　乃木希典（1849-1912），日本陸軍大將，1896 至 1898 年任臺灣日治時期第三任總督。

新階段，族孫「孝先」[1] 之子「友文」[2] 亦在本期畢業也。召見臺灣畢業生二人之父母，加以獎勉。召集機械與通信二校長，詳詢其校情與指示。聚餐致詞，慰勉畢業生之家長後，回澄清樓休息，午課後記事。

九月二日　星期三　氣候：晴

雪恥：昨晡在颱風中巡視步兵學校與陸軍軍官學校，該二校校長均在校辦公與開會。在此暴風雨氣候與黃昏時節，各校校長皆能如常服務，此必為大陸時代所不能有之精神，私心為之一慰。回寓後續讀海軍戰略論，晚課後廿一時半寢。

朝課後續讀海軍戰略論完，此書地位應在克勞塞維茨[3]「戰爭原理」一書之上，自覺未能早讀此書為恨，楊鎮甲[4] 之譯文亦比希聖所譯戰爭原理為通順完備，應即嘉勉。九時半由高雄出發，巡視環境一匝後，自岡山飛臺北，正午回後草廬記事。午課後閱報，審閱上月日記，擬記上月反省錄未成，召見劉廉一與馬明道[5] 後，與妻車遊山下一匝。膳後獨坐休息，令偉來談後，晚課完廿二時寢。

（昨夜風雨交加，幾未安眠。）

1　蔣孝先（1900-1936），浙江奉化人，蔣中正族姪。曾任憲兵團第三團團長、侍衛長。1936 年 12 月西安事變時身亡。
2　蔣友文，蔣中正族姪蔣孝先之子。1953 年 9 月自空軍官校畢業。後轉修會計學，曾任臺灣大學商學系教授。
3　克勞塞維茲（Carl von Clausewitz, 1781-1831），又譯考勞維治，普魯士將軍、軍事理論家，著有《戰爭論》。
4　楊珍，號鎮甲，河北大名人。《海軍戰略論》譯者，時任海軍第二工廠廠長。
5　馬明道，原籍北京，回族穆斯林。1948 年 3 月任國防部第二廳第四處參謀。1949 年到臺灣後，歷任駐埃及武官、駐伊拉克武官、駐約旦武官。1960 年 10 月奉調回國任國防部高級參謀。

九月三日　星期四　氣候：午雨

雪恥：一、陸軍大學課程之設計。二、軍事學制之建立限期設計。三、召見羅列[1]與彭孟緝。四、經兒訪美之注意事項。五、羅蘭商談。

朝課後記事，九時半在忠烈祠秋祭後，到國防大學督促參校必用本國地圖事。十時介紹土耳其大使，講述土耳其復興與反俄之經過歷史二小時，聽取後之感想：甲、當俄國革命期間協助土國革命時，凱馬爾[2]即派其最親信之幹部（後任土國外交部長十五年者）（阿拉斯[3]），看破俄國助土之不懷好意以及蘇俄侵略之野心，乃即與蘇俄由親而疏，積極戒備與肅清共黨。而我國在當時，總理亦派余赴俄考察，而其對余考察之報告不僅不加信任，而且棄置不顧，而其結果之成敗亦與土國完全相反。此乃為余一生之遺憾，不能使總理信任到底，而且自俄回國以後日益阻隔，此乃自愧淡天無才，而終不能擊破鮑爾廷[4]等俄共包圍之陰謀也，悲乎。

九月四日　星期五　氣候：晴

雪恥：昨上午聽取土大使講演後，乃以其末尾結論對中國之一段，沒〔抹〕煞其凱馬爾領導之重要一節並不引述，認其已為白崇禧等反宣傳之影響也，何余量之小乃爾耶，戒之。午課後批閱公文，手擬將校級明年度教育計畫稿後，到研究院商討教育方針。回途經過經兒寓所，商談訪美計畫，其病漸痊矣。與妻車遊後入浴，下棋，晚課，廿二時寢。

1　羅列，原名先發，號冷梅，福建長汀人。1952 年 7 月，出任國防部第三廳廳長，1953年 1 月，改任國防部第一廳廳長。1954 年改任國防部參謀次長。
2　凱馬爾、凱末爾（Mustafa Kemal Atatürk，1881-1938），1920 年組織臨時政府對抗希臘，1923 年成立土耳其共和國當選總統，成立人民黨任黨主席。
3　阿拉斯（Tevfik Rüştü Aras），土耳其政治家，曾任外交部部長、駐英國大使。
4　鮑羅廷（Michael M. Borodin），又譯鮑爾廷，蘇聯政治家，1923 年至 1927 年為共產國際駐中國代表及蘇聯駐廣州政府代表，國民黨聘為「政治教練員」、「政治顧問」。

本日朝課後記事，入府召見暹邏海軍總司令[1]後，見牛若望[2]、霍濟光[3]等商討天主教與政府合作反共問題後，召集一般會談，商討羅蘭訪臺時應準備之事。正午宴評議委員。午課後到石碑〔牌〕實踐學社，聽講歐洲戰史（開始）二小時，甚覺有益也。晡車遊山下一匝，晚重研希臘與羅馬興亡間之戰史。晚課後廿二時寢。

九月五日　星期六　氣候：晴

雪恥：一、都市地藉〔籍〕之限期整理完成，實行都市土地之平均地權。二、生活方式之定型（新生活）。三、外出士兵服裝漸漸不整。四、心理戰之加強。

朝課後記事，入府辦公，召見羅香林[4]等七員，批閱要公後召集軍事會談，聽取後勤改制之計畫一小時半，應照辦。正午為令偉甥女生日宴客十二人。午課後到實踐學社，聽講希臘亞歷山大大王戰史二小時回。獨往公園散步後，入浴。晚約羅蘭（美參議員）便餐，相談一小時，甚覺其現實也。與妻車遊山下一匝，廿二時半寢，晚課如常。

李承晚托羅蘭口頭代言，先邀我夫妻訪韓，然後其再來訪臺，殊出意外。彼自去年以來屢次表示要求來臺，回答我卅八年訪韓之禮，余亦屢表歡迎，而今忽有此表示殊所不料，豈其意亦如羅蘭所言，韓為世界第四位陸軍國之強國乎。

1　鑾察（Luang Yuthastr Kosal），泰國海軍將領，時任海軍總司令。
2　牛若望，字亦未，曾任《益世報》昆明版主筆，本年自港來臺，時任天主教中國南京教區副主教。
3　霍濟光，以書法知名，曾任行政院參議、香港《益世報》社長等職，時為國民大會代表、益世通訊社副社長。
4　羅香林，字元一，曾任廣州暨南、中山大學教授，廣東省政府委員，廣東文理學院院長。1949 年後寓居香港，任教新亞書院。

上星期反省錄

一、國防大學聯合作戰系第二期與指參學校第三期同時舉行開學典禮，對於軍事高級教育日漸進步，建軍基礎亦將強固矣。

二、空軍官校第三十三期學生畢業，其學課與成績皆比過去為佳，亦增強復國前途之信心也。

三、馬漢海軍戰略論上卷讀完後，更覺往日學識之淺薄，聽取土耳其復興與反共歷史，以及亞歷山大戰史後，甚愧對於世界史事之無根柢，及今進學猶未為晚乎。

四、本周對於軍事教育與學術之研究略有心得。

五、伊朗與埃及之情勢對美國接近矣。

六、羅蘭帶來李承晚之口信邀余訪韓，殊所不料也。

本星期預定工作課目

1. 天主教合作計畫。

2. 與羅蘭談話之要點與方針。

3. 卅五年美國銀行五億借款之重提。

4. 經國訪美之準備與指示。

5. 面的戰術教令草案之審核。

6. 軍校教育長與第五十四軍長之人選。

7. 趙振宇、謝齊家。

8. 研究院訓詞（改變心理與作風為先）。

9. 婦女指導委會籌備委員人選之催提。

10. 清理積案。

11. 審閱蔡斯報告。

九月六日　星期日　氣候：晴

雪恥：一、經兒訪美之計畫：甲、中、美二國今後國防之關係。乙、對俄國今後行動之判斷。丙、考察政黨組織。丁、美工會組織。戊、軍政府組織。己、監察與發展之組織。庚、聯勤組織。庚[1]、代訪麥[2]、胡佛[3]、紐約州長杜威、魏[4]、時報與霍華德[5]及赫思托[6]各報主人、時代雜誌總編輯、國會領袖等。朝課後記事，禮拜如常。召記〔見〕胡璉，研究軍師長候補人選。文、章[7]、武、勇諸孫來見，以其本日回臺北寓所將上學也。午課後審閱美國陸軍與國防大學課程後，召見彭孟緝與白鴻亮，指示明年石碑〔牌〕實踐學社課程與教育方針，應以美國陸大為規範也。晡與妻散步於公園後，車遊一匝。入浴，膳後讀詩，晚課，寢。

九月七日　星期一　氣候：午雨

雪恥：一、與羅蘭談話要點：甲、中、日、韓軍事合作，共同堵剿俄共遠東之侵略，不必有三國軍事同盟之形式，而由美國與三國各國訂盟領導反共抗俄之行動較為實際而易行。乙、中、美訂盟，美國不負反攻大陸之責，惟中國政府在合法收復地區則為有效。丙、援助反攻大陸之具體計畫及五億借款

1　原文如此。

2　麥即麥克阿瑟。

3　胡佛（Herbert C. Hoover），美國共和黨人，曾赴中國擔任礦業顧問，1929 年 3 月至 1933 年 3 月任總統，創立胡佛研究院。

4　魏德邁（Albert C. Wedemeyer），1944 年底任盟軍中國戰區參謀長，及駐華美軍指揮官，1946 年 3 月間卸任，1947 年 7 月再奉命為特使來華調查，任美國陸軍部戰略作戰處處長，並提出「魏德邁報告」，主張援助中華民國政府抗共，杜魯門總統並未採納，後擔任改制後之國防部計劃及行動處總長，1951 年退役。

5　霍華德（Jack R. Howard），霍華德報社的負責人之子。

6　赫斯特報業雜誌連鎖集團（The Hearst Corporation）。

7　蔣孝章，為蔣經國和蔣方良長女，1949 年隨家庭來臺。

之實施。

朝課後記事，十時到實踐學社聽講亞力山大戰史完，更覺自身學識之貧乏與學問之重要也。正午在學社聚餐。午課後，記上周反省錄與本周工作表及批閱要公。晡往公園散步。膳後讀文文山[1]渡零丁洋詩，晚課後廿二時寢。

九月八日　星期二　氣候：陰雨

雪恥：一、與羅蘭談話要點：甲、法越問題，共匪示威而已。乙、日共問題，日與匪通商之注意。丙、若非我反攻大陸，決不能戮〔戳〕穿鐵幕暴露俄共弱點，亦不能逼匪脫離俄帝。丁、F86 機之不足，應加緊增強。戊、外島防衛與軍援範圍。己、進出口銀行五億借款之舊案重提。癸〔庚〕、封鎖匪區。辛、留韓反共華俘之保證（政治庇護）。

朝課後記事，入府召見七人，對天放之食式加以指正。召集一般會談，對於國大代表在當時乘危要脅，非法獲得出席證者令其繳還，而其正式選出者後因以黨讓黨關係，已允其在下次開會時出席者，應設法予以出席之保證。如此辦理當可解決數年來未能解決之問題，只有以理與法處理，求心之安則得矣。

九月九日　星期三　氣候：陰雨

雪恥：昨下午午課後記事，批閱公文，審核面的戰術教令稿，多不合意，應重加草擬。獨往公園散步，誦文文山過零丁洋詩卅餘遍，不禁黯然消魂。入浴後試體重，已由一百廿六增至一百廿八磅矣，二月內夏季增重甚難得也。

1　文天祥（1236-1283），號文山。宋亡後，被元軍俘至大都，寧死不屈，從容就義。與陸秀夫和張世傑等人並稱「宋末三傑」。

晚課後寢。

朝課後記事，到中央常會討論立法委員提補問題之請求，決予否決，正告立委應遵〔尊〕重法律觀念，不可因情感而犧牲法律，以致國家淪陷之教訓應為殷鑒。其次對於國大代表正式當選者決予出席，以補職業團體出缺之席位。此二大問題久懸不決，今日不能不作最後之決定也。午課後批閱，修正面的戰術之教令稿，批回重擬。晡獨往公園散步，與妻車遊一匝回。入浴，讀詩，晚課，廿二時寢。

九月十日　星期四　氣候：大雨　下午陰晴

雪恥：一、基隆運輸司令部附員多於職員之現象。二、禁煙壽令應恢復。三、嚴禁軍種派系。

朝課後手示經兒訪美注意之點第二函。入府辦公，召見各軍種出國學習青年四十餘人，點名訓話後，召見但衡今[1]、巴壺天[2]等九人畢，批閱致愛克總統函，回寓記事。午課後批閱公文，審閱希聖草擬戰鬥體制之基礎一文未完，修正緯兒之函寄還，其可研究也。自十七時半起與羅蘭談話，至二十時方畢，晚宴後催其回頂北投招待所休息，預約明晨繼續再談也。客散後晚課，廿二時半入浴後就寢。今日與羅蘭談話重心專在於遠東區域反共同盟之意見與方式一點上而已。

1　但衡今，名茂權，湖北蒲圻人。曾任湖北省參議會議員，國民大會代表，時任行政院設計委員會委員。
2　巴壺天，原名東瀛，字壺天。曾任安徽省政府秘書、貴州省民政廳主任秘書、湖南省政府秘書長。時任國立編譯館編譯。

九月十一日　星期五

雪恥：一、共匪辦事之要領口號：甲、了解情況（調查研究）。乙、聯繫實際。丙、掌握政策。丁、解決問題。戊、總結經驗。己、經驗交流。庚、依靠群眾。辛、以多勝少，此劉向宗〔宗向〕[1]之言也。

五時起床朝課畢，研究共匪在大陸軍力配備地圖，及俄國經西比利亞再由呼倫轉經東北鐵路入關至福建省之距離長徑，無異增加另一西比利亞長徑以上之距離。以亞〔西〕比利亞鐵路運輸量，最多只能供應百萬軍隊之限度，更可斷定我在閩中反攻作戰，俄對共匪所能接濟者至為有限之理由，以告羅蘭，但以時間匆促未能詳告為憾，惟福建實為俄共在軍事上最大之弱點也。與羅蘭談話自七時半至九時半，凡遠東國際形勢及我反攻要旨皆已對其詳明矣，彼皆能同意接受也。

九月十二日　星期六　氣候：晴

雪恥：昨上午羅蘭辭出後乃即入府辦公，批閱，召見七員後召集情報會談，今年軍隊自殺與逃亡案仍有增無減為慮，有接金門鼠嶼之東山藉〔籍〕士兵六名殺害其他官兵八名後逃亡，更覺我教育與管理未能深入，可憂之至。午課後批閱，記事，審閱陶[2]稿未完，經兒已於午刻起飛訪美矣。晡獨往公園散步回。入浴，膳後與妻車遊山下一匝，晚課。

1　劉紹唐，原名宗向，原籍河北蘆臺、生於遼寧錦州。1949 年 1 月參加「南下工作團」先遣工作隊第三小組。4 月任新華社第四野戰軍總分社隨軍記者。5 月調任第四野戰軍宣傳部秘書。1950 年秘密出走香港。冬來臺。1951 年 2 月，將前撰短文彙刊為《紅色中國的叛徒》。1954 年 6 月，任國防部新中國出版社編輯，主編《國魂月刊》。1962 年創辦《傳記文學》雜誌。
2　陶即陶希聖。

本日朝課後記事，入府辦公，召見趙友培[1]等七員。召集軍事會談，大陳以南之南麂島有淡水，其地形且可修築飛機場，聞之甚為欣慰。聞土耳其大使對我軍校正步行進毫無精神，並如送殯儀隊之批評喜懼交加，願以聞過則喜之精神接受之，並力求改正。午課後批閱，審核陶稿完，未能合意也。晡在研究院商討院務畢，徒步回。入浴，晚課後廿二時前寢。

上星期反省錄

一、羅蘭來臺綜核所得之影響：甲、彼公開演講，對中國之領袖始終不提其名，是其避免受人譏評為蔣介石臺灣參議員之嫌。此乃於余個人而言，反足證明德業與資望比前增進之情勢，而且余之地位亦不要由羅蘭之頌揚。對此點，近來美國凡是其政府態度對余不特加注目重視，余反以為安，若其卅一、二年間，羅斯福[2]在其記者招待會中幾乎每次對余頌揚，表示其擁護之切，最後則遭其遺棄之教訓相較，今日外人對余名特避提及者，更足自慰也。乙、彼對余談話，稱余為遠東各國反共團結之鑰匙與重心，實非面譽阿好之詞，乃出於有所根據之實言也。丙、彼對余反攻大陸之策略與東亞反共聯合之意見，皆能同意接受，此實為其此來東亞視察重要之收穫也。

二、西德總選舉愛德諾[3]完全勝利，實予俄共以重大打擊，但其對遠東必將企圖報復，以補其對德之失敗也。

1　趙友培，曾任中國國民黨中央文化運動委員會秘書兼《文藝先鋒》主編、制憲國大代表，時任中國文藝協會理事。

2　羅斯福（Franklin D. Roosevelt, 1882-1945），美國民主黨人，1933 年 3 月至 1945 年 4 月任總統。

3　愛德諾（Konrad Adenauer），曾任德國科隆市長，1949 年至 1963 年任西德總理，1951 年至 1955 年年兼任外交部部長。

三、美國對伊朗貸款四千五百萬圓以濟其急，伊朗政府大捕其共黨，此乃中
　　東局勢之轉機，但最後結果如何未能預卜耳。

四、國大代表提補問題已作最後決定。

五、經兒十一日起飛訪美。

六、亞歷山大戰史聽完，個人研究亦有所得也。

七、共匪在零丁洋擊沉英艇，死七人，傷六人。

本星期預定工作課目

1. 基本科學之提倡。

2. 與鴻鈞商討機密費之籌劃辦法。

3. 國疆軍歌之征求。

九月十三日　星期日　氣候：晴陰

雪恥：一、機密費之籌劃。二、華俘營記者之加多。三、海軍油漆。四、參
校畢業生派入學社工作。

朝課後記上周反省錄，十時禮拜如常，回寓後記事。午課後記雜錄一則，與
妻在畫室閒談後，車遊淡水，蔣林寓中觀魚，尚活潑自在也。途中散步回，
入浴，廿二時前寢。正午審閱接受日本投降一段經過史料，頗覺自慰，以共
匪無論如何偽造其抗戰歷史，總不能抹煞此鐵的事實也。

軍事教育制度之研究與決定，乃為軍事之基本問題：甲、軍官學校養成教
育明年改制。乙、指參學校與陸大之合併。丙、聯合軍事學校與參校列入
同一系統，另設教育總監總其成。丁、各兵科學校另設一兵科學校教育總
監主持之。

九月十四日　星期一　氣候：大雨

雪恥：一、留美軍官學生之成績表，要求美校抄送我國防部一份。二、周、孫[1]等訪美時期之研究。三、高級軍校畢業生之心得論文，以孫子兵法與戰爭原則以及藝術化之講詞為主題。四、聯參班畢業者必須切研參校課程。五、陸大畢業者重入參校受訓。六、將領必須以切實誠懇、爽直堅決、磊落光明為為[2]處世接物之基本條件，而以自私、猶疑、支吾、圓滑、取巧、虛偽、兩可為戒。

朝課後重研斯大林辦事方法小冊，加以批注。十時到研究院紀念周，宣讀重建革命基本組織即「民運方針」篇後，召集院務會議，直至十三時半方完，聚餐。宣布第二階段教育挑選學員之方針後，聽取文亞[3]赴韓慰問反共華俘之報告，殊為感動。午課後記事，與土耳其大使談話，甚覺有益。獨往公園散步回，入浴，晚課。

九月十五日　星期二　氣候：陰雨

雪恥：一、共匪拒絕聯合國對政治會議之決議，另提反建議改為圓桌會議，要求印度、印尼、俄國、緬甸等參加會議是其必然之行動，但其結果不致有效，如美能堅持到底，必可貫澈原有之主張。二、軍事高級副職之能力品學之注意與調整。

朝課後記事，入府辦公，召見羅又倫、高魁元[4]等八員後，召集宣傳會談，對

1　周、孫即周至柔、孫立人。
2　原文如此。
3　倪文亞，浙江樂清人。1948 年當選第一屆立法委員，1950 年至 1952 年任中國國民黨臺灣省黨部主任委員。1957 年 10 月獲選為中國國民黨第八屆中央委員。1961 年 2 月當選立法院副院長。
4　高魁元，字煜辰，山東嶧縣人。1952 年 11 月任第四十五軍軍長。1953 年 9 月調北部防守區副司令官。

中央日報編輯之無常識之愚劣不勝憤怒，頓起民族無望之感。文人之不能自立、不知負責甚於武人也，可歎。午課後批閱公文，對實踐學社心得之批示頗詳，甚歎學員思想之無進步，奈何。聽讀蔡斯上半年軍事批評報告書未完。晡公園散步，入浴，膳後晚課。召見馬紀壯，談海軍演習計畫與指示，廿二時就寢。

九月十六日　星期三　氣候：雨

雪恥：一、軍費預算之催促：甲、通信經費。乙、教官加給經費應優先增加。
二、外交部王國銓[1]之查明：甲、火車票。乙、旅客間（招待土大使）之不妥。
三、令宴客中餐不能過六色。四、致經兒函。
朝課後記事，到中央常會，通過反共救國會議及反共聯合陣線之要綱四條（刪除其第五條），又通過立法院黨部組織大綱及從政黨員違紀之處置要點等案。午課後批閱公文，手擬軍事哲學與軍事教育對人才消長與國家強弱之關係條目，自覺此案重要，發覺太晚，貽誤國家不尠，不能不痛憤。何、白[2]等失職卸責，至今猶以為無虧職守也。散步，入浴，膳後續稿，晚課，寢。

1　王國銓，時任外交部科員，發起成立中國國際貿易友誼協會（Junior Chamber of Republic of China），即今國際青年商會中華民國總會。
2　何、白即何應欽、白崇禧。何應欽，字敬之，貴州興義人。1949 年 3 月任行政院院長，同年來臺，擔任總統府戰略顧問委員會主任委員。1950 年 10 月兼任中國國民黨中央評議委員。

九月十七日　星期四　氣候：晴　晡雨

雪恥：一、裝甲旅應限期改變。二、臺灣廣播公共場所應多播反共歌曲。三、機場公路應先修理。四、道之解釋。五、知危求微，允執厥中。

朝課後，續擬軍事教育之講目。入府後召見鴻鈞，指示籌劃機密費事，另召見莫德惠[1]等七員畢，召集邵毓麟等商討緬北李[2]部撤退方針，與緬甸代表以聯合國開會在即，彼乃乘機要脅，強求限期全部撤退，此種無知之徒與共、印沆瀣〔瀣〕一氣，不知其沒〔末〕日之將至也，可悲之至。乃決定方針，依照預計進行，只可暫時不空運接濟李部，則其無奈我何矣。午課後記事，聽取蔡斯總報告，甚有價值也。今因游擊隊王調勳[3]不規事又起煩悶，散步，與妻車遊。膳後晚課，廿二時前寢。

九月十八日　星期五　氣候：晴

雪恥：一、約集顧問團各組長人員，說明其報告書關於政策性事項不能了解之要點。二、預算軍費項下必須增加者：甲、教官加薪。乙、編譯工作。

朝課後記事，入府辦公，舉行哥斯達里加國特使[4]呈遞國書典禮後，召集預算報告會議，各院長參加，對於財政困難與預算方針作一詳細檢討與指示，十三時後方完。午課後到實踐學社，聽講普魯士菲特烈大帝戰史二小時，尚未完畢，即在學社與學員聚餐，指示聽取戰史之要領與作用所在，特別注重其人之哲學與文學之基礎。回散步，入浴，晚課，廿二時寢。

二十二年前之今日何日耶，二十二年來之國事不堪回首矣。

1　莫德惠，字柳忱，吉林雙城人。1949 年 3 月，任行政院政務委員，為時三個月。1954 年 8 月任考試院院長達十二年。
2　李即李彌。
3　王調勳，曾任國防部情報局福建調查室主任，1949 年 3 月任福建海上保安第一縱隊司令駐守馬祖，時任反共救國軍閩北地區司令，1954 年 3 月部隊調往金門整訓。
4　賽黎東（Jorge Zeledon Castro），時為哥斯大黎加巡迴遠東全權公使。

九月十九日　星期六　氣候：晴　申雨

雪恥：一、部隊缺點改正之令稿如何處理及情形之查報。二、營長以上入學程序計畫如何。三、戰役計畫之審閱。四、第六十七軍成績減分計算方式如何。

朝課後聽取蔡斯報告完，認為切實正確，除有政策性之批評建議有不合事實者，其他皆可為他山之石，應令高級將領澈底研究設計，積極改正也。入府辦公，召集政策研究會，應改為國際問題研究會，以研究對共匪與國際之謀略為主也。指示要旨後，召集軍事會談，聽取軍隊主食白米與蕃薯之數量與營養，其價值相差無幾，但余自身仍每周食薯二餐也。對蔡斯報告處理之指示後，批閱公文。午課後記上月反省錄，記事。召見胡璉，指示白犬島王調動部之處理辦法，匪諜對游擊隊之滲透層出不窮，可慮。晚宴哥斯達利加國特使後晚課。

上星期反省錄

一、俄國宣布其鈷彈已製造成功。

二、第八屆聯合國大會已於十五日開幕，俄想驅逐我國代表權，提議由共匪替代時，美反對並提本屆會議不能再提此案，經大多數通過，是又增我一次國恥矣。印度尼赫魯之妹[1]當選為主席。

1　潘迪特（Vijaya Lakshmi Pandit）。

三、共匪財長薄一波[1]與徐國棟[2]被整肅，繼任者鄧小平[3]與方毅[4]應加研究。

四、匪俄宣布其五年計畫合夥及其所謂俄國「無私」的協助。

五、留韓反共華俘本周全部由木索浦移入中立區，歸所謂中立國管理會印軍管理。

六、緬北李[5]緬部撤退之四國會議，本周已由緬甸代表之無理要求而破裂。

本星期預定工作課目

1. 統裁秋季大演習三日。

2. 與克拉克約談要旨。

3. 緬北部隊撤退形式之決定。

4. 第五十四軍人事之發表。

5. 軍事哲學與教育訓詞之準備。

6. 部隊缺點改正令各點有否處理。

7. 營長以上入學程序之計畫如何。

8. 實踐學社戰役計畫之呈閱。

9. 第六十七軍成績減分計算方式。

10. 約集蔡斯及其各組長談話之準備。

11. 裝甲部隊限期改編之計畫。

1　薄一波，原名書存，1949 年 10 月至 1965 年 9 月任中華人民共和國政務院財政經濟部副主任，一度代理財政部部長。
2　徐國棟，時任中共財政部副部長。
3　鄧小平，曾任中共中原局第一書記和第二野戰軍代表，時任政務院第一副總理，本年 9 月起兼任財政部部長。
4　方毅，曾任福建省人民政府副主席、上海市副市長。時任華東財政委員會主席、財政部副部長。
5　李即李彌。

九月二十日　星期日　氣候：晴　下午午雨

雪恥：一、北韓傀儡朝俄結果，俄援助北韓十億羅卜[1]，此乃俄對美國援助南韓之反影〔應〕，並無意義，是其最近對東德傀儡朝俄之交道相等也。二、共匪所謂總選舉改期至明春舉行，殊堪研究，是其對人民組織尚不能實在控制，以及人民對共匪反抗之行動正在發展中之形勢，可以相〔想〕見也。

朝課後記上周反省錄，到管理局禮堂禮拜如常回。召見孟緝，指示實踐學社教育要旨，聽取其在防大受訓感想，頗有心得。記昨事後車遊山下一匝。午課後，審閱抗戰期間外交檔案編輯要目後，與妻巡視大溪別墅回。入浴，晚課。

九月二十一日　星期一　氣候：晴　午雨

雪恥：一、徐[2]報告開始時之稱呼不合理（恭而無禮則勞）。二、報告員開始與終結時必須要有說明某課開始與終了（喊立正以後）。三、報告員體力態勢必須雄壯，通信報告員面無血色如書生，不對。四、禮義廉恥之恥字，已往多誤寫恥字，以後應改正為「耳止」。

朝課後聽報，記事，批閱公文，記本周工作預定表。據韓國美軍消息，共匪空軍有噴射機一架已飛降來投，此乃（北韓）共匪組織控置〔制〕無效之明證。只要時日稍久，一般青年必然自動覺悟，共匪過去之詐偽言行決不能持久有效，亦如國際對俄共欺詐技倆終有一日戮〔戳〕穿，認其為共同之公敵也。午課後到防大聽取秋季演習準備設計之報告二小時餘。回約美第七艦隊司令柯拉克酒會後入浴，晚課，廿二時寢。

1　即俄羅斯盧布（RUB）。
2　徐即徐培根。

九月二十二日　星期二　氣候：午雨

雪恥：一、政工業務太多之病，工作不能專精之故。二、省府應專雇公共旅館之管理總監。三、軍車傷人致命案之嚴懲。四、孩童、壯丁背靠行道樹與海島草地上之坐臥應嚴禁。五、令邵毓麟不可自己宣傳。

朝課後記事，入府召見劉士毅[1]等十餘人，召集一般會談，商討國大代表遞補問題，與修正國大組織法而不修正選舉法之方針，皆得一個結果，半年來會談不決之難題，至此方得解決，以此為惟一合理之方策也。午課後批閱公文畢，以今為中秋節，晡與妻車遊基隆道上回，令經兒之全家與薇美[2]來家聚餐過節，令偉亦正來臺團聚，未知明年何處過中秋矣。宴後與妻及偉甥車遊山下一匝回，廿二時半寢。

今日中秋節，舊曆八月十五日。

九月二十三日　星期三　氣候：晴

雪恥：五時起床，圓月光明如鏡，昨夜與今曉皆各遇一次，以近日氣候不佳，雲霧隱現，不能多見如此皓魄也。朝課畢已六時半，乃即驅車至火車站，乘車聽報後，在車上約柯拉克等聚餐後，聽讀軍事教育方針之講稿（卅九年一月），頗多感歎，但對軍事教育之意旨已多不同矣。十時到大山腳高地，紅軍開始登陸，風浪甚大，參觀至十一時半休息，到苗栗石油公司行館午餐，午課如常。十四時與至柔巡視第三師藍軍指揮所，蘇維中[3]師長毫無精神，再

1　劉士毅，1949 年任總統府參軍長。1952 年 4 月起任國防部戰略計畫研究委員會主任委員。1953 年 4 月退役，轉任總統府國策顧問。

2　孫薇美，浙江奉化蕭王廟孫益甫次女，嫁蔣中正長兄蔣介卿之子蔣國炳為妻，有一子四女，分別是子蔣孝倫，女蔣靜娟，蔣志倫，蔣環倫，蔣明倫。

3　蘇維中，1949 年起，歷任第八十八軍第三一三師長、第五十軍第一四七師長、第二十七師師長。

至紅軍指揮所，蘇尚〔揚〕志[1]旅長較佳，但仍有舊習也。繼至第二參觀臺，見防大學員慕〔暮〕氣舊習未改，可痛。十七時半回行館，入浴，記事，晚課。膳後至街上散步，順至縣政府內視察，已成舊日大陸衙門之惡習矣，可歎，應澈底改革。再至統裁部巡視回，與董處長[2]談話後寢。

今日八月十六日，舊歷秋分節。

九月二十四日　星期四　氣候：晴

雪恥：昨夜九時即睡，今晨五時起床，出戶望月，圓明如鏡，朝課前後皆出戶邀見，空氣清新，甚覺自得也。朝餐後與至柔到演習地第三觀察臺，七時半藍軍開始反攻演習，至十時半終止。今日空戰二次，仰觀甚明矣。此次三軍聯合演習乃為中國軍事之創局，自多缺憾，而以通信聯絡之缺點最大。其實聯合演習之中心重點亦在演習通信之聯絡為主也，其次一般報告人員及其主官之精神與禮節，不應缺失者乃多缺少，是為最可痛心之事，是將領尚無自強自勉之覺悟也。正午由新竹飛臺北，回後草廬。午課後記事，獨往公園散步吟詩回。入浴，膳後檢閱操典，審閱道與理的要義，擬詳解之。廿二時寢。

九月二十五日　星期五　氣候：晴

雪恥：五時後起床，朝課後與妻禱告畢，七時起飛，至新竹轉苗栗，十時在鎮公所中山堂舉行演習講評會。上午由各司令官與各總裁判官報告各部演習經過與評判報告。午課後十五時至十八時，先由美軍在韓國聯合作戰中心組

1　蘇揚志，號仰三，山西平遙人。時任海軍陸戰隊第二旅旅長。
2　董蔚翹，時任中國石油公司苗栗探勘處處長。

長（辛浦拉[1]）講解卅分時，最有益，實於我勝讀三年書也。繼有哈定[2]與蔡斯講評亦甚有益，最後余作總講評，除書面之外，另作口頭評判，自覺對一般將領必有補益，但其不能實踐何，應加督導，使之力行改正。講畢即乘火車回臺北，妻與偉甥迎接，回寓已廿一時矣。膳後入浴，晚課已在車上舉行矣，廿二時半寢。本日令立人翻譯數語，其態似甚不願者，應詳問其故。此人太不識時，可歎。

九月二十六日　星期六　氣候：晴

雪恥：一、中國已往之軍事教育可說是投機取巧、寡廉鮮恥、升官發財、榮華富貴、自私自利、自暴自棄之教育，其結果所養成之學生，只有叛變投降、屈膝求榮、貪生苟免、無所不為，幾不知天下有羞恥事矣。此中國所以有今日之悲境慘劇也，嗚呼。

朝課後記事，入府辦公，召見美國地質學家、採探油礦公司經理等四人，及許孝炎[3]等七人。據雪艇稱菲律濱中央銀行對於中國交通銀行存款已允准分期匯兌，於心甚為疑慮。正午約鍾華德來見，為緬北撤退游擊隊事又受其威脅一次，不勝憤悶。午課後整理軍事教育講稿要目，與妻車遊山下一匝，入浴，晚課。

1　辛普拉、辛浦拉，美軍在韓國聯合作戰中心組長。
2　哈定（Truman J. Hedding）。
3　許孝炎，字伯農，湖南沅陵人。曾任國民參政員、制憲國大代表。時任立法委員，於1949 年創辦《香港時報》，主持香港文化宣傳工作。

上星期反省錄

一、北韓共匪空軍飛行員駕駛其噴射機一架來南韓機場自效。

二、北韓共匪在莫斯科朝會已畢，俄發布其援助北韓十億羅卜之經濟援助，是其與美國援助南韓競爭也。

三、秋季演習參觀三日，對於講評有益而演習成績不良也。

四、緬甸政府轟炸我北緬遊〔游〕擊隊繼續數日，我對美提抗議，警告緬政府，而美反來警告我政府也，可痛。

五、美國對於俄國痙〔氫〕彈之試驗爆炸以及對俄鈷彈成功之宣布，其全國上下已表示極度不安之心緒，且見之於行動（紐約防空大演習）。

九月二十七日　星期日　氣候：晴

雪恥：一、密碼、密語之改編與創意之獎進。二、抄〔糙〕米與蕃薯滲雜軍食之研究。三、教官加薪之預算。四、奇正虛實。

今晨八時前起床，為最晏起之一日。四時醒後至六時又睡着，直至七時半後始醒，如此安睡甚覺難得為樂也。朝課後審閱講評稿。十時禮拜，十一時回寓，修正講稿至十三時。午餐畢與妻及偉甥出遊，經淡水、小基隆至石門下車，在海濱遊覽片刻，再乘車經金山、野柳、基隆而回，已十八時矣。午課後續修講稿一小時餘乃完。晚膳以修稿用腦過度，頭痛頗劇，妻乃邀余乘車外遊一匝，漸覺平復。晚課，入浴後廿二時寢。

九月二十八日　星期一　氣候：晴

雪恥：一、國家之強弱全在於人心之善惡，人心之善惡全在於教育之優劣，教育之優劣全在於其民族哲學與文化之高下為依據，如果其國家有高尚哲學

與文化，而其教育又根據於其國家固有之精神－（文化）哲學，則其所培育成就之人才品格崇高，器度雄偉，為其國家求獨立，民族求復興，保衛其固有文化，發揚其高尚哲學，必因之賢豪輩出，人人皆能以天下為己任，造成一國蓬勃浩蕩之盛風，而使卑污惡劣之奸邪無所容身，則國家自能隆盛強大，其民族更無不復興之理。

朝課後修正講稿要目，九時入府祭孔後，到防大紀念周訓話一小時餘（軍事教育）。正午宴將領之父七十以上者，以及社會年老學者二十九人畢回。令傑來臺。午課後記事畢，與傑甥車遊山下一匝，聽取其在美與議員接洽之報告。入浴，晚課。

九月二十九日　星期二　氣候：雨

雪恥：一、過去的軍事教育不知道仁義禮智信為教育（精神）的基礎，更不知道禮樂射御書數六藝為教育的基本科目，這樣所培育出來的軍官自不知道禮義廉恥為我們軍官生活與行動的標準了。所以他只知道偷生求榮，畏首畏尾，不知道有什麼國家、責任與榮譽，更不知道為革命、主義、領袖而犧牲。甚至以其軍隊為私產、為商品，隨時可以拍賣繳械，並且以國際形勢為轉移，其目光亦如賣〔買〕辦商人，特別注重國際行市，以定他身價的上下。如果國際情勢萬一於其不利，那他就心搖目眩，手足無措，束手待戮的罪犯一樣的情景了。你看這種無哲學基礎的軍官，中心無主的將領，豈不是由過去的軍事教育所造成的罪惡麼？

九月三十日　星期三　氣候：雨

雪恥：昨廿九日朝課後記事，入府辦公，召見黃德美[1]、吳秉〔炳〕鍾[2]等譯員，皆甚得力，吳尤為有望可以造就之才也，梁序昭[3]亦為海軍將才也。召集宣傳會報，十三時後方畢。午課後手擬軍事教育制度一節，認此為軍事最基本之工作，故不憚目疾，仍欲手草完成也。審核陶[4]擬國慶文稿不能用，乃另加考慮，指示秦孝儀秘書重擬也。約見美以美會神學院副校長後，與妻車遊一匝。入浴，晚課。

本卅日朝課後記事，到中央常會，討論行政院所提明年上半年度總預算案，予以通過。午課後到國防大學，聽取美軍辛浦拉上校聯合作戰中心之組織與運用之講解三小時後，再對防大與參校全體官生訓話。校長與高級將官對於行政與基本學識皆不知研究學習，不勝悲傷，不知如何建軍復國矣。

1　黃德美，號維正、仁惠，福建龍溪人。僑居印尼蘇門答臘。時任國防部第二廳第五組組長兼國防部軍官外語訓練班主任。
2　吳炳鍾，曾任職國立編譯館，時任陸軍總司令部秘書處英文秘書，擔任英語口譯。
3　梁序昭，福建閩侯人。1951 年 5 月，任海軍艦隊訓練司令。1953 年 7 月，任海軍艦隊指揮部副指揮官。1954 年 1 月，任海軍兩棲艦隊訓練司令。
4　陶即陶希聖。

上月反省錄

一、秋季演習成績不良，但對於三軍聯合作戰中心組織與運用之重要，已使一般將領認識矣，對余個人心得亦不少也。

二、防大二期、參校三期如期開學，空官校卅三期已畢業，預備軍官第二期訓練已開始矣。

三、軍事教育與制度之研究已能進一步矣。

四、馬漢海軍戰略論上卷雖讀完，而其下卷尚未譯成為憾。

五、經兒訪美情形尚佳，但須至下月方能結束。

六、美眾議院軍委會員來臺考察，其對海軍感想不佳也。

七、羅蘭訪臺，其態度似較前年為佳。

八、國大代表遞補案已經解決，對國大開會及選舉法不加修改亦已決定。

九、匪共情勢：甲、匪拒絕聯大對韓政治會議決議案。乙、匪財政薄一波調換，以鄧少〔小〕平繼任。丙、匪俄宣布五年計畫之合作宣傳。丁、匪宣布其選舉（全國）展至明年春季。戊、韓戰停火以來，其態度仍以迤〔拖〕延消耗方式應付美國。己、中立委員會對義俘解釋條規，印軍顯以共匪主張為主，幸韓李[1]尚能設法抵制為慰。癸〔庚〕、匪砲擊斃英員六人，英國抗議無效。

十、俄帝情勢：甲、不贊成在瑞士開四國會議，而主張以共匪參加之五強會議。乙、宣布對北韓貸款十億羅卜。丙、其集體農場制幾乎宣告失敗。丁、宣布其鈷彈已製造成功。

十一、國際情勢：甲、美國與西班牙基地協定已訂立完成。乙、西德選舉，其政府完全勝利，德國復興基礎已穩，但法國大起嫉忌與不安。丙、美對伊朗貸款救急。丁、英國兩黨皆對俄求妥協，對美用壓力，可痛

1　韓李即李承晚。

可慮。戊、聯合國大會印度尼妹[1]當選為主席，但土耳其當選為非常理
事，而俄國圖選波蘭則失敗矣。

十二、盤谷之四國會議因緬甸代表退出而破裂，且其用飛機轟炸我游擊隊之
基地，但我仍照預定方針作有限度之撤退也。

1　潘迪特（Vijaya Lakshmi Pandit）。

十月

蔣中正日記
Chiang Kai-shek Diaries

民國四十二年十月

本月大事預定表

1. 改組農會之講述會之定期召集。

2. 規定黨員與軍官所看書藉〔籍〕（不許亂看）。

3. 通信兵學校應有顧問及教材。

4. 中餐宴客不准過六色（每客餐價應有限制）。

5. 練習判讀空中照相之地圖（各軍校）課目。

6. 車站、交通公共場所廣播反共歌三次。

7. 省府應組全省清潔，檢查各級機構清潔。

8. 美援平準基金運用為難之具體列條報告。

9. 國防部組織法之通過。

10. 小學功課太多及夜校補助教育。

11. 反情報之組織與研究。

12. 戰地政務之組織業務課程。

13. 聯合作戰中心與支援火力之組織訓練，為明年度國防部第一優先工作。

14. 依照美國編制，編組兩個軍團之設計。

15. 金門部隊與臺、澎部隊之調防。

16. 東山潮汕藉〔籍〕士兵之處理辦法。

17. 後勤改制計畫之實行時期。

18. 防大與參校教官待遇先行提高。

19. 防大與參校周轉預備金每年約五萬。

20. 軍士制度實施情形之催報。

21. 陸軍大學之規復。

22. 陸、海、空軍改設部而取消總部問題。

23. 光字計畫與五年計畫實施程序與準備。

十月一日　星期四　氣候：雨

雪恥：昨晚審閱秦[1]擬雙十節文稿後，晚課，入浴，廿二時就寢。接經兒電已訪問白宮，愛克談話與態度表示親切云。余不願將經兒訪美情形發表者，因一般官員均以訪美為榮者，戒耳。

本（一）日朝課後即修正雙十節文稿，至十一時，入府對留美空軍軍官四十餘人訓話畢，召見黨員余夢燕[2]等九員，批閱公文完，回寓。本日已由陽明山後草廬遷回蔣林矣。午課後到戰術空軍指揮所，再聽聯合作戰中心之組織與運用，對其通信系統之組織，乃比昨日所聽者更為了解矣。晡接見美眾議院軍事委員會主席[3]等，茶會畢，記事。彼等名來遠東各國考察其軍援情形，其實專為協助我臺灣之軍事建設，尤其想擴充軍援範圍至金門、大陳等外衛島嶼，作準備而來也，聞之感奮。與傑甥商談後，入浴，晚課。

1　秦即秦孝儀。

2　余夢燕，湖南臨湘人，1952 年 9 月與丈夫黃遹霈一同創辦《英文中國郵報》，並任社長與發行人。

3　詹生（Justin L. Johnson），又譯詹里雷，美國共和黨人，1943 年 1 月至 1957 年 1 月為眾議員（加利福尼亞州選出）。

十月二日　星期五　氣候：陰雨

雪恥：一、發動援助留韓反共華俘被印軍槍殺案，當美要求我對此等義俘發表勸勉其移往中立區時，應先要美國保證共匪對義俘解釋時期滿後，須照停火協定所規定日期即予釋放之確實保證，不致辜負義俘。當時雖有此意，但為客氣所動，未加詳思熟慮提出反要求，而即發出勸告文，以致今日義俘被印軍殘殺，而且其解釋無期拖延，不知何日究得釋放，不勝追悔。此乃對美交涉不能細考，又是一次粗忽失策矣，惟應積極設法挽救也。

朝課後，修正雙十節文稿第二次完。十時後入府，召見十餘人畢，召集財經會談後，續修文告第三次完。午課後約見辛浦拉，茶會後記事，閱報，入浴。傑甥陪同美國議員參觀金門、高雄，回來報告海軍不行之點，此海軍人事不行，實為建軍之最困難問題也。晚課，廿二時寢。

十月三日　星期六　氣候：陰雨

雪恥：前、昨二日，留韓義俘皆有被印軍開槍死傷之慘案，不勝憂傷之至。印度人只知有勢力，而不知道義為何物，余不驚異，彼本為無歷史無熱情之民族，但其殘忍冷酷之無人性的無恥言行，如尼赫魯者，此為英國之所不及，其惟與俄國相似，實為東方民族之蟊賊也，可痛。

朝課後記事，九時半入府主持月會，發表對留韓反共義俘受印軍殘殺，以及留緬游擊隊被緬軍野蠻轟炸與圍攻之痛憤心情，號召海內外同胞聲援對美國與聯合國之抗議主張畢，召見日議員本多[1]後，召集軍事會談。午課後批閱公文，心緒煩悶，氣候亦甚不佳也。晚宴美眾議員軍會主席詹生[2]等六員後，各別會談，至廿三時辭出。晚課後寢。

1　本多市郎，曾任國務大臣、地方自治廳長官，時任日本自由黨國會議員。
2　詹生（Justin L. Johnson）。

上星期反省錄

一、美國史蒂文生遊歷亞、歐回國後，主張訂立美國互不侵犯條約，而其政府要人愛克與史密斯等，竟亦聲言不惜研究準備，此或應付其敵黨之姿態，對民眾之表示，如其仍信史蒂文生之受英邱[1]中毒之思想為可行，則美國對世界之責任及其本身之惡果，殊難想像。余甚恐美國幼稚與天真之思想，或將有出現之一日乎，憂戚之至。

二、經國在華盛頓訪問程序已畢，幸無錯失，或可對美外交將來能有相當效果乎。

三、印軍殘殺我留韓反共義俘，而且其專意袒護共匪，為匪作倀，以致解釋工作不能如期實現，不勝悲憤，惟韓國政府表示憤慨，將有積極行動之言行，略能自慰。

本星期預定工作課目

1. 戰爭原則之審定。
2. 國防部組織法案之督導。
3. 金門部隊換防問題之研究。
4. 相對基金使用阻礙原因之報告。
5. 美援配合軍援預算項目之提示。
6. 雙十節閱兵之準備。
7. 研究員提名之督導。
8. 軍事教育制度講詞之審核。
9. 臺灣光復節檢閱民眾團體之停止。

---

1 英邱即邱吉爾（Winston Churchill）。

10. 巡視大陳之準備。

11. 決定第三次全會日期。

十月四日　星期日　氣候：陰晴

雪恥：一、戰爭十大原則之審核。二、浴堂、公廁、公墓建立之督導。三、腳踏車燈之設置。四、學童、公民衣冠行動不正之改正。五、外國人違反警章者，一律取締（拘捕時應寬和，不應打罵）。六、公路兩側未經登記許可，不合方式之矮陋建築物、雞籠、豬栖、廁所等之取締。七、警務處禮堂不洗擦。

朝課後閱報，餐後記事。十一時禮拜（蔣林堂）回，整書。午課後與妻車遊桃園道上，回程經新莊鎮內視察市容。回寓準備對警察會議講稿，接顧[1]大使與經兒在華盛頓工作報告，其國防部陸、海軍各部長，各參謀長以及副總統皆參加招待經兒之宴會，據顧稱經兒答詞皆能得體為慰。晡獨自在蘭圃散步消遣，入浴，晚膳後指示胡璉對東山藉〔籍〕士兵之處理方針。廿二時晚課後寢。

十月五日　星期一　氣候：晴

雪恥：一、各軍學校以學、庸、孫吳兵法為必修課目，並以此為畢業考試論文之選題。

朝課後手擬對警察會議講稿要目。十時半到警務處禮堂舉行紀念周，訓詞約一小時四十分，甚覺重要。此不僅對一般警察之教導，實亦為對一般黨政軍

1　顧即顧維鈞。

高級幹部之常識教育，以彼等並不知警察與革命建國之重要如此耳，或於今後建設有所補益耳。正午約見美勞工部次長密勒[1]，相談半小時而別，午課後記事，記上周反省錄。整頓書冊後，獨在園中散步一匝。入浴，擦藥，以腿部濕氣甚烈也。膳後與妻車遊山上一匝，晚課。觀畫，妻自上周以來已畫六尺大品二幅矣。廿二時寢。

明日是馬夫人[2]生日。

十月六日　　星期二　　氣候：晴

雪恥：一、接外賓之儀仗隊士兵，應選其精壯與年青，在二十二歲以內者為標準。二、違章建築物之取締。三、對問題解決之步驟：甲、籌備。乙、組織與人選專家。丙、設計。丁、調查。戊、製成具體方案。己、負責解決之主官。

朝課後記事，入府召見嚴[3]財長，報告其在美出席國際銀行經過，與對美接洽情形，彼對美援增加我百分二十之軍援，實際內容仍茫然若夢，大維之無能可知矣。十時召見蔡斯、鍾華德等，商討軍援預算，蔡以我政府提交立法院之軍費預算案未與其洽商，表示不悅之意，余告其預算案之形式，因時日限制關係，但仍可從重討論修正者，彼乃釋然，並要求其相對基金款數必須本年用完，及其軍援增加百分二十之款，必須用於經援，配合軍援項下不足數之補助款也。彼等允諾遵辦也。召集一般會談，商討國代大會準備事宜。

1　密勒（Spencer Miller Jr.），又譯米勒，美國勞工部助理部長。
2　凱薩琳‧馬歇爾（Katherine T. Marshall），馬歇爾夫人，美國女演員、作家。
3　嚴家淦，字靜波，江蘇吳縣人。1950 年 1 月，擔任經濟部部長，3 月轉任財政部部長。1954 年 6 月，改任臺灣省政府主席。

十月七日　星期三　氣候：晴

雪恥：昨午課後着手審核戰爭原則之初稿後，與華頓談話一小時畢。園中散步一匝，入浴，擦藥。晚車遊後晚課，廿二時寢。

朝課後審閱戰爭原則。上午到中央常會開總動員會報，聽取各組報告後，指示下月會報時應提出具體報告六件，而以糧食管理與節約辦法以及臺北拉扱運銷、糖業公司與雇用市政專家整理市容為最重要，並開常會通過本常〔黨〕婦運指導會組織章則，派夫人為指導長。午課後記事，修正戰爭原則摘要稿，侯騰主稿之內容，甚幼稚不妥也。晡在園中觀魚鳥後，散步一匝，入浴，擦藥，晚課。

十月八日　星期四　氣候：陰

雪恥：一、海、空進口檢查人員態度方法與技術之改正（謙和忍讓與解釋），快速最要，切勿留難拖移。二、軍糧管理分配與質料之弊端（屬顧問詳報意見澈底改正）。三、剿匪要具：甲、情報（政工）。乙、通信（系統簡單）。丙、機動（敏捷）。

朝課後修改戰爭原則，至第八項目。入府約見（克銀漢）美油公司職員及方治[1]、江海東[2]等，聽取其慰問留韓反共義俘經過之熱烈情緒，其信仰愛戴之誠篤，殊有不可想像者，小子能不奮勉以副其望乎，尤以李小光、蕭鐵錚殺其同隊偽裝反共之匪幹數人以致受罪者，應設法營救之。召集陳[3]院長等，商討為緬北遊〔游〕擊隊事。覆愛克之信稿後，並指示對蔡斯年中報告之重要四事加以答覆之方針。午課後記事，修改戰爭原則第一次稿完，晚課。

1 　方治，字希孔，曾任中國國民黨中央宣傳部代部長，重慶、上海市黨部委員等職。時任國民大會代表、中國大陸災胞救濟總會總幹事。
2 　江海東，字喬森，江西宜春人。曾任三民主義青年團江西支團組長，時任國防部總政治部組長、軍人之友社總幹事。
3 　陳即陳誠。

十月九日　星期五　氣候：晴

雪恥：一、黨政軍聯合作戰中心制度：甲、戰時以當地軍事長官為主席，平時以當地行政長官為主席，而皆以當地黨部主任為秘書，一面傳達中央命令，一面報告中央。其作戰中心議決案，皆應由其主席簽字後，必須由秘書頒發（凡有關於政治案者）。當日黨政軍之經過情形及其命令，均應在作戰中心會議中提出其報告與討論，以便彼此聯繫與互助工作之進行，不使稍有阻隔也。

朝課後修改戰爭原則稿第二次完，入府召見二十餘員，另見武誓彭[1]、段焯[2]、王大任[3]、黃強[4]等四立委後，召集情報會談。美國情報員認為冷戰如再延長三年，則其對外援助與準備之經濟無法維持云，殊堪注意。批閱公文，為研究院第四周年紀念撰寫簡文畢回。

十月十日　星期六　氣候：晴

雪恥：昨午課後記事。重修戰爭原則各定義稿第三次完成，甚費心力，至此或可無大誤，如照侯[5]校長之原稿，必將貽笑外人矣。晡為雙十節文告灌音成片後，與妻及偉甥巡視市中一匝。晚又與傑甥車遊陽明山、北投一匝，晚課後寢。

本（雙十節）日五時後起床，朝課，與妻向上帝跪禱默告畢，已六時半，乃即出戶至蘭圃散步，順登右前山頭向北眺望，回寓後記事。時念卅七年雙十晨默禱，上帝示我以新天新地光明世界之啟示錄第廿一章，靜候已久，今後

1　武誓彭，字希林，曾任國民參政員、山西省參議會副議長，時任立法委員。
2　段焯，字子昌，曾任國民參政員、制憲國大代表，時任立法委員。
3　王大任，名雲祚，以字行，遼寧遼陽人。曾任遼寧省總工會常務理事，《東北民報》、《和平報》社論委員。時任立法委員。
4　黃強，字本初，江西臨川人。1948 年當選江西省第一選區第一屆立法委員。
5　侯即侯騰。

當必實現矣。九時入府主持慶典畢，召見美退伍軍人會長李查斯[1]君後，接受各使節慶賀畢，與妻上閱兵臺，十時開始閱兵，約一小時餘，再舉行分列式，十三時前方完。本年分列步伐與隊伍皆較去年進步，而因士兵着了皮鞋，致精神與步聲亦更見壯觀也。

上星期反省錄

一、聯合國非常任理事會選舉結果，以土耳其當選，俄提附庸未能當選也。

二、埃及與英國對蘇以士運河防務，據宣稱已獲得雙方諒解，此乃英、美對俄之策略又一勝利，然而此一問題，恐非如此容易了解耳。

三、無論俄國如何陰謀延長冷戰，避免熱戰，以助長其不戰而屈，制服世界之毒計，吾人必以反攻大陸光復中華為惟一目的，亦惟此方得破壞暴俄此一空前無比之陰謀，是乃拯救人類災禍必然之行程也。

四、本年雙十節之典禮與氣象，自覺比往年為佳，尤其是海外僑情與香港各報對擁護祖國之熱烈，殊為任何時期所未見。而本人身心亦時感有好整以暇之趣，甚覺卅八年下野重來之決心，為民族、為世界計，幸無大誤為慰。

本星期預定工作課目

1. 軍事教育制度講稿之審核。
2. 美援軍經用度計畫之督導。

1　李查斯（Wayne E. Richards），美國參加海外戰役退伍軍人協會（Veterans of Foreign Wars, VFW）會長。

3. 閱兵經過之檢討Ⅱ／101i、Ⅰ／102i 差，工兵車輛行列佳。

4. 美副總統閱兵之準備（儀隊須青年士兵）。

5. 研究院開學日期之催促。

6. 巡閱大陳日期與準備。

7. 辛浦拉聯合作戰中心講義之研究。

8. 國防部組織法案之審核。

9. 軍事學校教育總監制之研究。

10. 聯合軍事學校教育總長之研究。

11. 軍樂隊之組訓與音調須雄壯。

12. 注音字母之必識制度（通信人員特別重要）。

十月十一日　星期日　氣候：晴

雪恥：昨（十）日午課後，十七時前入府，在陽臺廣場上，夫婦接受廿萬群眾歡呼。今年比去年群眾秩序與行列更有進步，每見群眾挾道歡招之天然熱忱之表露，更不得不由余感動圖報也，平生辛苦一世，亦惟此聊足自慰耳。與妻等車遊淡水，在高爾夫球場遊覽片刻即回。晚審核研究院後期入學名冊未完，晚課。巡遊市上，比去年熱鬧矣。廿二時後寢。

朝課後記事，膳後寫顧[1]大使函，交傑甥帶去。十一時禮拜後，在新客舍與傑談話，聚餐畢別去。午課後審核研究員名冊三小時之久始完。召見嚴財長與至柔，指示對美援新增部分之用度計畫，準備向美提出也。晡與妻車遊山上一匝回，令偉已回寓矣。入浴，膳後再乘車與妻及偉甥等巡視市中，其熱鬧甚於往年也。晚課，廿二時前寢。

1　顧即顧維鈞。

十月十二日　星期一　氣候：晴

雪恥：一、光字計畫與五年戰爭準備計畫之進行，實施之組織與人選應確定。
二、青年反共救國團以社會服務與推行新生活運動為中心工作。三、教育心
理學對學習之定律—甲、過程—乙、轉移之動機的科學之教育方法。

朝課後早膳畢，在蘭圃散步一匝回，記事，記上周反省錄畢，重審研究員名
冊與審察上月情勢與工作。午課後記上月反省錄畢，手擬令稿數通與實踐學
社講義摘要後，獨往蘭圃散步，入浴。膳後晚課，廿二時寢。

的利雅斯特港，義、南兩國之爭執[1]，又將與俄藉口干涉之機會，狄托不顧其
整個國家將被俄帝吞滅，而以斤斤的港之小部地區問題，授其大敵可乘之隙，
殊以為怪，共產黨員終歸是共產主義者耳。

十月十三日　星期二　氣候：晴

雪恥：一、黨政軍聯合作戰研究班之重點與規律，應先決定。二、陸戰隊隨
伴車速配給。

朝課後寫緯兒信，並修改其來稟寄回。九時後入府，召見十餘人，沈大偉〔沈
偉〕[2]與趙國標[3]似可造就也。召集宣傳會談，討論國際情勢。一般心理認為，
韓戰政治會議如果能得到一個結果，共匪只要在大陸安定二、三年時間不向
外擾亂，則臺灣之地位必甚危險，而全國人心亦將無法振興，則奈何。余直
告其此為杞人憂天，吾無暇考慮及此，須知共匪決無安定之理，其主子俄帝

1　義大利的利雅斯特港（Trieste），1945 年 5 月二戰後發生義大利與南斯拉夫爭奪該城
　　事件。
2　沈偉，號企成，江蘇啟東人。歷任國民政府參軍處警衛室第三組組長、汽車第一團補
　　給組組長。
3　趙國標，又名梟，浙江諸暨人。1949 年 8 月，任東南長官公署副參謀長，1951 年 1 月，
　　任空軍指揮參謀學校校長。1954 年調任空軍總部秘書處處長。

決不使之有一安定之日，否則俄國之患，甚於其他民主國家也。以中共朱毛如一安定強大，則俄帝對匪必難安枕統治，此理甚顯也。而且俄國痙〔氫〕彈已經製成，美國朝野已呈朝不保夕之心理，而且顯之於行動，第三次世界大戰豈復有三年可待乎。

十月十四日　星期三　氣候：晴　夜雨

雪恥：昨午課後記事畢，審閱辛浦拉三軍聯合作戰中心講義紀錄，研究甚切也。晡在蘭圃散步，膳後又散步一匝，晚課後廿二時寢。

預定：一、評議會餐與僑領。二、三軍教材應互相通用。三、基地訓練隊之燃料只增加每人八分經費之查報。四、普通大專畢業生，應養成其勞工生活與心理，破除其做官享受之惡習。又職業與中學必須以當地之工作事業，定其課程計畫。

朝課後整理與批示三軍聯合作戰中心之講義後，入府約見美國宣傳處長畢。到中央常會，聽取留韓義俘來臺（五十四人）後言行之報告，與討論區黨部及工礦黨部改制案，指示後交審查。午課後，審閱研究院黨政軍聯合作戰班課程與教法畢。為美電視公司照相後，約會美眾議員威爾生[1]後，散步。

十月十五日　星期四　氣候：晴　悶熱　晚雨

雪恥：昨晡浴後晚膳畢，散步，晚課，廿二時寢。

預定：一、儀隊應即選青年士兵組成。二、光字與五年計畫執行人選與組織

1　威爾生（Robert C. Wilson），美國共和黨人，1953 年 1 月至 1981 年 1 月為眾議員（加利福尼亞州選出）。

之注意。

朝課後記事，十時到實踐學社，聽取菲搭律大帝戰史七年戰爭完，甚覺有助於我也。只要存在而能奮鬥到底，則必能轉危為安、轉敗為勝也。正午在社中聚餐，午課後審閱軍事教育制度講稿，即開始修正。記錄文字不佳與原意多有錯誤，故修改甚費力也。晡與妻車遊陽明山一匝，以妻為準備接待尼克生[1]副總統，布置房屋，朝夕不安，夜又失眠，恐將成病為慮。晚修稿，晚課後，廿二時入浴，寢。

十月十六日　　星期五　　氣候：陰雨

雪恥：一、是否訪韓之研究。二、陸、海二軍部人選與方針之考慮。三、軍事教育總監制之研究。四、戰爭原則之運用與戰史。

朝課後修正軍事教育講稿。九時後入府，召見中國銀行海外分行各主管人員十餘人李德熵[2]等後，召見臺灣赴日考察衛生人員十餘人，又見香港足球隊卅餘人完，並見美作者阿索柏[3]與薛伯陵[4]畢。召集軍事會談，研討美援增加項下及未用項下之使用計畫後，批示。中午評議會談聚餐，午課後記事，續修講稿。晡與妻車遊淡水，以妻操勞太過致病為念。膳後散步，入浴，廿二時後寢。

1　尼克森（Richard M. Nixon），又譯尼克生，美國共和黨人，曾任眾議院、參議員，1953 年 1 月至 1961 年 1 月為副總統。
2　李德熵，歷任中國銀行倫敦分行會計、副經理、經理，後調任中國銀行紐約分行經理。離開中行後任美國股票公司經紀人。
3　阿索伯（Joseph W. Alsop V），又譯艾沙普、奧薩浦、阿索浦，美國新聞記者暨專欄作家，以反共立場著稱，時在《華盛頓郵報》撰寫「就事論事」專欄。
4　薛岳，原名仰岳，字伯陵，廣東樂昌人。1949 年任海南特別行政區長官，1950 年任總統府戰略顧問。

十月十七日　星期六　氣候：晴

雪恥：一、愛民之道在教與用，建國之本惟勤與儉。二、研究院課目增添情報與組織宣傳的演習。三、軍事教育分學科、術科與政治科。四、政治科以哲學、歷史、外交、農工、組訓、地方自治、保健、康樂啟導提高士氣，團結精神。監察、軍法、民法、國際公法、獎勵（鼓動）與官兵家屬聯繫，（軍眷）俱樂部，醫科常識、撫恤、管俘心理戰，對敵謀略等課目。又調查、研究、設計、解決、考核為業務程序。

朝課後續修講稿與批示，入府召見萬賡年[1]等十餘人，又見安岡正篤[2]（日人漢學家），其人甚正篤也。召集財經會談，商討軍經援助增加部分之計畫，最後對新聞天地之邪惡行動，政府中多有為之掩護包蔽者，又發怒痛憤，嚴令其禁止進口。午課後修正軍事教育初稿始完，晚閱觀新製秋瑾[3]電影，頗佳，以香港環境而能特製此等革命黨史影劇，更為難能，應急加獎勵。晚課，廿三時寢。

上星期反省錄

一、美國對匪在板門店討論政治會議問題，不允許其討論該會組成分子一點，尚能維持其強硬方針，但其是否再有變更，尚不可知也。

二、義、南的港之爭已成最近國際問題之重心，美、英、法緊急在倫敦召集外長會議，對此問題之解決，似不甚困難也。

1　萬賡年，安徽懷遠人。1951 年 10 月任財政部關務署人事室簡任視察。

2　安岡正篤，日本漢學家，專研陽明學說。二戰時曾任日本大東亞省顧問，參與終戰詔書修改。戰後組織師友會。

3　秋瑾（1875-1907），字璿卿、競雄，自稱鑑湖女俠。1905 年 6 月入光復會，8 月入同盟會。1907 年 3 月回紹興，任大通學堂督辦，籌畫革命起義。7 月 14 日受徐錫麟安慶起義牽連被捕，15 日凌晨就義。

三、留韓義俘之解釋，本周四日已經開始，其願歸匪區者不足百分之二，此為共匪對國際宣傳最大之事實證明其失敗也。義俘反共與愛國如此，更不能不令余感奮自效矣。

三[1]、本周工作可述者：甲、三軍聯合作戰中心制度講義之審完。乙、軍事教育與制度初稿完成。丙、菲律脫大帝戰史聽完。丁、對美援增加款項用度之計畫完成。

四、英國參謀總長哈定[2]，在澳洲會議討論東南亞聯防計畫，即邱吉爾所提倡「東南亞理事會」之組織，其必將泰國、越南牽入在內，而以馬來亞為中心，澳、紐為後盾，形成英國領導之勢力範圍，一面防制中共之威脅，一面牽制美國之獨霸亞洲。此在目前於我為患無幾，而於將來為害非尠，尤其是對越、泰兩國用心之險惡，更不堪問矣，未知美國果能知之乎。

本星期預定工作課目

1. 國防部組織法之審議。
2. 海軍戰略論下冊譯本之審核開始。
3. 革命實踐研究院第二階段教育開始。
4. 臺灣光復節文告。

---

1 原文如此。
2 哈定（John Harding），曾任英國遠東地面部隊參謀總長，1952 年至 1955 年任英國參謀總長。

十月十八日　星期日　氣候：晴

雪恥：昨晚觀秋瑾影劇，提有姚志強（即勇忱）[1]、王金發[2]、陶成章[3]等之名，感想無涯。論其對革命黨地位與歷史皆以背黨自私，不能善終，幸有秋、徐[4]二先烈歷史，彼等之名尚得附於革命之列。其實陶則詆毀徐烈士為有帝王自私之謀，而姚、王[5]更以賣友求全，降敵自害，卒為袁[6]賊所殺。而當時同志心交其能善終者，惟竺友三（紹康）[7]而已，悲乎。

朝課後記事，膳後記上周反省錄，十一時禮拜畢，董大使顯光來談，報告其最近日本情形，日政府對反共毫無膽識，吾認為現在日本成為共黨與官僚相互利用之時代，其情形危險極矣。正午約宴白吉爾[8]介紹來見之友。午課後自檢美援要件與手書寄少川與令傑，頗費心力。晡為夫人題畫中堂四幅。晚膳後車遊山上一匝。閱日本每日新聞侮蔑我政府與經國之報導，一笑置之。此乃日共認為經國必將經過日本歸來，而特加毀謗，使日人對經國冷淡，誰知經由菲律濱回臺而不經日本也。晚課。

1　姚勇忱（1880-1915），一名永成、志強，光復會黨人、同盟會上海支部會長、眾議員。1915 年因王金發牽連遭誅戮。

2　王金發（1883-1915），光復會黨人，辛亥革命期間攻克杭州軍械局，曾參與反袁活動，1915 年遇害。

3　陶成章（1878-1912），字煥卿，光復會創始及領導人，曾任浙江省臨時參議會議長，1912 年遇刺身亡。

4　秋、徐即秋瑾、徐錫麟。徐錫麟（1873-1907），字伯蓀，別號光漢子。1904 年在上海加入光復會。1907 年改任安徽陸軍小學監督、巡警學堂監督。5 月 26 日發動安慶起義，借巡警學堂畢業典禮，槍殺安徽巡撫恩銘，被捕就義。

5　姚、王即姚勇忱、王金發。

6　袁世凱（1859-1916），字慰廷、慰庭或慰亭，號容庵，河南項城人。北洋軍創始人兼領導者，曾任清朝軍機大臣、內閣總理大臣、中華民國第二任臨時大總統、首任大總統等。

7　竺紹康（1878-1910），字履占，號酌仙，浙江嵊縣人。洪門人士、光復會黨人，加入同盟會在上海從事活動。

8　白爵（Oscar C. Badger II），又譯白爵爾、白傑、白齊爾、白吉爾，美國海軍將領，曾任海軍大西洋艦隊驅逐艦隊司令、海軍軍令部助理部長、遠東海軍部隊司令，1952 年退役。

十月十九日　星期一　氣候：晴

雪恥：一、外交與新聞研究班緩設。二、反情報之組織。三、通信學校要求美顧問與教材。四、規定黨員與軍官必看之書籍〔籍〕。五、判讀空中照相地圖課。

朝課後記事，批示「新聞天地」案，宣傳當局不忠實之斥責。十時到實踐學社聽講拿破崙戰史二小時畢，聚餐，回寓批示公文。午課後，修正軍事教育及其教育制度講稿，約三小時之久，約見加拿大（畢加德[1]）眾議員。晚宴美空軍戰術司令康農[2]上將，其人平實可喜，美國各界鉅子皆多平實而無官氣游滑之象，即其商人亦多如此，此實美國教育致強之由也。廿二時客散後，晚課，入浴，廿三時前寢。

倫敦三國外長會議昨日閉幕。

十月二十日　星期二　氣候：晴　夜雨

雪恥：倫敦外長會議內容，傳說不一定對韓國政治會議，改為共匪在內之所謂五強會議加上南北韓之說，余不信其可能。

朝課後記事，九時後入府，召見趙才標[3]八員，趙似可用之才。召集一般會談，商討國代會議與反共救國會議籌備事項畢，與雪艇商討中、韓同盟計畫後，經國由美回來報告數事，令其以後詳報。午課後到實踐學社聽講拿破崙戰史完，以時間所限，故多略而不詳，以後還須重加研究也。晡獨在蘭圃散步，明月清風，心神舒暢，傷風亦癒矣。重修軍事教育講稿。晚與顯光、雪

1　畢加德（Louis-Philippe Picard），加拿大自由黨成員，1940 年至 1955 年為下議院議員。
2　康農（John K. Cannon），又譯堪農，美國空軍將領，曾任陸軍航空隊航空訓練司令部司令，1951 年至 1954 年任空軍戰術空軍司令部司令。
3　趙才標，曾任第一戰區警備司令、總隊長、駐日軍事代表團團員。時任浙江省政府委員兼秘書長。

艇談對韓交涉步驟，屬顯光先以非正式往韓洽商，再定具體方案畢，入浴，晚課，寢。

十月二十一日　星期三　氣候：晴

雪恥：一、尼克生東來任務，既為促成太平洋聯盟，則中、韓同盟協商更應從速推動，決派顯光大使先赴韓探討之舉，似不為冒昧也。先由中、韓同盟為首，再約其他各國隨時參加之計畫，在目前東亞各國之環境中，惟有此一法耳。

朝課後重修軍事教育講稿。九時半到中央常會，商討反共救國會議組織與宣傳計畫，並聽取謝東閔[1]自日本視察黨務回來之報告，甚切實可取，謝實臺省幹部中之優秀有望者也。正午記事後，與雪艇談中、韓商談內容，詳核批准，即派董[2]赴韓接洽也。午課後三時前，與妻及偉甥出發，經大溪別墅休息後，登角畈山。沿途民眾之態度，其親愛之熱情已出於自然矣，可慰。十八時半到妙高臺，月白風清，心神爽暢為樂，晚課，入浴後廿二時寢。

十月二十二日　星期四　氣候：晴

雪恥：本日為舊曆九月十五日，六十七歲初度。七時（夏令時間）起床，即在室外廊上朝操，讀唱經詩後入室，似覺感冒。在朝課靜坐，默禱畢，乃感傷風復萌，即在室內休養，因生日停止朝餐，以感念先慈生育之劬勞也。上

1　謝東閔，號求生，1947 年至 1953 年任臺灣省教育廳副廳長，本年 5 月起兼任中國國民黨中央委員會副秘書長。
2　董即董顯光。

午補修軍事教育講稿第四次完，記事，閱報。正午經兒夫婦[1]帶武、勇二孫與薇美來山祝壽聚餐，辭修與永清亦到同餐畢，聚談片時，休息。午課後經兒報告其訪美經過情形，彼獨感美國朝野對余敬佩之深，殊非往日未去美國時想像所能及，而以麥克阿瑟與尼克生副總統與前總統胡佛表情為最誠摯也，聞之感慨無窮，對日、韓二國合作之研究甚切。晚宴侍衛人員畢，觀影劇後晚課，廿三時寢。

十月二十三日　星期五　氣候：晴

雪恥：昨生日以傷風，未能外出遊覽，夜間亦未得觀月，而天氣清朗異常，更覺未能興〔欣〕賞風光為憾耳。本日七時後方醒，傷風尚在，故八時方起。朝課畢，再聽經兒訪美報告詳情。據顧大使對其所述秘史一節，稱卅九年二月間，有英人向其要求，屬余離臺以政權交代其所舉之三人（顧不肯說其姓名），而有華貴之輪船一艘，其價約值四百萬美金之鉅，作為贈余之用，並邀顧在該船上視察，以證其所說乃為事實之意。其次日即約顧與美國情報局副局長「杜拉史」[2]等宴會，但未談此事，不過證明其英人所談者，乃美國政府亦參與同謀之意也。再經一星期後，見余復職，彼英人復對顧云，如蔣某恢復大陸以後，亦須去職離國云。此一陰謀之經過，今日始得發現，亦可知英人對余之陰謀始終不息，方興未已，其認為余為亞洲之拿破侖，蔣如不倒，彼英在東方之野心，絕無從來可能也。

1　經兒夫婦即蔣經國、蔣方良。
2　杜勒斯（Allen W. Dulles），又譯杜拉史、小杜勒斯、艾倫‧杜勒斯，1951 年 8 月任中央情報局副局長，1953 年 2 月升任中央情報局局長。

十月二十四日　星期六　氣候：陰　微雨

雪恥：昨上午聽經兒報告畢，乃同其外出，在臺上與小學校散步一匝回。審
閱臺灣光復節文稿，陶[1]擬者多不能用，讀書人皆多單獨思想，而不問其環境
如何，可歎。批閱公文後，顯光大使上山來談，囑其先在東京與日政府洽商
其日、韓合作之辦法，再往韓見李承晚總統。以見報日、韓談判，前日又作
第四次之破裂為慮耳。午課後修正光復節文稿，至晚又增補最後一段，自覺
其為最有力之文字也。晡與妻遊覽臺上與村校一匝回，晚課，入浴，寢。

本（廿四）日朝課後記事，重修講稿第四次完，批閱公文。午課後閱報，考
慮尼克生訪臺歡迎時致詞大意，並對軍事教育講詞中之哲學與科學之分別，
尚有未盡之意，擬有增補也。本日對臺灣光復節告文，自覺其為有得之文也。
晡入浴，休息，與妻談笑，晚課，寢。

上星期反省錄

一、本周聽完拿破侖戰史，修正軍事教育講義與臺灣光復節文告，甚費心力，
　　自認二文必於今後臺民及軍隊，必有決定性之影響也，但對拿翁戰史得
　　益甚尠耳。

二、經兒訪美歸來，據美國私人報導，收獲極大。此乃數年來為家、為國無
　　形中一個重要問題，至此乃可略慰所懷矣。

三、倫敦三外長會議之結果可舉者：甲、太平洋聯盟問題，由分別協定為基
　　礎而形成共同防衛聯盟（中韓聯盟亦為分別協定之一乎）。乙、韓政治
　　會議對於組成分子最多增加一國，但此非指印度而言。丙、對俄堅決要
　　求其成立四國外長會議，解決德、奧和約問題，決定其一個時期只採取

1　陶即陶希聖。

一項步驟之方針，是三國對俄之技術大有進步矣。丁、的港與以色列約但河問題之處理，三國不致有過於相反政策，當易解決乎。

四、麥克阿瑟托經國轉達之意：甲、美國無長期政策與計畫，俄國有十年、廿年長期之計畫，美國甚至幾個月一變更，不如中國有所謂百年大計者。乙、五年以前，美國生產力超過俄國十倍，今只超過五倍，廿年以後則相反矣，時間於俄有利，故俄不想戰爭。丙、美國朝野無人願有戰爭。丁、俄決不向西歐用武力侵略，而其必向亞洲未開發之地侵略。戊、德國建軍為俄國所最忌，德國人至今仍不忘其統一歐洲、征服俄國之野心，惟德國民族性為天成之軍國主義者，故只有德國恢復軍備，方能引起俄在歐洲戰爭。己、英國對臺灣與大陸主張分成兩國之陰謀。庚、美政府對臺灣政策不作積極行動，聽其自然，但不致有相反或不利於臺灣之行動。庚[1]、勸我忍耐待時，勿作無把握冒險之行動。辛、美國人對華之同情只是情感作用，而並無理智基礎，不知中國對美國今後安危利害究有如何關係云。

十月二十五日　星期日　氣候：晴

雪恥：一、尼克生東來之目的：甲、遠東聯盟之促成。乙、對日建軍與經濟問題之研究與督促。丙、遠東各國經濟與軍事之互助。丁、中、韓約定分別反攻共匪之協商。戊、越南與我反攻大陸之路線。二、尼克生歡迎詞之要旨，重心在開發東方，尤其協助開發中國，提供全人類一千年福利（和平）生活之資源，提高亞洲人民生活程度，補充美國百年後開發將竭之資源，使之接續不絕，永保其富強康樂，為安定世界之重心，實為今日美國政治家之責任。朝課後記事，聽報，終日續修軍事教育講稿第五次完，尚有未盡之意耳。晡

1　原文如此。

與妻至望月臺上散步回，重修講稿，聞令侃 [1] 已到臺北，寸心不知所懷。晚讀詩，晚課，廿二時寢。

十月二十六日　星期一　氣候：晴

雪恥：一、尼克生歡迎詞要旨。二、四十年來我孫總理特著實業計畫，利用美國機器技術人才，以開發今後一千年可供全人類和平福利生活之資源，而不為某一帝國主義所關閉操縱，作其侵略世界戰爭為禍人類之用。在第二次世界大戰中，余亦以此不斷勸導美國當局，特別注重其對人類禍福，因此乃為領導世界之美國責任，亦惟有美國能負此責任。不幸未能採納，而且對此毫不注意，現在果為共產帝國俄寇所霸居，以貽今後世界人類無窮之禍患，已追悔莫及。惟望今日美國當局對此事實加以注重，如何消弭戰爭危機，以盡其造福人類之責，此實為中國四億人民所一致渴望者也。

十月二十七日　星期二　氣候：晴　未刻雨

雪恥：昨日未明即起，室內明月澄澈，萬籟俱寂，心神轉樂。朝課後記事。上午手續軍事教育講詞中，增補「道天地將法」之解釋一段，此為數月中對孫子研究之心得也。妻以其孔甥等來臺之故，乃於巳刻獨去臺北照料家事。午課後記上周反省錄，召見徐崇德 [2]、蘇進土 [3] 等畢，出外散步回。閱馬漢海軍戰略論下卷第九章開始，廿二時晚課畢，寢。

1　孔令侃，孔祥熙與宋靄齡長子。曾任中央信託局常務理事、中國訪美代表團秘書長，為宋美齡文膽，時寓居美國從商。
2　徐崇德，1951 年及 1954 年兩度當選桃園縣縣長。
3　蘇進土，臺灣臺北人。時任中國國民黨桃園縣角板鄉黨部主任。

本（廿七）日朝課後記事，上午閱馬漢海軍戰略論第九章完。午睡後妻回山，再午課，悒鬱沉悶異常。重閱軍事教育講稿，作最後之核定，自認此篇用力最大，不知果能有所影響否。晡聽取傑甥報告彼之工作進行有效，乃遭受嫉忌為難自所不免也，勸其忍耐自重。晚課後廿二時寢。

十月二十八日　星期三　氣候：晴

雪恥：一、警衛大隊改編問題。二、武官與侍衛長問題。三、增加軍援之款數運用問題，經援應以一千一百五十萬為計畫。

朝課後與傑甥外出散步，回記事。審閱馬漢海軍戰略論，頗費心力，目疾驟增為慮，但此第十章一般原理內容重要，故不能不夜以繼日研究，其書對於易經天材、天材[1]、人材兼三材，而兩之句亦頗費研究也。午課、晚課如常，晡與傑甥遊望月臺，彼亦以此處風景優勝於左面居所之妙高臺也。申刻約集中央派來對山胞黨員講習會之幹事劉清源[2]等八人茶點，以慰勉其勞也。

聞稚輝〔暉〕先生病危，恐已無望乎。

十月二十九日　星期四　氣候：晴

雪恥：近日常以世界皆在進步，惟我國精神與人心反在加速的退步，幾乎以妒嫉、自私為一般高級人員之本能，尤以住〔駐〕外之人員，各謀自保，不計國家之利害，而以嫉功忌能為其職責，如此國家焉得而危亡。縱目黨政軍中高級幹部之盡職負責、為國服務者殊未易見，而其才能之能否勝任其職則

1　原文如此，指「地材」。
2　劉清源，時任中國國民黨桃園縣黨部主任委員。

猶在其次也。嗚呼，教育惡劣，其為害於民族與國家者，自子民[1]至夢麟[2]、立夫[3]、雪艇、騮先等本黨同志，不能不負其最大之責任。其他非黨員如適之者，則不足怪矣。對此現狀不能不令人灰心也，奈何。

朝課後續閱海軍戰略論第十章完，對其結論不勝企慕神馳矣。正午陳之邁[4]、李正〔俊〕耀[5]等來山報告駐美情形。午課後續修講稿。晡至大和橋下與妻遊覽，談令侃事，晚仍續修講稿至廿二時後，晚課畢，就寢。

十月三十日　星期五　氣候：晴　下陰

雪恥：一、國防部各總司令部應否改部。二、行政院明年改組之準備人選。三、高級將領新任命之人選。四、陸、海二軍部仍恢復，空軍仍為總司令部，直轄於國防部。五、劉瑞恆[6]、杭立武[7]、俞大維、葉公超、嚴家淦等，皆可改

1　蔡元培（1868-1940），字鶴卿，又字子民。中華民國首任教育總長，1916 年 12 月至 1924 年 1 月任北京大學校長，開「學術」與「自由」之風。國民政府奠都南京後，籌設中華民國大學院及中央研究院，主導教育及學術體制改革。1928 年至 1940 年專任中央研究院院長，貫徹對學術研究的主張。

2　蔣夢麟，原名夢熊，字兆賢，號孟鄰，浙江餘姚人。曾任北京大學校長、教育部部長、行政院秘書長、國民政府委員。1948 年 10 月，任中國農村復興聯合委員會主任委員。

3　陳立夫，名祖燕，字立夫，以字行，浙江吳興人。1949 年 6 月至 1950 年 3 月任行政院政務委員，1950 年 8 月任中國國民黨中央評議委員。同時，以參加道德重整會議名義，帶全家離開臺灣，定居美國。

4　陳之邁，筆名微塵，天津人，祖籍廣東番禺。曾任中華民國駐美大使館參事、聯合國善後救濟總署副代表等職，1950 年任駐美大使館公使。1955 年 10 月出任駐菲律賓大使。

5　李俊耀，時任駐美採購技術團副團長。

6　劉瑞恆，字月如，直隸南宮人，出生於天津市。歷任聯合國善後救濟總署中國區醫藥組負責人、行政院善後救濟總署衛生委員會主任委員。1949 年隨政府撤退來臺，仍從事公共醫藥衛生工作。1950 年 6 月，任善後事業保管委員會委員，12 月任中國紅十字會總會會長，協助發展醫學教育。嗣後多次代表出席世界衛生組織大會。

7　杭立武，曾任中英文化協會總幹事、教育部常務及政務次長、部長等職，時任國民大會代表、國立中央博物圖書院館聯合管理處主任委員及國立故宮、中央博物院共同理事會理事。

任軍政職務。四[1]、外交部人選之重要。

朝課後，續補軍事教育講詞中原理與規律之區分一段，余認此為啟示指揮作戰最重要與精思入神之一段，如有讀之而不能領悟者，必非將才也，余亦至此不能再有所教導矣。記前、昨二日事。午課後審核國防組織法，立法院各種意見詳作批示。晡以傷風未外出，乃入浴。晚課後與沈琦〔錡〕秘書談話畢，廿一時半寢。

十月三十一日　星期六　氣候：晴

雪恥：一、召集周、嚴[2]討論增加之軍經各援款項之交涉。二、軍援增加款項，對尼克生之說明。三、是否召俞大維回國，另派人交涉或派顧[3]直接交涉。四、問周與蔡斯交涉如何。

本晨五時初醒，六時又睡着甚酣，八時方醒起床。朝課時，孝文與令傑乘吉普車上山甚快也，與文孫共餐後記事。十時接受角畈鄉老幼民眾祝壽，跳舞、歌唱為樂，七十以上老者十餘人，贈以袍料、禮品後，回室審核三軍聯合作戰管制中心講義及圖示，至此對於作戰中心之組織，方能澈底了解也。正午夫妻與孝文及侃、偉、傑三甥聚餐，談笑取樂。午課後文孫先回，余與妻及偉甥遊覽溪內瀑布，詠詩一首，回時已近黃昏矣。晚膳後觀電影，先觀正月與武、勇二孫遊日月潭五彩電影，甚佳也，再觀外國電影，廿三時寢。

1　原文如此。
2　周、嚴即周至柔、嚴家淦。
3　顧即顧維鈞。

本週反省錄

一、派董[1]大使訪韓交涉已在進行中。

二、美丁恩[2]在板門店與共匪談判政治會議時間與地點問題，並未有妥協
形勢。

三、本周在山工作，修正軍事教育講稿最費心力，幾乎與前年修正克氏戰爭
原理譯門[3]同一情形，但自覺對我國黨政軍之教育必有重大影響，否則再
無救國建軍之希望矣。

四、審閱馬漢海軍戰略論第九、第十兩章完畢，得益非尠也。

五、吳稚輝〔暉〕先生已於卅日夜逝世，嗚呼。

六、對今後人事與軍政組織研究，尚無結果。

七、心神忙碌憂戚，但修養似有進步耳。

卅一日午後重遊角畈山溪內瀑布，憶及古鄉雪竇千丈岩有感，口詠七絕一首。

1. 國楨回國問題。

2. 對尼克生歡迎詞與談話錄。

3. 軍經援增加款項之交涉計畫。

4. 宴會名單之擬定。

5. 外交訓練班名冊之審核。

6. 警察講稿與禁止砍林之法規。

7. 對韓交涉方針之擬訂。

重遊角畈山內溪觀瀑，憶及古鄉雪竇寺千丈岩瀑布有感，口占七絕一首：

每來角畈必相訪，迎客歌聲穿瀑聲；

瀧壯魄雄千丈勢，何如雪竇澤高深。

1　董即董顯光。

2　丁恩（Arthur Dean），執業律師，曾與杜勒斯（John Foster Dulles）共事，韓戰停火談
判時任聯合國美方談判代表。

3　原文如此。

十一月

蔣中正日記
—————————— Chiang Kai-shek Diaries ——————————

蔣中正日記
Chiang Kai-shek Diaries

民國四十二年十一月

本月大事預定表

1. 通令研討軍事教育訓詞與擬定具體實施方案。

2. 軍隊編組建議之檢討。

3. 明年度（四十三年度）預算計畫之擬訂。

4. 聯合作戰系統（陸、海）之整個建立。

5. 陸、海軍各級部隊增空勤參謀長。

6. 對尼克生談話要旨：甲、世界反共與美、俄和戰趨勢。乙、美國領導反共之方式與作風。丙、對華無政策與前政府相同。丁、亞洲反共與中、韓、越反共前哨之援助應積極，並預定準備期限及其步驟，以一年至十八個月為準。戊、韓戰失敗後之對共計畫與政策如何。己、對援助政策應以政略、戰略着眼，而不應以目前技術與行政為主旨，否則對受援國家不能增加合作好感，相反的得到反感，而且只有浪費與減效，此即共俄所期望，而彼亦即藉此漏洞滲入，以拆散反共陣線，永無具體辦法與堅強組織可能。庚、遠東聯盟必須由美領導，否則必無結果。辛、反攻大陸計畫與準備方針。壬、經援情形與希望及外衛軍援與整個編組。癸、反對中共入聯合國與根本辦法。

7. 共產帝國之猖獗主因與形勢何在，反共現實的形勢與使用主力應在何處之研究特別重要，置重點於如何能援助我反攻大陸。

8. 世界形勢與反共政策之檢討。

9. 東南亞與遠東形勢及太平洋聯盟能否實現之檢討：甲、日本。乙、韓國。丙、越南。丁、中國。

10. 美國脫身政策與亞洲防務交亞洲人。

11. 世界不安及共禍重點與現實在中國。

12. 美國對授援各國之反感：甲、處處窒礙不通。乙、事事不能解決無結果之
原因何在。丙、越俎代疱〔庖〕主觀的閉門造車。丁、英國爭領導權。戊、
強制照美國方式生活來代替其傳統生活。

13. 俄共拖延政策之孤立美國政策。

14. 遠東問題是很簡單，不可視為複雜。

十一月一日　星期日　氣候：上晴　下陰雨

雪恥：一、決定召俞大維回國述職。二、召周、嚴[1]指示美援增款方針。

五時醒後對昨詠七絕思考有所修正，朝課後審閱令傑所擬對尼克生談話資料，
甚得我心，此甥對政治作為與見解，乃晚輩中所少有而難得者也，對內容加
以批示與指正後，彼先下山修稿。余乃校閱軍事教育講義印本一過，尚有錯
句，加以改正。十一時外出散步，在街上巡視一匝回，記事與記上周反省錄。
午膳假眠後，午課畢起程，此次旅情未能如上次之佳也。途中又將七絕「遙
聞歡迎鐘鼓聲」句改為「為愛歡聲挾瀑聲」，又改「縈懷千丈月高明」句為「夢
魂千丈月圓明」，更洽心意矣。晡回蔣林，妻手被毒蚊所咬，發腫甚痛為憂。
晚記易「中正自守，其介如石」等句，入浴，廿一時寢。

本日起改為正常時間，比夏令改遲一小時也。

1　周、嚴即周至柔、嚴家淦。

十一月二日　星期一　氣候：雨

雪恥：華盛頓郵報向來為反華倒蔣擁俄護共的有名的日報，前日忽登載其奧薩浦[1]對蔣推崇備至之文章，殊為駭異，豈美國輿論與心理對華果有澈底認識與悔悟乎，故特將此報剪貼於此，以其各報之頌揚不足為奇也。

朝課後記事，重讀軍事教育講稿為樂。九時到實踐堂主祭吳稚輝〔暉〕先生，並在其大殮前謁見其遺容，和藹泰然如生，足見聖哲盡性知命，其臨終並無遺憾於心，而不同凡俗之流也。十時後與傑甥到革命實踐研究院主持黨政軍聯合作戰班第一期開學典禮，追述稚輝〔暉〕先生遺範後，宣讀軍事教育與制度畢，召見周、嚴[2]指示軍事預算與美援增加部分之交涉方針後，對高級情報班點名。

十一月三日　星期二　氣候：陰雨

雪恥：昨午課後重讀軍事教育講稿畢，閱報，約見美以美會卡生[3]監督約一小時。晡審閱檔案，對美外交之居里[4]部分不勝感慨，美國政府受其共黨之操縱，思之殊為寒心。入浴，晚課後廿一時半寢。

六時起床，朝課，記事。九時入府召見張隆延[5]等八員畢，董大使自韓回報，李承晚對中日軍事同盟問題不敢贊成（其意或恐美反對），而僅邀余赴韓相晤，準備空洞共同宣言，以提高地位，使美重視也。誠不知此老對政治如此

1 　奧薩浦即阿索伯‧艾沙普（Joseph W. Alsop V）。
2 　周、嚴即周至柔、嚴家淦。
3 　卡生（Fred P. Corson），又譯柯森，美國美以美會傳教士，1941 年 2 月及 7 月，作為美羅斯福總統特使訪華，調解蔣中正與史迪威之矛盾，此時為費城教區會督。
4 　居里（Lauchline Currie），曾任美國羅斯福總統經濟顧問，時任哥倫比亞政府經濟顧問。
5 　張隆延，字子綝，祖籍安徽合肥，生於南京。1948 年 6 月，任聯合國秘書處專員，時任聯合國中文翻譯組組長。1953 年 8 月返國，任陳誠機要秘書，10 月任中國國民黨中央設計考核委員會委員。

作風也，可歎亞洲誠無人可與語復興東方民族之大計與共事矣。召集一般會談，商討對尼克生談話要旨為主。午課後十五時到實踐堂，主持吳[1]先生啟靈祭畢回，獨自乘車經陽明山轉淡水，消遣散步，甚覺人生之渺茫也。

十一月四日　星期三　氣候：陰

雪恥：昨晚與令傑商討美援增款部分取得之辦法與方針，決令俞大維暫回臺灣，由霍亞民代理其事，以期順利解決也。膳後車遊頂北投一匝回，晚課，廿一時寢。

本（四）日朝課後記事，九時半到中央召見葉公超部長，為委派黃仁泉[2]為駐美秘書事，彼表不願之態，此乃外交部長包辦其事而致國事於不顧，可痛，余嚴命其照委勿違。數日來心神不安，而以本日此事為最甚，自私嫉能是為國人最大之弱點，而以最近政府中為甚，可痛。常會後往祝丁鼎丞[3]八十大壽。午課後重閱談話資料，晡會客。晚與蒲立德、顯光談話，廿一時晚課後寢。

十一月五日　星期四　氣候：陰晴

雪恥：一、與尼談話要目：甲、國際形勢第三勢力作祟與鴟張，各國人民反共情緒之激昂。乙、遠東形勢，韓國政治會議後之美國政策如何。丙、美國對中共與我政府之政策如何。丁、美國無政策、無重點之結果。

朝課後記事，九時後入府接見香港文化人士與華僑觀光團後，召見調職人員

1　吳即吳敬恆（稚暉）。
2　黃仁泉，黃仁霖之弟。曾任勵志社幹事，戰時於中華民國駐美大使館任職。
3　丁惟汾，字鼎丞，山東日照人。1949 年到臺灣後，任監察委員和中國國民黨中央評議委員。

六人完，與魏伯聰[1]談話畢，聽取軍援團提出改編全部陸軍為二個集團軍之計畫，由蕭副總長[2]報告其經過情形，余認為不妥之至，乃指示對案，在臺澎陸軍改為二個集團軍，在外衛島嶼者改為四個師，編二獨立軍為準。

十一月六日　星期五　氣候：晴

雪恥：昨午課後與偉甥往遊烏來電廠，心緒煩悶異常，回時已十八時半矣，膳後晚課，廿一時寢。

本六日朝課後，與傑甥談話，指示其回美後對美援交涉方針。九時後入府批閱，接見香港電影團十餘人後，召見四員，召集情報會談。午課後得悉嚴家淦、葉公超、黃少谷等集會，對令傑在美軍援活動有所不滿之意，聞之更覺悲痛，此等既不知大體又不能盡職，徒以嫉忌他人有成為事，人心卑劣何能挽救如此危局，加之孫立人之跋扈毀謗，不禁心寒無已。記事後，與妻談人心狡詐不實，相與唏噓歎惜。

十一月七日　星期六　氣候：晴

雪恥：昨晚宴美參議員史密斯[3]，彼受吳國楨影響已深，認為我政府不民主而不考究事實，美國人士之先入為主，認吳為天下之第一等人才，而不知其欺

1　魏道明，字伯聰，江西九江人。1947年4月，任臺灣省政府主席，1949年1月卸任後移居香港，韓戰期間至法國巴黎。1951年9月遷居烏拉圭。1953年10月返回臺灣。1959年出任外交部顧問。
2　蕭毅肅，原名昌言，四川蓬州人。1950年3月，任國防部參謀次長，1951年4月，升國防部副參謀總長。
3　史密斯（H. Alexander Smith），又譯史米斯、史米思，美國共和黨人，1944年12月至1959年1月為參議員（紐澤西州選出）。

騙美國人多少事也。余對美國在遠東之行動，直告其此為俄國所最歡迎之行動，而且徒為俄國發展其侵略之各種勢力而已。未知彼能有動於中否。十時後客散。晚課畢，廿三時寢，又失眠矣。

本（七）日朝課後記事，九時入府辦公，接見馬來與越南各僑祝受〔壽〕團，召見郭彥[1]與羅友倫後，審核談話資料約一小時餘。妻來辦公室整理設備。午課後讀詩，又審閱談話資料畢，入浴。近日來妻為迎客，在家鋪陳，日夜督導，幾乎終日不休，甚以其體力不支為慮，但其精神甚佳也。入浴，晚課，廿二時寢。

上星期反省錄

一、俄覆美、英、法之照會，幾乎要求三國完全繳械臣服，方准召集對德會議，此一照會之強硬非僅為史大林死後之所未有，亦為史大林生前之所無也，俄國八個月來之和平攻勢從此乃告一段落。而其東、西二方之壁壘相對，似乎再無和淡〔談〕之可能，但英、法當局之蠢才及其一貫之幻想，俄寇仍有其戲法玩弄於掌上耳。

二、李承晚對中韓同盟之建議不敢贊同，乃恐美國因之藉口撤退其駐韓之軍乎。

三、葉公超公然拒任黃仁泉為駐美大使館秘書之命，可知行政院各部已有準備抗命之組織矣。

1　郭彥，來臺後任裝甲兵旅副旅長兼裝甲兵學校校長，本年 6 月起至 1955 年 9 月任裝甲兵旅旅長。

本星期預定工作課目

1. 對尼克生談話要綱：

　　甲、亞洲遠東反共形勢與人民心理。

　　乙、共產國際政策與各附庸共同政策。

　　丙、美國遠東政策與俄之比較，一為消極、一為積極之不同各點。

　　丁、崩潰共產帝國與消除第三次大戰之主動計畫：子、重點。丑、地點
　　　　（戰場之選擇）。寅、方式（志願（美國）軍與訓練當地軍）。

　　戊、明年一月廿七日韓會失敗後之政策。

　　己、反攻大陸之五年與二年計畫。

　　庚、對英國遠東政策之研究與對策。

　　辛、軍援與經援之實施辦法應從政略着想。

　　壬、遠東聯盟之意見。

十一月八日　星期日　氣候：晴

雪恥：一、美國反對我反攻大陸之疑點：甲、恐俄參戰。乙、恐大陸人民不
擁護我政府。丙、恐我不能勝利而失敗。丁、共匪已可長期統治大陸。戊、
共匪可狄托化。己、共匪可不向外侵略，此皆由恐共病而產生。二、如何強
迫共匪對韓戰和平之方法與無力兼顧越南之接濟援助。三、反攻大陸對美國
政策主動地位之挽回。

朝課後記事，研究談話資料。十一時禮拜，十三時半親迎尼克生副總統於機
場接待室，回寓，為上賓，飲食行動一任其自便，故至晚間未與其再晤。午
課後整理資料。晚課後，廿一時寢。

十一月九日　星期一　氣候：陰

雪恥：一、和緩政策與局部政策即無整個的中心與重點政策，皆為俄國所歡迎，其理由：甲、短期內無法消化中國大陸，完成其開發亞洲心臟之戰略資源。乙、拖延時間可威脅美國以外各國，使之恐俄親共以孤立美國之政策，而後達成不戰而屈之最後目的，即使美、俄作戰，俄國亦有確實之把握，以其痙〔氫〕彈與原子彈亦能與美國相等或其數量多過美國，如此美國如不赤化附俄，則其自必發動對美攻勢，乃可一舉而得矣。

朝課後記事，八時半至十一時與尼談話未完，接受其帶來之愛克函件。午課後手擬與尼續談要旨，自十八時至廿三時，除晚餐外，皆與尼談話，彼傾聽不倦，甚覺難得也。晚課後，廿三時一刻寢。

十一月十日　星期二　氣候：陰

雪恥：一、本日在途中與尼所談者：甲、臺灣建立空軍基地。乙、增款項下應改為經援，以免經濟之崩潰。丙、中國青年學海、陸軍者，應准入其海、陸各軍官學校受基本養成教育。明日應補充談話要旨：甲、軍經援外效果增強之意見。乙、建軍第二方案。丙、對英國政策。丁、相對基金餘款之運用。

朝課後與妻陪同尼夫婦[1]同機，飛新竹機場，舉行年終總校閱閱兵分列式後，介紹尼講話畢，余再致訓詞完，休息，妻與尼妻先回臺北。正午聚餐，尼致詞懇切，餐畢休息。午課後陪尼至湖口參觀演習後，同車回臺北，修正談話稿，記事，晚課，寢。

1　尼克森（Richard M. Nixon）及其夫人（Thelma Catherine Nixon）。

十一月十一日　星期三　氣候：陰

雪恥：一、美、英、法召集百慕達會議之形勢，是其對俄政策能有統一之望乎。朝課後記事，考慮與尼談話補充各點以及指正備忘錄，修正第三次談話記錄。午課後手擬備忘錄要目，準備先交尼氏攜去也。十六時見尼氏隨從記者三人，余認為尼氏訪臺之行，對於我民心士氣之鼓勵甚大也。復見其隨員伍慈[1]等，彼對經國訪美感想之探詢甚切，余告以經對美感想之最深刻者，一為美國教育之效果，二為在外之美國人與在其本國者態度生活完全不同也。彼乃以此認識為正確，而非虛偽之談也。十八時在總統府為尼氏酒會如禮畢，回寓。晚宴後又與尼談話至廿三時方畢，晚課後就寢。

十一月十二日　星期四　氣候：晴

雪恥：一、對行政院改組之準備與方式。二、候選人員張、俞、張[2]。三、外交與財政二部長人選董、徐、顧[3]何如。四、美款總數查明。

昨夜睡眠不佳。朝課畢八時十分，陪同尼克生至飛機場接待室，告別即回。總核四日來與尼同處談話經過及其態度，性情可評為深靜專一，重理智而富情感，但其情感全出於理智也，實為美國民族性之政治家中所少見者也，殊為美國有人慶也。十時在陽明山主持三中全會開幕典禮後，召見葉公超、嚴家淦，對葉蒙混舞弊，喪失國家利益，盛怒之下加以痛斥，責成其對陳納德[4]

1　伍慈（Rose M. Woods），美國人，時任副總統尼克森貼身秘書。
2　張、俞、張即張其昀、俞鴻鈞、張厲生。張厲生，字少武，河北樂亭人。1950 年 3 月，出任行政院副院長，輔佐陳誠規劃地方自治，實施耕者有其田，完成土地改革。1954年 8 月，改任中國國民黨中央委員會秘書長。
3　董、徐、顧即董顯光、徐柏園、顧維鈞。
4　陳納德（Claire L. Chennault），曾任駐華美國陸軍第十四航空隊司令。1945 年 12月，在上海與盛子瑾合股，開設「中美棉業公司」。1946 年 10 月與魏勞爾（Whiting Willauer）成立民航空運隊並參與經營，1950 年任董事長。

出面之航空公司對解凍之款追回，否則定予處分，此二人可說最無骨格、只弄是非之徒，可痛極矣。

十一月十三日　星期五　氣候：晴

雪恥：昨午前全會預備會後，以葉事痛憤無已，乃即回寓。此為十年來最大之痛憤，以行政幹部之卑劣自私之此，其愚蠢殊不可及，甚為國家前途悲也。午課後記事，與妻車遊基隆以期消愁也。晚見曉峯秘書長，報告全會情形後，晚課，八時半就寢。

本日朝課後記事，修正與尼氏第四次談話紀錄後，批閱公文。正午召見陳[1]院長，彼對葉[2]事仍持模棱態度，更覺痛憤，殊令人肝膽為裂，從來無如此之悲痛憤激也。午課後調閱檔案，乃發現葉案之責任最大者為王雪艇，其蒙混舞弊殊所不料也。寸心憂鬱，不知所止，再召辭修與雪艇來談，明告其此事只有交付監察院查辦矣。

十一月十四日　星期六　氣候：雨

雪恥：昨日兩次痛憤，以致心神刺激不能安定。晡巡視陽明山會場後即回。膳後晚課，廿一時半寢，服安神片後仍失眠也。

本日朝課後召見雪艇，問其昨日查出之檔案，彼與當事律師之端木愷[3]究竟發生如何關係。彼認余言為對其有不信任之意，似不應該，余乃忍之，以此人

1　陳即陳誠。
2　葉即葉公超。
3　端木愷，字鑄秋，曾任行政院糧食部次長，司法院、行政院秘書長等職，時為執業律師。

己可救藥[1]，不足再予指責，彼蒙混至此，矢口為太負責，可謂無恥之至。余只言此事未交監察院查明以前，你再不能負秘書長之職責矣。余從未見有如此膽大妄為，不講廉恥之幕僚也。午前記事，批閱，巡視會場，召見俞鴻鈞、徐柏園，詳詢航空公司經過之文件證書內容。午課後到全會主席，宣讀樂與育二篇補述[2]，全文發表，以誌民生主義講詞補足之紀念也。閉幕後聚餐講話。

上星期反省錄

一、本周大部時間都為接待尼克生之來訪，與其正式談話四次，共有十小時之多，每次談話雖時間已到，而彼仍不忍終止，認為余之意見增加其新的思想，為其政府決定新政策時之寶貴參考材料也。整理談話記錄，夫妻皆費心不少。

二、本黨三中全會如期召開完成，育、樂二篇補述講稿在會中正式發表。

三、為葉公超、王世杰蒙混舞弊案，痛憤刺激，實為十年來所未曾有者，懊喪灰心，對民族與革命前途頓起悲觀矣。

四、俄莫洛托夫[3]召集新聞記者談話會，其語氣乃想緩和其對美、英、法拒開四國會議之照會，雖其態度略變而內容如故也。

五、金日城〔成〕[4]（韓共首）到北平何為，其將與中共匪偽訂軍事互助協定乎。

1　原文如此。
2　即〈民生主義育樂二篇補述〉。
3　莫洛托夫（Vyacheslav M. Molotov），蘇聯外交官，時任部長會議第一副主席、外交部部長。
4　金日成，北韓國家創建人及勞動黨領袖，自 1948 年至去世前是最高領導人。

本星期預定工作課目

1. 對尼克生談話錄之審閱寄出。

2. 對王 [1] 案之根究與解決。

3. 召俞大維回國述職。

4. 匯美款。

5. 對蔡文治 [2] 收容之辦法與方針。

6. 與美議員周以德 [3] 談話。

7. 臺中區校閱開始。

8. 對各地來臺祝壽之華僑致詞。

9. 對吳國楨使用之方針。

10. 續閱海軍戰略論。

十一月十五日　星期日　氣候：晴

雪恥：昨晚宴美海軍參謀總長卡奈 [4] 上將，廿二時後畢宴，晚課後就寢。今夜安眠甚足，可知心神已定，以此事真相已明，處理之決心亦定也。

朝課後記事，膳後獨在園中散步，優閒自得，為數日來最安適之心境。十時約見薛芬士君，彼特由菲來臺，為將與尼克生在菲談話作準備請示也。十一

1　王即王世杰。

2　蔡文治，字定武，湖北黃岡人。曾任軍事調處執行部政府代表兼參謀長。1949 年避居香港，1951 年至 1953 年以「自由中國運動陸海空軍總部總司令兼參謀長」，在塞班島組訓部隊進入中國偵搜情報。

3　周以德（Walter H. Judd），美國共和黨人，1943 年 1 月至 1963 年 1 月為眾議員（明尼蘇達州選出）。

4　卡奈（Robert B. Carney），美國海軍將領，曾任海軍軍令部副部長，1953 年 8 月至1955 年 8 月任海軍軍令部部長。

時妻與邱吉夫人[1]同往禮拜。十二時約王亮疇[2]、謝冠生[3]來商討蒙混舞弊案交付監察院查辦之程序，並托王校閱與尼談話錄之譯文，彼認為甚妥也。午課後整書。五時後與美眾議員周以德談話約一小時，彼為援華最熱心之良友也。與妻車遊山上一匝回，致董[4]手書，托其轉交與尼事〔氏〕談話錄。月下散步，廊上觀月，自得之至，廿一時半寢。

十一月十六日　星期一　氣候：陰雨

雪恥：近為王案憤激過度，加之接待美友忙碌異甚，今日略感疲困矣。

朝課後記事，召見辭修、少谷，告以前日雪艇自以為是而毫無悔悟之言態，屬其轉告雪艇，如其果無與端木愷關係，則余將此案今提監察院澈查，以便剖白是非，免人懷疑。上午與妻往祝亮疇壽辰後入府，對各地華僑來臺祝壽與藍〔籃〕球隊六百人集體訓話後，分區照相十餘次，十一時後方畢回。午課後再約辭修、少谷來談，彼等堅不主張此案移監察院，余已約該院秘書長來取案卷，總以辭修懇求而止，允再考慮。晡約薛芬士與菲議員浦耶達[5]茶會。晚宴美議員周以德、邱吉等四議員後，談話至廿三時始散，晚課後就寢。

1　邱吉夫人（Marguerite S. Church），美國共和黨人，1951 年 1 月至 1963 年 1 月為眾議員（伊利諾州選出）。
2　王寵惠，字亮疇，廣東東莞人，生於香港。1948 年 6 月至 1958 年 3 月任司法院院長。
3　謝冠生，本名壽昌，字冠生，浙江嵊縣人。1948 年任司法院秘書長。時任司法院副院長，1958 年 6 月升任院長。
4　董即董顯光。
5　浦耶達，菲律賓國會議員。

十一月十七日　星期二　氣候：陰

雪恥：一、決對王雪艇免職，為不盡職守、蒙混舞弊者戒也。

朝課後整理文件，召見黃少谷，囑其轉告王雪艇決免其職，今日勿再到府辦公，惟此案仍須繼續查究也。九時後入府辦公，下令免王之職，面命許靜芝[1]兼代秘書長職務。十時半召集軍費預算重審會議之報告，指示方針，並令俞大維回國述職。午課後記事，記上二周反省錄畢，入浴。本日又傷風，身心不適。晡岳軍又因雪艇案要來說情，乃拒見，對王不盡職守而免職之原由，決不能修改為其自動辭職之意，否則政府失信無紀，又如大陸原狀矣。晚課後晚膳，廿一時寢。

十一月十八日　星期三　氣候：雨

雪恥：一、李承晚定下周來訪，其必為尼克生所鼓勵，而其目的仍為發表聯合宣言，並無中韓同盟之新作用也。將其來電令行政院研究準備招待辦法，並將董[2]所攜來之宣言稿切實研討後再定。

朝課後以中南部風速甚大，颱風逼近不能校閱，故中止飛往臺中。上午研究國際形勢，俄國咆哮之態度，美、英再無綏靖可施乎？然而俄之狡詐隨時可變，美、英終將受其愚弄為慮。午課後整理積案，聞外傳以免王職，行政院將全體辭職之謠，乃不能不將奉令免職之消息發布，然正式命令仍有待也。入浴後審閱實踐學社講稿，晚課後寢。

1　許靜芝，曾任總統府第一局局長兼典璽官、總統府副秘書長等職。時為國大代表，11月王世杰遭免職後代理總統府秘書長。
2　董即董顯光。

十一月十九日　星期四　氣候：雨

雪恥：一、吳鐵城[1]今日逝世，又欲為其辦喪事，遷臺以來幾乎為老者、部下與儕輩料理喪事之時間消耗不少，而後起之秀甚少，惟此常為本黨革命前途憂也。二、免王職後之各種謠傳，不能不根絕其來由，此必為王之左右所捏造，應將其府內親信者五、六人全部免職，並加以警告，使之不再作祟也。

朝課後記事，九時後入府辦公，召見調任者六員，批閱公文。午課後詳閱俄國三日致美、英、法覆文，可謂咄咄逼人，難期緩和乎。約見鴻鈞，指示經濟與外匯辦法，又見少谷，令其最近謠言警告雪艇，又見辭修，其報告與藍卿今日談話經過，藍亦提起謠言之事也。

毛匪生於癸巳年的今日，此日誠為國家不祥之日。

十一月二十日　星期五　氣候：晴

雪恥：昨夜以王案謠言蠭起，人心險惡，夫妻相與唏噓不已。晚課後廿二時前寢。

本日朝課後記事，九時後入府辦公，處理王案，命許靜芝、黃伯度[2]告誡秘書室王之親信人員，如果今後再有為王掩飾與動搖政府之謠言，則必將王之蒙混舞弊全案交付監察院查辦，不能再留餘地之意，以及免王職令中蒙混舞弊不盡職守之斷語，正式命令示彼等，並將其五人一律免職，清除餘塵。後召集財經會談，令研究鈔票發行權與外匯業務仍歸中央銀行之辦法，恢復常規也。午課，批閱改編部隊及軍費預算等要案後，約見蒲立德後，與妻車遊車上一匝。晚入浴，閱報，廿一時半寢。

1　吳鐵城（1888-1953），字子增，祖籍廣東香山，生於江西九江。曾任立法院副院長、外交部部長、行政院副院長等職，時任總統府資政。

2　黃伯度，號瑞仙，安徽舒城人。曾任駐日大使館一等秘書、賑濟委員會委員長等職。時任總統府第一局局長。

十一月二十一日　星期六　氣候：晴

雪恥：一、對國代大會措施之建議案查報。二、對中、韓兩國宣言之研究。
朝課後記事，九時起飛至臺中，舉行臺中區軍事年終校閱儀式與課目如前，
惟召見各高級主官詢問事，以時間不及，展至臺南區舉行校閱時補充詢問。
今日召見美顧問，垂詢其工作情形時，麥唐納[1]副總顧問始終指使其他顧問，
挑踢〔剔〕政治工作人員之干涉其部隊主官之煩言，余令其舉出事實呈報，
此麥唐納完全受陸總所愚弄也。午後在大肚山實彈演習後回臺北，在飛行中
仍舉行午課默禱，但未午睡耳。回寓，入浴，晚課，廿時後寢。

上星期反省錄

一、此次免王世杰之職，始則決心以此全案交付監察院查辦，待該院查明內
　　容判決後，再依法撤職，使真相大白，以免其混淆是非，顛倒黑白。卒
　　因辭修困惑，堅求不付監察院查辦，乃不得不先行明令免職，而王亦膽
　　怯承過，自請辭職，余乃知其陰險，故仍予免職。不料其竟間接對外國
　　記者捏造消息，以為彼已辭職，並稱行政院亦因此提出總辭職，以自高
　　其身價，而混過其明令免職之恥事。續造各種謠傳，以此次免職為余政
　　策上有衝突，彼乃反對余反美之政策也。此種政客本多無恥之事，貌似
　　清白而心最污穢，平時已有多人舉發其各種貪污，余以事無證據，皆置
　　之不信，而不料其陰險愚拙之此，豈啻貪得無饜而已哉。
二、與尼克生談話錄英文譯稿之修正，妻之費心甚苦，若非其認真修稿，則
　　此次談話之效果，必不能獲得如此之影響。

1　麥唐納（John C. MacDonald），又譯唐納爾，美國陸軍將領，時任駐華軍事顧問團副
　　團長兼陸軍組組長。

本星期預定工作課目

1. 李承晚來臺之準備。

2. 對蔡斯、麥唐納之警告。

3. 蔡斯要求召集周、麥[1]等談話。

4. 三民主義講習會妨礙訓練之事實何在，要其書面報告。

5. 陸總共匪案之類集與統計。

6. 南區校閱預定廿四日實施。

7. 第五十二軍二周政治工作訓練之確否。

十一月二十二日　星期日　氣候：陰

雪恥：一、對蔡斯要其書面報告三民主義講習會不當之具體事實。二、李承晚來訪之態度如何。

朝課後手擬中韓元首聯合聲明稿。十時半公祭吳鐵城並慰其家屬。回寓後以傷風未痊，故未往禮拜堂禮拜，妻亦傷風甚劇，在寓記事。正午約亮疇、伯聰來寓，與妻商討聯合聲明英文譯稿，妻自起草至十五時後初稿方成。午課後再修正聯合聲明中文稿，補充兩國保證亞洲各國對共產侵略組成聯合陣線，並切盼美國出而主持此一組織早日完成之一段，此為本文之中心也。記上周反省錄，入浴，膳後晚課。

1　周、麥即周至柔、麥唐納（John C. MacDonald）。

十一月二十三日　星期一　氣候：晴

雪恥：一、共匪與北韓昨日發表其所謂經濟文化協定，則其軍事協定不敢明目張膽發表矣。

本日仍傷風，在寓辦公，朝課後記事，記上周反省錄，批示要公四件，海軍艦隊指揮部修改組織條例，以及人事階級調整條例等。午課後修正聯合聲明中文稿後，接見韓國金大使弘一與召見張家閑〔閑〕[1]。晡接王東原電告，李承晚總統定廿七日來臺，余乃決定明日舉行臺南區之年終校閱也。與妻車遊山上一匝回，入浴。膳後閱香港工商日報社論二篇，對美國援華之消極態度極表不滿，言皆中肯，余乃令新生報轉載並作社評，使美國有所警惕也。晚課後廿一時寢。

十一月二十四日　星期二　氣候：晴

雪恥：一、對中韓聯合宣言文字之商榷。二、對評論美國贈送二艦之要旨指示。

朝課後八時起程飛嘉義，舉行臺南區陸、空軍之年終校閱畢。召見臺中區高級將領周伯道[2]、蘇維中等二十餘人，優秀者甚少，惟聯勤第二補給區司令張載宇[3]較有望也，林杞[4]、董信武[5]皆不能用矣，奈何。正午聚餐時約星島羽毛

1　張家閑，江蘇銅山人。曾任聯合勤務總司令部副官處處長，1949 年時任國防部副官局處長，撤退途經昆明、越南、香港，1951 年 1 月抵達臺灣，8 月任臺灣防衛總司令部砲兵指揮部副指揮官。1952 年 3 月，調任陸軍指揮參謀學校正班主任。

2　周伯道，1951 年 12 月任第八十七軍副軍長，1953 年 9 月升第八十七軍軍長，1954 年 7 月調國防部戰略計劃研究委員會委員。

3　張載宇，原名道燾，安徽合肥人。1952 年 1 月，聯合勤務總司令部第二補給分區司令。1955 年 1 月，調任聯合勤務總司令部高雄運輸司令部司令。

4　林杞，1950 年 6 月任第八十七軍副軍長，後任第四軍官戰鬥團團長兼第四軍增設副軍長，1955 年 9 月調調國防部聯合作戰計畫委員會委員。

5　董信武，字治亭，1952 年 7 月任第八十七軍第九師副師長，1953 年 11 月升任師長。

球隊王〔黃〕秉璇¹與香港文化記者一同參加，王〔黃〕本受星島英政府之阻止，然其力求回國觀光，終能達成目的，甚難得也，故特加優待。午後召見臺南區各軍首席顧問，詳詢約二小時，其意見多可採用也。晚宿高雄澄清樓，傷風未痊，身心不適，入浴，晚課，寢。

十一月二十五日　星期三　氣候：晴

雪恥：一、對百慕達會議應注意之點。二、中韓聯合聲明中對百慕達會議應有之影響。三、奄美群島美國交還日本之舉，我應取之態度，主張對奄美交日不加反對，但琉球其他島嶼（尤其那霸島及其以西各島）我國應保留有與美共同處理之權。

朝課後朝餐畢，出外散步，參觀蒲立德新築寄廬，其臥室式樣之狹小，殊足駭異。上午記事，批閱公文，閱工商日報社論所謂「政策之爭」，甚覺王世杰之無恥卑劣，政客巧技無孔不入，若為稍留餘地，則其即無所不為矣，適予其作惡造謠之機也，此乃對政客之又一經驗也。午課後召見吳仲植〔直〕²等二十餘員後入浴。為令行政院長副署王世杰免職令，多說情面，痛恨無已，直至其副署補發明令而後已。晚課後廿一時寢。

1　黃秉璇，馬來西亞華人，1950年首位獲得全英公開賽羽球冠軍的亞裔人士，並於1951、1952、1955年三度奪冠。
2　吳仲直，字佐之，浙江諸暨人。1948年秋，任第七十五軍軍長。1949年後在臺灣歷任南部防守區副司令官、聯合作戰研究督察委員會主任委員、國防部高參室主任。

十一月二十六日　星期四　氣候：晴

雪恥：一、對陳[1]辭職之處理方針：甲、辭呈退回不批。乙、召集常會委員與岳軍、厲生、鴻鈞、至柔、靜芝、宏濤[2]、經國等說明對王態度。二、一日校閱海軍，三日校閱空軍。三、見李範奭[3]。

朝課後與靜芝通電話，知辭修為審計部長指責其經濟部長而辭職，似與王案無關，但內容實以王派作祟也。余置之不答。惟其免王職之令，彼已昨夜強勉副署，其精神與腦筋皆已不克勝任此職矣。批閱公文後，召見各軍事學校首席顧問，談話一小時，頗有所得也。午膳後在屏東起飛，午課。回寓召見靜芝後，與亮疇再商討聯合聲明修正之點，指示李大統領[4]在臺日程表。晡與妻車遊山上。晚召見辭修，告其莫辭，而心實沉痛，以幹部無人也。晚課後廿一時半寢。

十一月二十七日　星期五　氣候：晴

雪恥：朝課後記事，十時入府召見至柔，討論緬邊李[5]部撤退未攜槍械，為緬方指責之應付辦法。手批辭修辭呈不准等公文，約見美國參議員[6]後處理公務畢，回寓。十三時三刻接李承晚總統於松山機場如儀後，同車回寓後各自休息。晡與妻及李同車上陽明山，道中交換對亞洲聯盟意見，提及約美出而領導此一聯盟時，李極端反對，且在聯合聲明中亦不願有美國字句。揆其用意，

1　陳即陳誠。
2　周宏濤，浙江奉化人。1952 年 10 月專任中國國民黨中央委員會副秘書長。1958 年 3 月，出任財政部政務次長。
3　李範奭，號鐵驥，又名王雲山、麟男、哲琦，韓國漢城人。1948 年 7 月出任大韓民國第一任內閣總理兼國防部長。1950 年 4 月出任駐中華民國大使。
4　李大統領即李承晚。
5　李即李彌。
6　泰伊（Edward J. Thye），美國共和黨人，1947 年 1 月至 1959 年 1 月任參議員（明尼蘇達州選出）。

亞洲聯盟應由彼出而主持與各國接洽，余以為美國不在其內，則其他各國必不敢過問此事，至余則甚願追隨其後也，此事未作決定。晚宴李氏，並接受其韓國勳章。午、晚課如常，廿二時前寢。

十一月二十八日　星期六　氣候：晴

雪恥：昨夜服安眠藥丸後仍不能安眠，前後恍惚睡去者不足三小時，故本日起床精神不甚充沛。朝課後八時半與李談話，妻及兩國外交部長皆在座討論聯合宣言文字與內容，李對美國主持亞洲反共陣線仍堅決反對後，改正文字，切盼其協助促成此一組織，余乃同意。彼復將反共被俘之兩國戰士與鐵幕內受災害之同胞，必將盡余人之職責達成拯救使命，彼亦主張刪去後，經余妻說服，彼乃同意也。十時半會畢，陪李赴國防部聽取大陸匪情與軍事報告，十二時後回寓與李便餐，討論日本問題，彼約談一小時餘，固執其原有成見，余便中插言，必須中、韓自強，聯合一致，方能使日就範，不向大陸再事侵略，即對俄亦必須如此。中、韓能自強合作，加以強調，彼似不甚注意，然乃知其真為現實主義者也。

上星期反省錄

一、共匪與北韓金[1]匪在北平訂立其所謂經濟與文化協定已經發表，則其軍事同盟協定已不敢明目張膽宣布矣。

二、南部區陸軍校閱完成，對於各軍、各校美顧問之垂詢甚有助益，但其對政治部工作仍多成見挑踢〔剔〕，應加警戒。

1　金即金日成。

三、對王世杰免職令全文發表，實為必要之舉，而辭修反為其左右包圍，表示不快，殊為可痛，甚歎所部之無人才也。陳之不智與懦弱，毫無定識，幾乎與何[1]不相上下矣，奈何。

四、李承晚總統來訪，對於目前之影響並不甚大，但於今後東亞之前途與中韓之關係，自必非尟，惜乎聯合聲明中未將余原稿「領導自由世界之美國」一語加入，其必對美國好大喜功之優越感發生不良之反響，但余以為李氏之見解亦有道理，故順從其意而不加爭執，否則連美國字樣亦將不保矣。

五、俄帝忽又照會美、英、法三國，願先開四國外長會議，但對於歐洲建軍與美國軍事基地，以及共匪在內之五國會議之主張仍毫不放棄，明知其此為毀損百慕達三國會議之陰謀，而英、法反以為幸也。

本星期預定工作課目

1. 第一軍官團集中地區。
2. 澎湖部隊調臺日期。

十一月二十九日　星期日　氣候：晴

雪恥：昨（廿八）日午睡未能成眠。午課後即在院中蘭圃範疇內，獨自散步、觀魚約一小時，李赴立、監院歡迎會也。十八日半[2]陪李入府雞尾酒會畢，在辦公室與韓外長卞榮泰[3]談話，彼對國際形勢反比李為瞭解，而且切合實際，

1　何即何應欽。
2　原文如此。
3　卞榮泰，韓國外交官。1951 至 1955 年間出任韓國外交部部長。1954 年任國務總理。

惜他不能負責耳。晚由中央黨部宴李氏，于[1]先生致歡迎詞，李答詞亦甚得體，余最後舉推重其唱導亞洲反共聯合陣線，本黨、全國人民當必追隨其後，盡其應盡之責也。回寓已廿一時半，晚課後就寢。

本廿九日朝課後，即邀李商談未盡之事：一、對中韓共最近所訂之經濟文化協定之意見。二、探問日本是否要參加反共（亞洲）陣線，彼始則反對，最後由余相機處理。三、邀菲律濱發起召集第一次會議，彼亦猶豫，最後乃亦同意也。九時李往新聞記者會，十時後回寓，再赴機場。

十一月三十日　星期一　氣候：雨

雪恥：昨十時半夫妻送李至機場，途中余提中韓軍事配合行動問題，以其不敢有軍事協定，故其力避商談軍事，余在此最後時間，不得不順便一提，只以我國軍反攻大陸時，彼韓軍亦向北韓進攻，如美國以中韓有否相商軍事問題，吾人皆以相約同時並進之語答之，何如。彼即同意也。余認此問題應為李訪臺最重要之問題，而竟如此決定，是猶不幸中之幸，如余不提，則彼必抹煞過去矣。送李上機後回寓，記事，與妻車遊山上一匝。午課後批閱要公畢，獨在院中散步，觀魚取樂。入夜散步後入浴，晚課，廿一時半寢。

本（卅）日朝課後記事，九時後入府辦公，會客，召見鴻鈞支借黨費匯美應用，召見至柔，問其與立人衝突情形，心緒煩悶沉鬱，為近來所未有。午課後與妻起飛至高雄，休息，晚課後寢。

1　于即于右任。

上月反省錄

一、法國向胡志明越匪求和之表示，胡匪乃用非正式方法表示願與法和談，而美國乃強法、越以剿匪，對我中國極願自動反攻剿匪之中心問題，反以冷淡置之，且加以阻礙，余誠不知其如何用心矣。

二、俄國本月對美、英、法宣傳與行動幾乎三易其方式，始則提出其絕對服從俄命，澈底取消美、歐防務之要求，並召開共匪在內之五強會議而嚴拒四國會議。繼乃由其莫洛托夫對美、英記者談話會略變其態度，為之緩和，但其內容如故未變也。最後則反提四國會議在柏林開會，並由馬林可夫突然接見英國駐俄大使，以減少三國在百慕達會議之分量，實即拆散美、英、法團結以對俄，以達成其孤立美國，挑撥英、法、德之歧見，玩弄英、美於其掌上而已。

三、本月始則尼克生來訪，此為事前之早有準備者，故談話招待與結果皆甚圓滿。月終則李承晚臨時來訪，發表聯合聲明，發起太平洋亞洲反共陣線之唱導，余對李之性格乃得完全認識，是一重大收獲也。

四、對王世杰免職之事，經過未曾有之刺激，而乃實現主張，乃憤怒傷神已極，辭修之麻木無主更令人灰心喪志，奈何。

五、北韓與北平一對共匪簽訂其所謂經濟文化協定，是其不敢明訂軍事協定也。

六、整編國軍為三個集團軍共廿五個師之對案已提出矣。

七、三中全會如期完成。

十二月

民國四十二年十二月

本月大事預定表

1. 軍用電話聲太大，應改正。

2. 空軍戰術中心安全線，防風演習時不用符號，應改正。

3. 前線偵察與搜索不良。

4. 海艦鍋爐破裂之經驗。

5. 匯美款項。

6. 年終校閱之完畢。

7. 亞洲反共聯合陣線之進行。

8. 對菲麥[1]之聯繫。

9. 對美援爭取之方針與注意各點。

10. 尼克生回美後對華政策之注意。

11. 百慕達美、英、法會議之注意。

12. 韓國政治會議趨向之注意與釋俘問題。

13. 俞大維工作與用法。

14. 軍事會議與國防部組織法。

15. 國代大會之準備事宜。

1　麥格塞塞（Ramon Magasaysay），又譯麥帥山、麥獅山，菲律賓政治家，曾任國會議員、國防部部長，時為總統當選人，任期自 1953 年 12 月底至 1957 年 3 月中。

16. 行政院之情勢。

17. 高級將領滿期調職事宜。

18. 副總統人選問題。

19. 十八個月準備之計畫與預算數字。

20. 發行鈔票與外匯業務歸還中央銀行。

21. 海軍戰略論譯本之審閱完成。

22. 警署講稿等之修正。

23. 軍隊再整編方案與預算之決定。

24. 國防組織法之修正。

十二月一日　星期二　氣候：陰

雪恥：本日為我夫妻結婚第二十六周年紀念日，撫今思昔，自覺夫妻恩愛，年增一年，其間經過辛苦與危險困阨之革命事業雖亦日漸增多，但回想夫妻共患難同生死，與家中子孝孫順、和睦一堂之人生，雖苦亦樂，履險如易，總覺前途光明，深信革命事業自由天父洪恩賜我必成。若至卅六周年之結婚紀念，革命事業當可由我倆親手完成乎。

朝課後記事，記本月工作預定表，審閱與李承晚總統談話記錄及批閱公文。在海濱散步二匝，參觀蒲立德新屋。正午夫妻對飲，互祝康樂，午課如常。與蒲談話後與妻散步，晚餐以饅〔鰻〕刺刺舌甚劇，幸將終餐，無妨家宴鄉味也。與妻車遊市中後晚課，廿二時前寢。

十二月二日　星期三　氣候：晴

雪恥：一、日見農村耕牛與運車拖牛痩〔瘦〕弱日甚，益覺行政要道幾乎一般幹部皆不了解也，此乃農林主管之事，應加督導。二、明年度美援特別計畫應設法促成，應定二年計畫，共為十六億美圓。三、約賈烈[1]少校來見。
朝課後召見孫立人，先問其上星六在國防部軍務會報對周[2]總長侮辱情形，彼自覺有愧，乃忸怩其辭但尚不認錯，余乃訓誡其恃外凌上乃為我國所認為最卑劣之人格，並舉二件要務以指明其目中無人、藐視紀律之過犯，令其急向周認過解釋，以免觸犯軍紀，彼乃從命遵辦，未知其果能實施否。上午校閱海軍與偵察海岸演習，甚覺陸戰隊訓練與教育之進步也。點名召見與聚餐畢，訓話後回寓。

十二月三日　星期四　氣候：晴

雪恥：昨午課後記事畢，海濱散步為快。晡與妻車遊市中一匝回，入浴。膳後審閱報告，乃覺對王免職全文發表之重要，否則內外皆懷疑莫名，對政府威信與國家地位皆起動搖矣。對於官僚與政客的奸詐必須如對共黨然，事先揭穿其罪惡，否則必為其乘隙蹈瑕，反資其利用文過，並有人為之張膽矣。晚課，寢。
本（三）日朝課後記事，膳後散步回，批閱公文，清理重要積案畢，獨在前圜大樹林中石磴上半臥，閒息自得也，去年武、勇二孫在此每日同玩更樂也。午課後，審閱馬漢海軍戰略論之第十五章完，譯文不佳，應加修正。晡與妻車遊環島路，由西南向東北，經左營轉市區而回。晚觀影劇，廿二時晚課後寢。

1　賈烈（Robert B. Carney Jr.），又譯為卡尼、卡乃，美國陸戰隊軍官，1952 年 7 月任左營之海軍陸戰隊顧問小組組長。
2　周即周至柔。

十二月四日　星期五　氣候：晴

雪恥：一、實踐學社學員之選派計畫。二、陸、海、空三軍改部制度及其人選。
朝課後記事，重習海軍戰略論第十五章未完。十時半到岡山舉行空軍總校閱
空中分列式，噴射機隊亦參加，此為第一次噴射機編隊之飛行也。點名後召
見空軍各基地之首席顧問，垂詢約一小時之久，甚覺顧問之坦直與努力，實
予我建軍難得之良機也，美國軍人之無私可愛，亦在於此也。聚餐後講評並
口頭訓示畢，參觀高射砲隊實彈射擊與轟炸演習完，再觀水上空艇救護演習，
此為首次美國裝備，可說無所不備矣。回澄清樓已十六時矣，途中午課。晡
入浴後，與妻車遊左營一匝。膳後閱報，續閱海軍戰略論十五章完，加以修
正。晚課後廿一時寢。

十二月五日　星期六　氣候：晴

雪恥：一、國防組織法案之提出。二、各軍校校長階級不必規定。三、王雲
五、郭克梯〔悌〕應任用。四、研究分院與行政專校合併。
朝課後記事，批閱公文，清理積案。數日來舌下為鰻刺所苦，今日紅腫更甚。
午課後，審閱李彌夫妻假造外交信裝，致函其留緬甸部隊之親信人員，指使
其反對全部撤退之命令密函，約十餘件，在機場內其信袋為國防部搜獲。初
閱之下，甚以李之言行不一為怒，再四審察，周總長與葉外長所為太過，而
且其處理亦多違反余意旨，平心而論，難怪李彌之痛恨也，應加以勸戒恕之。
召見空軍將領二十餘人畢，晚宴美海軍部長安德生 [1] 畢。晚課後入浴，廿二時
半寢。

1　安德生（Robert B. Anderson），美國政治家，1953 年 2 月至 1954 年 3 月任海軍部部長。

上星期反省錄

一、美、英、法百慕達會議已如期舉行。

二、俄帝駐北平偽大使庫茲尼卓夫調換，派余丁[1]者接替其事。

三、美國務院非正式表示贊助蔣、李之中韓聯合聲明，組織東亞反共陣線，但其美國輿論沉默，並無表示，可知美國人民心理對此之沉重不快也。

四、周至柔、孫立人不睦，而至對罵衝突已經表面化，而李彌對周亦怨恨無已，深堪注意。

五、聯合國對李彌留緬游擊隊事新決議懸而不結，殊為可惡，此又我外交無能之一證也。

六、海、空軍年終校閱皆已完畢，進步甚多。

七、法國對越共胡志明可以和談之聲明，乃認為此機難得而不可失矣，勢必對百慕達會議又增多其幻想之因素矣。

本星期預定工作課目

1. 馬漢海軍戰略論審閱完成。

2. 百慕大三國會議之注意。

3. 聯合國對緬甸決議案之注意。

4. 決定手令李彌在緬部全部撤退。

5. 對警務處講稿之修正。

6. 對俞大維之指示。

7. 對美國會協助之方針。

8. 對外交與宣傳之二大計畫之擬訂。

1　余丁（Pavel Yudin），又譯尤金，蘇聯外交官，1953 年 12 月至 1959 年任駐中華人民共和國大使。

9. 實踐學社第二期教育計畫之核定。

10. 警務處訓詞之修正。

11. 國民大會準備事項之審核。

十二月六日　星期日　氣候：晴

雪恥：一、凌〔淩〕鴻勳〔勛〕[1]、江杓[2]、郭克悌皆專家，可用。二、人格與道德修養及其教育，如不能提高與發展，則政治之官僚、學術之政客、軍事之軍閥、社會之流氓，游惰之惡風無法肅清，而國家之前途終是無望，則今日之反共抗俄工作雖獲勝利成功，仍無補於民族之衰頹與滅亡。故目前救國救民之道莫急於改造社會、文化、經濟、政治之風氣與變化國民之氣質，只要如此，則反共抗俄之勝利自不成問題，即使因之延遲勝利，而建國復國之基礎更能強固，此實為國民革命根本之圖也。

朝課後記事，記上二周反省錄，批閱公文畢，審閱海軍戰略論第十一章開始。午課後續審戰略論。晡與妻車遊新港，經鹼廠至鳳山而回。晚課後審閱，廿一時寢。

十二月七日　星期一　氣候：晚

雪恥：一、令傑回國解決補助選舉問題。二、為黃仁泉無行，以致累及威信，此為卅年來最招部下輕蔑之事，其事雖小而所關實大，更覺驕矜自暴之氣未

1　凌鴻勳，字竹銘，曾任大學教授、交通部次長、部長、中央設計委員等職。時為中央研究院院士、臺灣大學教授。

2　江杓，字星初，上海人。1950 年 12 月，任國防部常務次長。1951 年任行政院駐美採購服務團主任。1954 年 7 月，回任國防部常務次長。

絕。暴戾惡習如不痛改，必致自毀革命事業，能不切戒。三、近日為副總統與文武要職之人選，幾乎悲觀消極，不知所止，尤以副總統無人可選，何、陳[1]之優劣幾乎不能有所軒輊，若不在青年黨員中培植根苗，則本黨前途尚有何望，奈何？因之本日心緒悒鬱極矣。

朝課後記事，膳後散步，審閱海軍戰略論第十二章未完。正午召見俞大維，聽取其在美工作之報告。午課後續閱戰略論。晡與妻車遊環島公路，在柴山向南散步。閱報，晚課，廿一時寢。

十二月八日　星期二　氣候：晴

雪恥：近日心緒悒悶，對於革命前途忽生悲觀，而以幹部自私自利，官僚政客成性，且不改賣〔買〕辦故態，專以諂外自重為業，對民族前途幾乎絕望。但一念平生事業，凡余所希望與預想者，雖經過極大苦痛與禍患，甚至九死一生、百無一望之時，亦卒能蒙天父眷顧，轉危為安，而且未有不達成目的者。尤以賢母良妻、孝子順孫皆賜於余，天之所賜者既如此其厚，豈能不自足自慰，何得消極自棄。對於幹部與民眾之氣質與風習之改革，當盡我心力而為之，成敗一聽之於天而已。

朝課後記事，上午續審海軍戰略論第十二章完，正午與妻同遊旗山燈塔，在臺上野餐。午課後批閱，晡訪蒲立德後回，入浴。晚續審戰略論，晚課後寢。

1　何、陳即何應欽、陳誠。

十二月九日　星期三　氣候：陰　溫度：七〇

雪恥：一、美、英、法在百慕大會議已於昨日閉會，其宣言並無特殊之點，皆為意之事，而其精神則全在於對俄求和與妥協。對於遠東問題，韓戰與越戰之精神方針，亦復求和與苟安而已，然而求之不得何？至其三國覆俄四國會議之照會，對將來五國會議（共匪參加），亦允俄在四國會議提出再言之意，可知其畏俄示弱之心理，只怕俄國不願參加，其四國會議者為如何迫切而求之也，此乃又予俄以宣傳與避戰之計，實為俄之又一重大勝利耳。

朝課後記事，審閱海軍戰略論全部完成，乃予余多得一重要學養，實為本年度學問之中心工作也，可慰。然而目力日減矣，奈何。午課後批閱公文，約卡奈少校[1]茶點後，與妻車遊半屏山麓煉油廠回。晚重閱馬漢海軍戰略論第一章，晚課後寢。

十二月十日　星期四　氣候：陰　溫度：六十八

雪恥：一、愛克在百慕大會議以後，就到聯合國內發表其原子武器作為發展和平事業之用想，與俄國謀取妥協的妙論，竟得其國內朝野一致同意歡呼之時，不料俄國的首席廣播列昂鐵夫者立即加以反駁，其在聯合國的代表維辛斯基亦同時聲明其「無條件禁止原子武器，和國際管制是必須聯在一起的」理由加以反駁。余認為俄國反駁的理由是有其道理的，美國總統言論之幼稚與天真，其程度真是可笑得不可形容，難怪其被英、俄玩弄於掌上了。嗚呼，人類不知如何結果矣。

朝課後記事，上、下午皆修正對警察常識與任務之訓詞，至夜方完。午課、晚課如常。晡訪蒲立德之病，廿二時寢。

1　卡奈少校即賈烈（Robert B. Carney Jr.）。

十二月十一日　星期五　氣候：晴　溫度：六十八

雪恥：一、近日民心對於百慕大會議之失望，以及愛克無決心、無辦法，優柔寡斷之不能煩耐，故漸趨悲觀。余以為愛克上有馬下兒為其祖師，下有史密斯為其輔佐，本來對政治、對國際毫無認識，其目光短拙，見識淺陋，並無有所作為或寄予任何之希望，此乃自其去年十一月當選以來為余一貫之觀念，惟比其前政府杜魯門、艾其生稍有期待，乃為其共和黨之當政關係而已。故余毫不因之悲歡，只要今日臺灣反共基礎日固，不致為若輩撼搖，則反攻復國之時機不患其不臨也。何況較之三年前之今日，則本身環境之優劣險易更不知其進步幾十百千倍矣，余惟聽天待時而已。

朝課後記事，上、下午為妻代修對反共義士廣播稿，並往左營美醫診視舌病，上、下午照 X 光線各一次，證明其舌邊痛處有在內已有一白點作祟也。晚應蒲立德便餐，廿二時寢。

十二月十二日　星期六　氣候：晴

雪恥：一、以今日高雄港口與西子灣、左營之沿海風景，而與昔日認為海島最為適意之普渡相較，則其幽美蕩漾勝過十倍矣。再以阿里山之森林與建設，比之於昔日最愛之山景——匡廬，亦相差無幾，而其秋冬之氣候亦並不亞於匡廬也。今日天父賜予如此美適之寶島，一面予我休養身心之機會，一面予我反攻復國之準備，古今歷史其復有如此之受福者乎？何不知足，何不自信，天必予我以成就，而尚憂懼乃爾。戒之，勉之。

朝課後自照舌痛之處，紅腫甚劇但並不甚痛，或為昨日醫生磨擦太重所致，不以為憂。上午批閱公文，午課後約見美駐越南大使希斯[1]後，校正警察講

1　希斯（Donald R. Heath），美國資深外交官，曾任駐保加利亞大使，1952 年至 1955 年任美國駐越南大使，協助國務卿杜勒斯執行駐軍計畫。

詞。晡與妻乘車循環島軍路,由西子灣經柴山至左營而回。晚批示實踐學社第二期教育計畫完,晚課,寢。

上星期反省錄

一、對王世杰免職明令之公布,黨政高階層幹部必以為太不留情面。余再三思慮,認為毫無過分之處,最為心安理得之舉,而且不將其案情提交監察院澈查,已留最後最大之餘地,否則彼更無地自容矣。

二、百慕大三國會議之結果早為預料所及,天生蠢物而使暴俄對人類之浩劫愈久愈深而愈大,何忍心乃爾。

三、馬漢海軍戰略論漢譯本審閱完成。

四、警務處訓話與實踐學社第二期教育計畫,皆已如期審核完畢。

五、愛克在聯合國發表其原子武器改為和平用途,對俄謀求妥協之好意,豈不太過天真乎。

本星期預定工作課目

上月預定工作表之(12)項。

1. 國代會議準備事項。

2. 明年度軍援與特援計畫。

3. 明年度經援計畫。

4. 機密費之籌措。

5. 對白逆[1]之方針。

6. 撤退緬邊游擊隊之方針。

7. 對麥帥等賀聖誕函。

8. 雷德福來臺交涉事項：甲、大問題反攻計畫。乙、小問題海軍顧問人事。丙、私人代表援臺之實踐。丁、越戰。戊、顧問工作。

9. 勞勃生來臺交涉之準備。

10. 實踐學社學員選任之計畫。

十二月十三日　星期日　氣候：晴

雪恥：一、雷德福與美遠東司長羅白生同來臺灣，將於十九日到達。此一美政府舉動殊非尋常，而且雷之行動為臨時決定，並在於其副總統尼克生旅亞回美之後，而帶其遠東司長同來，又想及尼氏對余所說，彼回美之後遠東政策即有決定，言時形狀且甚堅決。由此推論，其或對華政策因余對尼之談話錄已發生影響乎，但對美政府不可寄予任何希望，即使其對華政策積極轉變，亦隨時可以更改，故余不抱樂觀也。

朝課後記事，請醫醫舌，病勢大減矣。十時至十二時巡視要塞司令部第七、第八各砲臺及巔峰之雷達站，對高雄要塞之觀察，今日最詳也。午課後召見周雨寰畢，即由屏東起飛回臺北。召見至柔、孟緝後，晚課，寢。

1　白逆即白崇禧。

十二月十四日　星期一　氣候：晴

雪恥：本日為陰歷十一月初九日，為余先慈八十九歲之陰壽，照古鄉舊習稱為九十歲，其實先慈生於同治三年甲子歲十一月九日之戌時，照理明年方足九十歲也。今晚約集在臺北至親，經兒全家及竺氏妹婿芝珊[1]與家嫂、華姪[2]等向母像聚拜禱告後聚餐，默禱將來先慈百歲陰壽，全家能在武嶺報本堂祖宅團聚禱告也。今日未約姪婿韋氏[3]參加，家嫂或有不愉之意，是其自棄之，不能不加警戒也。

朝課後記事，上午批閱，召見俞大維談話後，巡視園內一匝。正午招美醫診察目疾，盤問約三刻時，甚不耐，加之腿發冷痛，舌痛加劇，心神極壞也。午課後召見約翰敦[4]後入浴。晚拜禱先慈陰壽，聚餐，晚課，廿一時寢。

卅年前今日之前一夕，遊俄考察趕回家中，禱祝先慈六十陰壽，並為慈庵告成紀念。撫今恩昔，感想萬千，惟亦為我畢生反共開始之紀念日耳。

十二月十五日　星期二　氣候：晴

雪恥：一、毛奇戰史限年內講完。二、白逆[5]問題之研究與準備。三、民航公司之方針，必須對兩航公司[6]問題有一解決辦法。

朝課後記事，聽報。上午九點半入府辦公，批閱，召集一般會談，商討國民

1　竺芝珊，蔣中正胞妹瑞蓮之夫婿。1945 年代理農民銀行董事長，1954 年真除。
2　蔣華秀，蔣中正姪女。曾任安徽立煌中正小學校長兼教員，來臺後在靜心托兒所及靜心小學從事教育工作。
3　韋永成，廣西永福人。白崇禧外甥、蔣中正姪婿。曾任第五戰區司令長官部政治部主任、廣西省黨部主任委員等職，時任立法委員。
4　約翰敦（Charles S. Johnston），又譯姜斯登、摩斯頓，曾在中美合作所工作，時任美國中央情報局政策協調處轄下西方公司總裁。
5　白逆即白崇禧。
6　1949 年 11 月 9 日，屬於中華民國交通部的中國航空公司及中央航空運輸公司的飛行員集體自英屬香港駕駛十二架飛機飛到中華人民共和國，史稱「兩航事件」。

大會籌備。未決各問題已得全部解決，選舉法決不修改，惟組織法則修改開會為總人數三分之一作為法定人數也，但到會人數照最保守的計算，已可超過總人數二分之一以上也。正午回寓，在園中散步，濫遊自得。午課後記上月反省錄，晚審閱約米尼[1]著戰爭藝術第一章完。晚課後廿一時寢。

板門店政治會議籌備會，以共匪詆毀美國不守信義之故，美國代表丁恩[2]退席，今已回美，則政治會議決不能如期舉行矣。

十二月十六日　星期三　氣候：晴

雪恥：一、國民兵訓練情形查報。二、軍士制與訓練計畫。三、簡筆字之推動。朝課後記事，九時後到中央黨部，主持總動員會報，並讀警察的常識與任務訓詞。都市平均地權之實施計畫尚未著手完成，明年一月又不能舉辦矣，應嚴加督導，限於明年七月以前籌備完成也。午課後審閱秦孝儀代擬革命的基本工作稿，不能用。批閱公文，晡在園圃散步。晚入浴後，審閱尼米茲〔約米尼〕著戰爭藝術第二章完。本日閱悉美國在韓要員再聲明，如期釋放反共義俘之保證且有準備，不勝安慰，此消比之北大西洋公約國會議，與杜勒斯恫嚇法國從速批准歐洲建軍案之重要十倍矣。晚課後寢。

1　約米尼（Antoine H. Jomini, 1779-1869），瑞士軍事家，著有《戰爭藝術》（*The Art of War*）等書。
2　丁恩（Arthur Dean）。

十二月十七日　星期四　氣候：晴

雪恥：一、明年度普通軍援計畫之查報。二、王世杰案文件交中央審閱。

據報雷德福與勞勃生此次來臺只宿一夜即赴菲，未知美國究其東來何為耶。其行動與政策之幼稚與搖動乃至不可像想，不勝寒心之至。朝課後記事，入府辦公，召見俞大維等及赴美學習軍官卅餘員。午課後審閱參謀學校課程與教材，及俄覆美十一月廿六日全文。晚宴日藉〔籍〕辭聘教官十九員畢，晚課後寢。

十二月十八日　星期五　氣候：晴

雪恥：一、發顧、俞[1]經費。二、對孫[2]訓戒。三、經援物質太多，在臺不易消納，雖多無益之說應加研究。三[3]、三軍種改總部為部之研究。

朝課後記事，九時半入府辦公，召見六員後，召集財經會談，聽取嚴[4]財長對財經計畫之報告，彼以提高外匯率為基本政策，余認為危險之舉。正午與西方企業公司主持人約翰敦談話，午課後閱港報，並審閱東山突擊戰之評判，以及美國軍事行政系統與計畫要領，甚有益也。與妻車遊山上一匝，晚膳後散步，晚課，廿一時後寢。

1　顧、俞即顧維鈞、俞國華。
2　孫即孫立人。
3　原文如此。
4　嚴即嚴家淦。

十二月十九日　星期六　氣候：晴

雪恥：一、與雷[1]談話要點之準備：甲、對十八個月反攻準備計畫之意見。乙、越南反攻與中國反攻大陸同時並行之重要。丙、海軍顧問人選問題。丁、雷派私人代表問題。戊、廿五艘軍艦問題。己、顧問團長問題。庚、機場。

朝課後記事，入府約見美使後，召集軍事會談，聽取中、美防衛臺灣協調會議之報告，其彈藥只肯發卅天之用量，其他皆有圓滿結果。又軍士制度建立計畫之報告，甚歎至柔與國防部參謀之無常識也。午課後以胃病，身心皆感疲乏，惟約胡璉談東山島戰役之錯誤，加以警告。晡在園圃散步，晚課後，廿一時寢。

上星期反省錄

一、美國新防衛計畫的重點在增強空軍力量，完成其戰略空軍與航空母艦為基地的空軍為主力，而以削減陸軍之數量以減少其軍事預算。

二、北大西洋聯盟理事會開會，充實其空軍五千至六千五架之數量，其他無重要之決定。

三、美國保證留韓反共義俘之如期釋放，板門店韓國政治預備會議破裂，丁恩回美。

四、中美防衛臺灣計畫已有具體之決定。

五、本周審閱尼米茲〔約米尼〕戰爭藝術書開始。

1　雷即雷德福（Arthur W. Radford）。

本星期預定工作課目

1. 卡車行施之規定。

2. 陸軍大學恢復之計畫。

3. 中美軍事協定之核定。

4. 對李彌部撤退之指示，見李。

5. 防白[1]之方針，勿使其偷逃。

6. 軍事檢討會議下月召開。

7. 動員顧問留用問題。

8. 各總司令部改部問題。

9. 建立軍士制度計畫之決定。

10. 對李彌慰勉。

11. 高級將領養成計畫（數與量）。

12. 士兵目疾與營養之研究。

十二月二十日　星期日　氣候：晴

雪恥：一、近日以美國對余反攻大陸計畫冷淡之態度，以及軍政幹部不顧大體，只知自私之心理，其間欲求一能任大事、可托國重責，推為總統、副總統者更無其人，故心身悒鬱無已。軍事機構之改造與人選煞費苦心，仍難決定也。

朝課後記事，聽報。膳後獨在園圃散步，消愁取樂，觀魚訪鳥，自得也。召見美醫，乃知部隊夜盲甚劇，營養不足為慮。十一時禮拜後，與妻車遊山上

1　白即白崇禧。

一匹。午課後，召見孟緝與柳元麟[1]之代表後，約麥唐納等茶點，賀其晉任少將也。晚審閱勝負之理研究小冊，晚課後廿一時寢。

十二月二十一日　星期一　氣候：晴　溫度：八十

雪恥：一、美國陸、海、空各軍軍部編制與職掌之研究。二、外交學員之選拔方法。

朝課後記事，聽報。十時到研究院紀念周朗讀警察常識講詞，另加解說畢，與岳軍、至柔談話。午課後審閱對匪戰法之所見，及美國軍事高等教育之內容頗詳，殊有益也。曉峯著馬漢海權大意之報告，亦有裨益於我也。晡與妻車遊山上一匝，甚覺其氣體疲乏過甚，以用腦與工作太緊張為慮。晚批閱，晚課，廿一時半寢。

十二月二十二日　星期二　氣候：陰

雪恥：朝課後記事，入府召見何守道、林百樂[2]夫婦等及調職人員四人畢，召集宣傳會談，令擬明年度宣傳計畫。午課後聞雷德福等來臺，準備多留一日為慰。審閱白鴻亮著軍事科學與戰爭科學區別之要義，又修正對共匪戰法之所見，直至二十時以後方畢。夜間又失眠矣，最好十七時以後不再看書與用心也。晚課後，廿一時寢。

1　柳元麟，字天風，浙江慈谿人。曾任第八軍副軍長。1951 年 1 月起任雲南人民反共救國軍副總指揮及參謀長。本年部隊撤回後，餘部組織雲南人民反共志願軍，至 1961 年 4 月底止任總指揮。

2　林白樂（Paul M. A. Linebager），又譯林百樂，1937 年至 1946 年在杜克大學任教，研究遠東事務。1943 年加入美國陸軍，派往中國協調軍事情報行動。

晚膳後，接閱楊鎮甲譯馬漢戰略論全稿，喜而不寐，乃擬序數語如后：馬漢海軍戰略論實為一般戰略之要義，不僅海軍將領，即陸、空各軍將領皆應熟習而師法之。余昔讀其日譯本，乃記為平生愛讀叢書之一。上年始見楊同志漢譯本上篇，乃覺其譯文暢達，較之克勞塞維茨戰爭原理論譯文為佳，故鼓勵其譯完全書。

十二月二十三日　星期三　氣候：晴

雪恥：（續昨記）未三月竟以全書來報，余詳閱一過，其間字句偶有修改，以代校正，並屬張同志曉峯從速代印，以飽我三軍將領崇慕馬漢將軍如饑渴者也，甚望我高級將領能深加研討，其於戰略學又將多一新啟示也。付印之前特誌數語，以嘉慰我楊同志之勤勞好學，且能識其大者、要者也。

朝課，記事，手擬海軍戰略論楊譯本序文。入中央主持常會，商討國大會議由政府或總統應否有報告之問題，僉認為不應作報告，余決定總統對國大報告是應有之事，並無損及威儀，惟國大無權質詢，而且各部會如有專題報告，亦應以奉總統之命行之，使之無權質詢也。午課後對中央組訓會議訓話。

十二月二十四日　星期四　氣候：雨

雪恥：昨晡手書海軍戰略論序文後，獨在園圃中散步，膳後亦散步如常，晚課後寢。

五時半起床，朝課完畢後天始明，乃即修正對匪戰法與部隊教育所見之教令，

必須如此修正，此教令方有效益也。記事，上午入府辦公，召見劉峙[1]及團長候補人員六名畢，聽取特別軍援計畫方案之報告，大體可用，惟空軍減為十個大隊而已。午課後整書，修正講稿，批閱公文後入浴。晚宴曾寶蓀、王亮疇、蒲立德等，同祝聖誕也。晚課後，廿二時半寢。

十二月二十五日　星期五　氣候：雨

雪恥：一、慰問陣亡、自戕各將領遺族與送節金。二、各部隊軍官團之近狀如何。

本日為余十七年前由西安出險復生之一日，適為耶穌基督降生之聖誕節，回憶往事已成陳蹟，惟夫妻患難恩情則與日俱增矣。朝課，與妻對聖靈跪禱後記事。入府辦公，會客，召集情報會談，軍中匪諜活動與以下弒上案未絕，殊堪深憂。午課後到國大代表聯誼會致詞回，與妻車遊山上一匝。入浴後，經兒全家與辭修、仁霖二家皆來家聚餐，接受聖誕老人禮物，各家小孩已漸長大識禮，不如往長〔常〕之操〔吵〕鬧矣，孝勇尤然也。

十二月二十六日　星期六　氣候：晴

雪恥：昨夜以舌痛未痊，故宴後即上樓晚課，廿二時前就寢，未與諸生同觀電影為樂耳。

朝課後記事，入府召見香港華人足球裁判會員廿三人後，再召見調任人員七人，召集軍事會談，對顧問團麥唐納挑踼〔剔〕無理情形又發憤怒。正午與

1　劉峙，字經扶，江西吉安人。曾任第一戰區第二集團軍司令、徐州剿匪總司令等職，戰敗遭撤職赴香港、印尼，本年獲准來臺。

葉[1]部長談外交事，午課後準備與雷、勞[2]等談話資料，與妻在園圃散步一匝，妻以接待外賓，顯現疲乏已極之象。晚與雷、勞等聚餐談話，至廿二時後方畢。晚課後入浴，廿三時寢。

上星期反省錄

一、反共戰俘自廿二日解釋期滿後，所謂中立國管俘會與聯軍總部皆已如期停止解釋，共匪一再強求展期無效，此實為反共政策之勝利，實亦美國對俄共堅定外交八年來第一次之勝利也。

二、特別軍援計畫督草完結，對匪戰法之研究等要件審閱多種，對楊鎮甲漢譯海軍戰略論序文手擬完成，此為本周工作之成就也。

三、中、美互助協定稿核定，未知果能實現否，但余對此並不重視，而所爭者乃在特別軍援，如果能實現，則其效益更大矣。

四、越共又向寮國腰部進攻，並佔領湄貢〔公〕河上與泰國交界之他曲要鎮。

十二月二十七日　星期日　氣候：晴

雪恥：一、俄帝對柏林四國會議覆美、英、法照會，會期改為一月廿五日以後，是其將待韓國釋俘問題至明年一月廿二日是否能展期而定乎。

朝課後與勞勃生談話半小時，對於中美互助協定問題問其究竟，乃知其國務院並未有何研究，此乃真情，可知其政府決不置我自由中國之臺灣於其考慮政策之內也。上午遊覽園圃，觀魚訪鳥以消遣，禮拜如常，記事。午課後

1　葉即葉公超。
2　雷德福（Arthur W. Radford）、勞勃生（Walter S. Robertson）。

十六時起，與雷德福談話二小時，察其言、觀其色，已不如上二次來臺時之誠摯，或有倦怠之意，余則依我預定計畫，盡說其應說之事（另有記錄）。晚宴會後，勞氏以幻術為戲，談至廿二時。客散，晚課後就寢。

十二月二十八日　星期一　氣候：晴

雪恥：美國發表其駐韓美軍之兩師，美國政策虛無，故其行動莫定，美國誠可謂無常之國家矣，但美此一舉必將鼓勵俄共向東南亞更進一步之侵擾矣。

朝課後準備談話資料，先與勞勃生談話，再與雷德福談話，即以特別軍援計畫面交，並說明其價值數目總計十三億美金，並不過大，彼亦承認余意，但其聞說經常軍援之三億在外，則忽現驚駭之色，認為此數太大。余乃和悅解釋，如其政府之政策對華改變積極時，則此數當不為太大，否則政策消極如今年或更消極，則可延長年期，余自不強求，但希望亦能依此計畫為軍援之目標，不論延展至二年、三年，總要有一總目標，不致軍援成為無目的之物也。彼乃聲明以私人非正式之文件而接收之，余對此又多得一教訓與恥辱矣。

十二月二十九日　星期二　氣候：晴

雪恥：昨九時送雷、勞出門後，即赴研究院紀念周，代誦孫子兵法……與戰爭藝術化之闡述[1]講詞畢，召見劉廉一，聽取其在大陳工作之報告，認其為後起之秀最有希望之一人。午課後記事畢，以今晨對雷談話尚有未盡之詞，且認為恥辱，故心神不安，但毫無愧怍之意，以為提此計畫是余應有之權利與

1　即〈孫子兵法與古代作戰原則以及今日戰爭藝術化的意義之闡明〉。

本分，惟對雷之難色，則更識其人之不大與無量而已。在園中訪魚，觀魚消愁，晚與妻車遊山上一匝回，晚課，入浴，廿二時前寢。

朝課後記事，入府召見團長候補者九人，召集一般會談，商討國大開會準備問題畢，批閱。午課後修改元旦文稿，至晚方完，與妻車遊山上一匝。入浴後召見公超，令致雷德福函，晚課後，廿一時半寢。

十二月三十日　星期三　氣候：晴

雪恥：印度廣播，莫斯科與北平之間直達火車將於下月開始通車，其火車時間乃由十七天縮短為九天。若此息果確，則庫倫至包頭鐵路已修築完成，吾不以此為懼，而反以此為樂。以今後如果能復國，則外蒙之收復與全國之統一更易實行矣。但望其伊犁至蘭州鐵路亦能於我反攻期間修築完成，則復國以後，對北、對西之國防與建設計畫亦能縮短日期完成矣。

五時後起床，朝課畢，手擬元旦告書至八時半草成，九時半入中央見客後，主持常會，立法院黨員漸有紀律矣。回記事，午課後修正告書，清理積案。晚審核匪軍戰法之研究書完稿，晚課，廿二時前寢。

妻體甚倦，醫官診斷發現黃膽病為憂，應急醫治。

十二月三十一日　星期四　氣候：晴

雪恥：民國四十二年大除夕之今日，只有自慚而無事狀可述。一個月來以舌尖與齶部自一日為大鰻刺所刺傷，滿口激刺裂痛，每餐皆苦，於今為烈，不知何日痊癒為慮。如無此疾，則今冬身體康健將過於往年，以去年之腿疼與歷年寒痰之宿疾皆未復萌耳。惟病亦有益，舌口雖痛，而其他心身各部皆得保養也。

今日朝課後記事，令儀[1]、令傑二甥今特由美歸來過歲為樂。九時三刻入府會客，召見十餘員後批閱，公超來談致雷德福之特別軍援計畫譯文，錯誤甚大，囑其修正重寄也。午課後與傑甥車遊淡水河沿，談美經援明年只准七千六百五十萬，與其所接洽之數尚差五百萬元，其數雖少，而於威信甚有損害，應令設法增補。回寓，元旦文告灌片，晚膳以妻忽生黃膽病，余以口痛，故頗感沒味，幸有二甥作陪耳。晚課後廿一時半就寢。夜間以美顧問團對我軍隊政治工作無理挑踢〔剔〕，且強制我改變政工職權，並立即停止對政工有關之軍援物資如車輛、汽油等，此種瑣碎麻煩而無關其重要之細事，乃不問其軍援政策與方針，及其中美合作之精神如何，皆所不顧，其幼稚言行殊為可痛，又為可笑，本不值考慮而加以駁斥可矣，徒以其來函為雷德福之行後，故不能不加考慮，似為雷所同意者。但不論如何，仍應照預定方針據理駁覆，決不容其如斯迪威[2]之故事復萌也。惟因此事，除夕僅睡熟四小時，幾乎失眠，認為本月受侮之最大者也。

1　孔令儀，孔祥熙與宋靄齡長女，曾寄居蔣中正官邸，時寓居美國。
2　史迪威（Joseph W. Stilwell），美國陸軍將領，曾任駐華美軍司令、盟軍中國戰區參謀長，1944 年蔣與史迪威發生衝突，史稱「史迪威事件」。

上月反省錄

一、本月世界局勢：甲、百慕大三國會議。乙、愛克對聯大原子彈國際管理之演說。丙、大西洋聯防會議。丁、俄對四外長會議展期至一月廿五日之答覆，並對美原子彈問題之表示準備討論之意向。戊、韓國反共戰俘如期停止洗腦。己、美宣布國防新計畫（發展空軍，減少陸軍）。庚、美宣布其駐韓兵力撤退兩師，留其武器補充韓軍之用。辛、越共侵入寮國之他曲。壬、法國選舉總統至第十二次以後，方由「柯典」[1] 當選，而比較親美之蘭尼爾[2] 失敗。總核情勢，美國決取守勢，主動之權仍操在俄帝不和不戰、不死不活、拖移陰謀之手也。

二、我國形勢：甲、年終校閱完畢，三軍實力較增。乙、周、孫[3] 衝突。丙、軍公教人員薪水增加。丁、經濟穩定。戊、國大代表與立法委員皆有進步，此實黨力加強之明證也。戊[4]、共匪發行大公債，進行其新五反運動，是我之政、軍、經、社皆臻入穩定階段，而共匪則皆現動搖不安之態勢也。

三、本月自修頗多，而馬漢海軍戰略論漢譯稿（楊鎮甲）審核完成，是尤著者也。惟口腫舌病終月為苦，而妻亦病黃膽為憂耳。

四、月杪向雷德福提出軍援特別開字計畫，雖受羞辱，但於心無愧，且必須如此有目標之整個計畫，方不失其軍援之意義，而且終將實行也。

1　柯典（René Coty），法國政治家，曾任國會議員，1953 年 12 月當選總統。
2　蘭尼爾（Joseph Laniel），法國政治家，1953 年 6 月至 1954 年 6 月任法國總理。
3　周、孫即周至柔、孫立人。
4　原文如此。

雜錄

蔣中正日記
Chiang Kai-shek Diaries

蔣中正日記
Chiang Kai-shek Diaries

雜錄

西藏。昌都至旦達山十三棧,玉樹至黑河廿六棧。

白齊文[1],美人,一八六〇年管帶常勝軍,以毆官劫賞被革三品統領銜,遂降太平天國,後仍投清軍,戈登[2]曾請免究解回美國。至一八六五年白復由日潛回上海,事洩,為郭嵩齡〔燾〕[3]捕獲,本將處死,以在押解途中覆舟溺斃也。

三月二十日。思欲近,近則精,慮欲遠,遠則周。王厚齋[4]語。

許衡[5]云:或問窮理至於天下之物,必有所以然之故與其所當然之則,所謂理也。曰:博學、審問、慎思、明辯,此解釋個窮字。其所以然與其所當然,此說個理字。所以然者是本原,所當然者是末流,所以然者是命也,所當然者是義也。每一事、每一物須有所以然與所當然。又云:凡事理之際有兩件,有由自己,有不由自己。由自己的有義在,不由自己的有命在,歸於義命而已。又云:教人與用人正相反,用人當用其所長,教人當教其所短。

五月五日十七時。近閱卅一年六月以前日記,使余有二種大缺點之感悟:第一,派軍入緬,助英作戰之錯誤:甲、不重基本,不顧本國防務之實力,而

---

1 白齊文(Henry A. Burgevine, 1836-1865),法裔美國人,曾帶領常勝軍對抗太平天國。
2 戈登(Charles George Gordon,1833-1885),英國陸軍少將。在中國指揮「常勝軍」協助李鴻章及劉銘傳淮軍與太平軍作戰,獲得兩宮太后封為提督、賞穿黃馬褂。
3 郭嵩燾(1818-1891),字筠仙,晚號玉池老人,湖南湘陰人,晚清政治家,湘軍的創建者之一,中國首位駐外使節,曾任駐英國、法國公使。
4 王應麟 (1223-1296),字伯厚,號深寧居士,又號厚齋,南宋著名學者,學宗朱熹,涉獵經史百家、天文地理,熟悉掌故制度,長於考證。著有《三字經》、《困學紀聞》、《小學紺珠》、《玉海》、《通鑒答問》、《深寧集》、《詩地理考》等。
5 許衡(1209-1281),字仲平,號魯齋,世稱魯齋先生。金末元初著名理學家、教育家。著有《讀易私言》、《魯齋遺書》等。

徇英、美之請求。乙、毫無獨立作戰、自立自主、一切在己之警覺。丙、無定見、無定力。丁、對敵情、對友軍、對地形並無澈底研究。戊、後勤與補充一切皆無準備。己、誤信美國史迪威之欺妄與慫恿,此其所以一敗塗地,最後倍受同盟友邦美、英之唾棄,受此重大現實之外交上之教訓,而余對美國始終認為可以信賴之朋友,焉得不為其一筆勾銷耶,余之愚拙誠不可及矣。第二,當年判斷敵情,認定日本必與德國夾攻俄國,當時日軍確有攻俄之計畫,但其必待德國進攻高加索時方能開始,此乃日閣之自私投機之卑劣心理萬所不料。尤其當年初夏,日艦襲擊中途島大敗以後,而余仍以為日本惟有攻俄,控置〔制〕西比利亞以後,方有一條比較退守自保之餘地,始終認其必然攻俄也,此乃余之判斷全出於主觀頑固,而並未注重其客觀與環境之遷移各種條件之故也,能不愧悔?此二者可說余在第二次世界大戰判斷失敗最大之教訓,特補誌於此,以明余之大過也。尤以依賴盟邦,信以為盟約可恃,因之捨己耘人,捨本逐末,此亦為一生外交失敗之最大經驗也。乃可斷言任何盟國,任何盟約,若自我無實力,不務本,不求己,則其他一切惟有失敗與被世唾棄而已,可不戒乎。

五月廿五日。近二周來英國媚俄求和,對美已用盡其最大之壓力,主張共匪朱毛參加聯合國理事會,以驅逐我中華民國代表權之地位,尤以其工黨艾脫力為甚。余斷其不能實現之理由:

甲、美國領導聯合國,如其放棄聯合國憲章公理正義之精神,則聯合國等於大戰前日內牙〔瓦〕之國聯,勢必崩潰。此種無恥領導如英國者,不負責任之所為,美國不能為此,而且聯合國之基址在其美國,不比國聯會址在瑞士,而非在英國也。

乙、聯合國出兵援韓,乃為共同懲討共匪之侵略南韓也。如果韓國整個統一問題尚未完全解決,共匪亦無悔禍降服之誠意與行動表示,若即讓其先行加入聯合國,是無異共匪征服了聯合國,不僅喧賓奪主,而實為揖盜為主,認賊作父矣,可乎?

丙、美共和黨在其民主黨執政時代,一向反對共匪參加聯合國,而且以此為

號召攻訐民主黨，而於大選獲得壓倒之勝利。如其今日竟允共匪加入聯合國，則其政策與信譽何以昭示其人民耶。此種失策失信、不道無義之政府，其人民果願長期擁戴乎。明年國會選舉其必失敗無疑，此為其政府本身計，決無任共匪參加聯合國之理也。

丁、美國在其西岸國防之安全，決不允俄國之傀儡在我中國，始終威脅其太平洋之霸權也。英國今日以其無力可為，故不得不放棄中國，任俄國為所欲為，而英國乃亦強令美國亦隨其放棄中國，是無異令其放棄整個太平洋安全之保障，其能忍受乎。此其決不可能也。此乃並非為我中國於聯合國地位之關係，而乃為美國本身之安危盛衰之關鍵，愛克豈此常識而亦無之乎？

六月十五日。

三、法天自強箴：中和位育，乾陽坤陰（本為主宰虛靈），無聲無臭（本為存心養性），主宰虛靈（本為盡性知命），天地合德，日月合明，主敬立極（主正立中），大中至正。

四、事天自安箴：

1. 存心養性，寓理帥氣。

3. 不憂不懼，樂道順天。

2. 盡性知命，物我一體。

4. 至誠無息，於穆不已。

其他（一）養天自樂與（二）畏天自修二箴，並無修改，而增補第四「事天自安」箴。此乃卅九年十月二十六日所撰者，特誌重鈔於此。

六月十九日。 萬一聯合國果真通過共匪參加聯合國，則我政府應毅然決然退出聯合國，毫不用其猶豫。即使其僅參加聯合國而未能廁入理事會，則我國亦必自動退出聯合國，宣告聯合國會議乃為強權侵略之機構，已自破壞其平等自由、公理正義之原則矣。其次，為我反攻大陸不再受聯合國之限制，亦惟有脫離聯合國之關係，始可自由行動也。其三，今後美國在太平洋安全，

不能放棄臺灣，彼雖不能助我反攻，而其勢不能不予我協防臺灣也。因之我政府為國家人格與國際正義計，固不能與叛徒強盜聚首一堂，而為反共與反攻利害之立場計，亦不能不退出聯合國耳。至於此舉對美國與世界人類之影響如何，無須計及也。

八月廿六日。應令幹部研究與述心得者：一、重建本黨之根本問題。二、組織之原理與功效。三、黨的組織之建立與運用。四、重建革命基本組織。五、黨的行動指導原則。六、建立黨的戰鬥體制之基點。

九月十三日。溶道於技，進技於道。

近月來共產國際之宣傳方針，集中於共匪加入於聯合國，而不想排擠我中華民國在聯合國之外，故美共在美之宣傳主張有二個中國，而以臺灣為中華民國之國土，此於五年來中華民國與臺灣之地位性質有重大之改變：甲、昔日以臺灣為國際托管或以臺灣歸共匪政權之主張，對於中華民國及我政府之地位完全抹煞，不復存在，實際已等於滅亡，而今則認臺灣為中華民國之領土，所謂調查與公民投票決定之惡聲乃不復聞矣。乙、昔日以共匪政權，所謂中華人民共和國替代聯合國之中華民國及其安全理事會常任理事之席位，今亦不復聞，只求其能先插足於聯合國內，以圖再行排除我政府矣。此其陰謀雖未消除，但已自覺其近於幻想，於是卑劣之印度竟想覬覦此席，以期實現亞洲領袖之夢。今後前途仍滿布荊棘，結果如何雖難逆料，但五年來忍辱負重之奮鬥，至少使我中華民國之生命重生，而未被其滅亡，臺灣之主權穩定而再不動搖，此則國家之歷史又入於新的一個階段。思今撫昔，痛定昔痛，猶足略誌焉。

九、二二。唐代取士考核方法「身言書判」：體貌魁偉為身，言語清晰為言，筆法秀美為書，文理密察為判。對高級人員考察為：「德」先天性情、後天學養，「才」治事能力，「勞」服務的勞績。

十月廿五日。顏習齋謂：「正其誼而謀其利，明其道而謀其功。」余則修正為：「謀正誼之利，計明道之功。」葉水心謂：「既無功利，則道義乃無用之虛語。」余以此乃破除董仲舒[1]書生空談之要語。

十一月卅一日[2]。中正自守，其介如石，易豫卦。六二：介於石，不終日，貞吉。日不終日，貞吉，以中正也。注疏：卦獨此爻中而得正，是上下皆溺於豫，而獨以中正自守，其介如石也。其德安靜而堅確，故其思慮明審，不俟終日，而見凡事之幾微也。

又易詞：大哉乾元，剛健中正，純粹精也，乃知先祖父名我日瑞元，初命行字日周健即出於此，後乃改為周泰也。

又曰：利見大人，尚中正也。

又曰：文明以健，中正而應，君子正也。

又曰：中正以觀天下。

又曰：受茲介福，以中正也。

又曰：其道大光，中正有慶，如昌。

又曰：剛遇中正，天下大行也。

又曰：九五含章，中正也。

又曰：剛巽乎，中正而志行。

又曰：位乎天位，以中正也。

又曰：剛中正，履帝位而不疚，光明也。

---

1 董仲舒（前 179 年–前 104 年），廣川人。西漢經學家、思想家和政治家。漢景帝年間任為博士，漢武帝時任江都相等職位。治學以公羊學為主，整合陰陽五行學說、天命論等各類思想哲論，為漢代的天人關係研究，推動讖緯之學發展。
2 原文如此。

本年總反省錄

外交與國際形勢

一、美國對臺灣中立化之禁令雖於二月間取消，而其實對我襲擊海岸與反攻大陸之限制更為嚴格，可痛。

二、我對中俄前友好條約自動廢除發表正式聲明，於是外蒙獨立亦連帶撤消，此於我將來收復外蒙，歸還祖國版圖之障礙業已完全除去，聊以自慰。

三、美國在三月間復派駐華大使呈遞國書，但其國務卿杜勒斯對承認中共與培植中國第三勢力，以及期待毛匪變為狄托之幻想並未消除，而且惟求韓戰停火，不惜准許毛匪加入聯合國之陰謀，亦與英國狼狽勾結，積極策動以排除我於聯合國之外，直至十二月其丁恩與匪在板門店協商韓國政治會議之時間與地點問題失敗以後，丁恩回美時仍以承認共匪為時間問題，而以蔣氏收復大陸為不可想像之事為言。可知杜勒斯與前艾其生對中華民國一筆勾銷之政策並無二致，險極矣。

四、三月間自史大林暴斃以後，美國因受俄共和平攻勢之誘惑，企求韓戰停火之實現，不惜分裂韓國與托管臺灣為條件，所謂強制遣俘與停戰協定皆秘密進行，其對韓李之反對概置不理，以致韓李[1]不得已而為自由釋俘之大舉。於是美國對匪求和之幻想受到重大教訓，乃派其勞勃生赴韓，對李交涉協商。余乃以公正無偏之心，希望美、韓妥協告成，以期協助美國在相當條件之下，使其停戰政策之實現，於是對美、韓二總統皆致電力勸調解，不料反被杜勒斯之侮辱，殊為痛心。然余不因此灰心，仍忍痛進行，蓋恐美、韓一旦決裂，則韓國前途更不堪設想耳。

五、美國本年一年間之外交並無政策可言，始終為俄、英二國所脅制，其先因史大林之暴斃，以為俄侵略政策當有轉變，故迷惘於俄之和平攻勢，

1　韓李即李承晚。

而英從中助之，且為俄宣傳，而又被俄國氫彈與鈷彈已製造成功之宣傳所威脅，幾至徬徨無措，一面又被英國之重壓，強迫其對共匪之妥協與韓戰之停火，於是在此雙重脅制之下，幾乎不能不出賣中、韓，默許共匪之加入聯合國，卒因其國內民意激烈之反對，參、眾兩院全體一致反對共匪參加聯合國之決議，乃不能不轉變其對共匪之態度，然而情勢之險惡極矣。迨至十一月間，俄國反美強硬政策之聲明，乃知其對德、奧問題絕無妥協可能，而韓國之政治會議亦渺茫無期，於是九個月來，俄共和平攻勢之狡計澈底幻滅以後，乃始自悟其過去幼稚之外交行動，復於其時試驗氫彈之功效大著，乃於年杪發表其新國防新戰略所謂立即報復政策者，至此其對俄共始有一種比較堅定之方針。而其對我在韓之反共義俘亦能遵守其諾言，實現自由遣俘之宗旨，亦不再受俄共之威脅，並協助我運送義俘歸回臺灣，而我國之外交至年終而亦進入比較有利之一新階段矣。

六、國際局勢本年一年間之變化：1. 韓戰停火。2. 美韓協定之訂立。3. 我反共義俘之自由歸臺。4. 東德工人反共大示威。5. 西德政府大選之勝利。6. 法國大選第十二次方得產生新總統，而藍尼爾競選之失敗。7. 土、希、南互助協定之訂立。8. 緬甸控訴我李彌游擊隊之侵緬。9. 越共侵入遼〔寮〕國後又自動撤退（四月間）。10. 英國兩黨對俄妥協與對美壓迫之共同政策。11. 美提韓戰停火之新密議，且允共匪參加聯合國之談判。12. 韓李自由釋放俘虜，以反對停火協定。13. 六月間美、英、法百慕大會議停開。14. 英國集團在倫敦會議一致主張共匪參加聯合國，而遭受美國會全體一致反對之決議。15. 美、英、法七月間在華府會議，以四巨頭會議改為四外長會議。16. 七、八月間，俄貝利亞整肅與蘇維亞大會之召開完成。17. 俄對美、英、法所提之奧約會議完全拒絕。18. 俄宣布製造氫彈完成。19. 英主太平洋聯盟日本在內，而中、韓除外。20. 聯合國會議（八月）、對韓政治會議為雙邊會議，准俄參加共方，而印度不能以中立者參加會議。21. 伊朗國王回國復辟，俄在伊失勢。22. 俄匪五年合作協定。23. 美與西班牙基地協定成立。24. 曼谷中、美、泰、緬四國（為

撤退李彌部隊）會議因緬退出會議而停頓，且其用飛機轟炸我游擊隊基地（猛撒），但我仍照預約而實行撤退。25. 十月廿八日為韓國停戰後政治會議召開之最後日期，美派丁恩與共匪在板門店會議，無結果而散。26. 南斯拉伕與義大利之的港爭執問題。27. 十月間倫敦美、法、英三外長會議討論其所謂五強會議（共匪在內）與韓政治會議新之方式：甲、太平洋聯盟先由分別協定為基礎，而後演成為共同防衛聯盟。乙、對俄要求四國外長會議，商討德奧和約。丙、決定其對俄交涉，一個時間只採取其一項步驟之方針。丁、對的港及以色列與約但問題之處理。28. 法對胡志明探求和談。29. 十一月間俄對美、英、法三國之態度三大轉變。30. 北韓與北平簽訂其所謂經濟文化協定。31. 美、英、法三國百慕大會議（十二月）。32. 愛克提原子能為和平建設之建議與原子彈國際管理。33. 俄對四外長柏林會議展期至明年一月廿五日，並對美原子彈國際管制問題表示準備討論之意態。34. 俄運大批黃金存英，引誘英國擴大通商，以打消美國禁運之計畫。35. 越共侵入遼〔寮〕國之他典。36. 美宣布駐韓美軍撤退兩師之計畫（十二月）。以上各種問題之變化與發生，無非皆由史大林之死亡而引起，俄共惟一目的為阻止歐洲聯軍之建立，以孤立美國，挑撥法、德，排除美國於歐洲之外。觀其所提，俄國在內之歐洲和平計畫，更為顯露其驅逐美國出歐之陰謀，然而其愚拙亦極矣，然美、英、法仍不以此為警覺，豈不怪哉。

七、綜核國際局勢，韓戰雖停，而韓國政治會議及其統一和平並未如期實現，而一面越南戰爭又告緊張，勢必擴大無疑。至於美國氫彈效率第二次試製完成以後，其新國防計畫與對俄共侵略之報復政策，余認為世界大戰雖漸迫近，但美國新戰略（報復政策）仍取守勢，至多為取半攻勢之形式，而主動仍操之於俄共之手，尤其是俄在聯合國理事會之中，則聯合國對俄共報復還擊之聯合行動之建議，必皆為俄所否決而無實施之可能，是則共匪對東南亞之侵略與韓戰之乘機復起更無所顧忌，且亦決無停止其擴張侵略之一日，然則美國報復政策亦不能謂永無行動之時，以美國上下對俄國氫彈偷襲之恐怖，無時不在動盪之中，其對報復之時間與地

點之研究,亦自在積極準備之中。我國惟有力圖自立與強固現有之地位,充實反攻之力量,以期待必然來臨之時期而已。

八、自三十八年美國艾其生對我國一筆勾銷之白皮書發表以來,始則促成我自取滅亡,繼則勾結英、俄,陰謀託管臺灣,驅逐我出聯合國,而以共匪代之。至本年則唱共匪進入聯合國與我並存,即所謂兩個中國並存之說,而其驅逐我出聯合國與託管臺灣之謬論已漸銷沉,但本年度聯合國大會對我會員國資格問題,仍以本屆會暫不提議為辭,是對我國之污辱如前也。其實美國務院希望共匪加入聯合國之心情仍在潛滋暗長,實與英、印無異,隨時可以發生此喪心病狂國際之悲劇。惟深信上帝決不負人,必能領導我中華民國渡過苦海,反攻大陸,光復故土,消滅共匪,脫離今日萬惡時代之險境耳。

政治

一、自動廢除中俄友好協定(二月)。

二、准吳國楨辭去臺省主席職。其辭職以前之態度狂暴如癡(三月),吳造成糧食恐慌,使民心動盪不安。

三、鴻鈞就省主席職後,糧價漸平,財經安全委會成立,財經穩定。

四、抑留越南之黃杰部三萬人回臺。

五、美國會特別增援我軍經款數百分之二十,此乃寶克生訪華後之成果。

六、留韓反共義俘接受我命令,與美國聯軍統帥部合作,如期前赴中立區受中立委員會之解釋。

七、經國訪美成功。

八、韓戰停戰後,軍民心理動盪異常,乃予以指導,說明共匪決無安定之理。

九、十一月間,反共義俘堅拒共匪洗腦式之解釋而願回臺灣者百分之九十七以上,其義聲感動世界。

十、免王世杰秘書長職。

十一、美副總統尼克生與韓總統李承晚先後來臺訪問(十一月)。

十二、軍公教人員增加待遇。

十三、國民代表大會籌備與立法手續大體完成。

十四、K 字軍援計畫完成，向雷德福提出。

十五、吳[1]去俞[2]就職後，耕者有其田制度已實施。

十六、令李彌留緬部隊撤退。

十七、俄帝力圖共匪牽入聯合國及其五強會議之陰謀失敗，此為本年政治外交上重要成就之一。

十八、機械工業建設之準備與人選尚未策定。

十九、臺省農會改正糧食儲積，臺糖外消〔銷〕完成。

二十、財政收支已接近平衡。

黨務

一、五月間二中全會開會與閉會詞二篇，自覺竭盡心力，以期對黨員指導有效也。

二、黨藉〔籍〕整理與總登記完成。

三、育與樂補述完成公布。

四、黨政軍聯合作戰研究班成立。

五、設計機構與研究人事之集中統一。

六、黨政聯系會議之建立。

七、臺省黨部改組完成。

八、實踐研究院第二階段教育開始，人事調整完成。

九、黨政軍聯合作戰中心制度之擬議尚未完成。

十、幹部政策與人事制度未能貫澈。

十一、僑務與僑校師資與留學計畫未擬定。

十二、每月總動員會報有效。

1　吳即吳國楨。
2　俞即俞鴻鈞。

十三、三中全會（十一月）完成。

十四、立、監委員與國大代表皆已漸上軌道，大多數都能遵守黨紀。

軍事

一、國軍教育方針決定採用美制之實施。

二、中美共同防臺計畫與協議完成，開始實施。

三、海軍聯合艦隊組成。

四、空軍聯隊制組成。

五、兩棲訓練進步，陸戰隊武器補充開始。

六、補充兵集訓計畫已開始實施，但特種兵補充訓練未能實施。

十[1]、戰爭十大原則審定，此為軍事教育上重大之要務。

十一、對面的戰術研究之督導。

十二、軍事教官待遇提高。

十三、東山突擊戰失敗。

十四、大陳防務調整與加強。

十五、士兵問答審議完成。

十六、政工與黨務制完成。

十七、修護保養制尚待增強。

十八、光字反攻初步計畫成立。

十九、年終校閱成績有進步，戰力由百分卅五增進至百分五五。

二十、周、孫[2]衝突不睦。

廿一、美顧問團提出反對政工制度，要求改正，暫置不理，以其無理干涉也。

廿二、噴射機組訓開始。

廿三、傘兵尚無具體組訓計畫。

1　原文如此。

2　周、孫即周至柔、孫立人。

廿四、海軍紀律與精神皆不佳，人事磨擦日甚，此乃馬紀壯領導無方也。

廿五、各陸軍部隊基地訓練已完成十之八，惟金門部隊尚未着手訓練。

廿六、陸、海、空、勤各校教育皆有進步，且漸具規模。

廿七、裝甲兵尚未改組，此為本年整軍工作之最大缺憾。

廿八、美顧問團蔡斯尚能合作，惟其副團長[1]多方為難也。

廿九、情報無甚進步，惟謀略組織已開始。

三十、西北川、康、青邊區游擊戰被消滅無息。

卅一、實踐學社第一期教育，在顧問團防制與孫立人反對之下，秘密組織教
　　　育開始。

卅二、動員訓練班亦在顧問團反對之下自動組訓，發生功效。

卅三、國防大學聯戰系與陸、海、空各參謀學校皆照預定計畫完成。

卅四、青年團與學校軍訓皆已組訓生效。

修養工夫

一、本年修養不足最大之缺失，對於陳納德民航公司圖賴我中國銀行墊款之
　　弊案，對於葉公超之無理嚴斥，自傷心神，此乃遷怒洩憤之過犯，應加
　　痛改。而對王世杰免職明令之前後，急迫暴戾之情態不能自制，殊為本
　　年最大之過失，但對王案之處理則並未為過耳。

二、對外交上與顧問團之忍辱負重，自覺修養無失，而對吳國楨與孫立人之
　　飛揚跋扈、挾外凌上，亦可謂忍受極矣，此皆逆來順受之修養工夫有以
　　致之也。而此二人之程度，則吳之心跡更不堪問，如美、英任其為臺灣
　　托管制度下之傀儡，則其且求之惟恐不得矣。推其卅八年杪，要求任其
　　為省主席時之情景，彼實自居為臺灣托管專員之候補者，是其用心誠亡
　　國奴之尤者也。自愧察人不明，用人不當，對人毫無警覺與防範之心，
　　至今粗疏浮露又如此，其將如何能負復國與建國之大任耶。

1　麥唐納（John C. MacDonald）。

三、本年閱讀與著作較多，孫子、論語、馬漢海軍戰略論、拿翁語錄、顏習齋學案皆能適心研究，較前有得。而戰爭十大原則、軍事教育與制度，以及對黨務、教育有關之黨的根本問題、黨的組織之建立與運用、重建革命基本組織、黨的行動指導、民運方針、建立黨的戰鬥體制與育樂補述各冊之完成，第二、第三次中央全會之訓詞諸篇，實皆為平生重要之作也。

四、K 開字軍援計畫與光字反攻計畫，以及反攻時機與方式之擬定，實為重要之成就。

五、對尼克生四次談話錄與對雷德福、勞勃生（美遠東司長）之談話，自認為有重大之成就。

六、聽取日藉〔籍〕教官戰史之講述：甲、太平洋日軍失敗之戰史。乙、亞歷山大。丙、菲特立大王。丁、拿破侖。各戰史皆有心得，於我今後作戰之助益必多。

七、對匪戰術與面的戰術之審核，以及舊日記之戰記廿八條之親自研究，又反攻計畫之準備與反攻時機之審定皆能深入有成，亦覺自慰。

八、對教理之研究與靜修亦有進步，自覺對天與人與心之理解更明，故對法天自強與事天自安二箴更能有得也。

九、身心亦比往年為佳，對於有恆與自得，常以不憂不懼為慰。若十二月無鰻骨刺舌之苦痛，則健康必更勝常矣。惟目疾加重，老年愛閱與應閱之書更多，故無法休息不閱，恐無復元之望，但目力並未減弱耳。

十、夫人體力回國後未能恢復，復以尼克生與李承晚來訪以前之準備用心過度，以致舊日皮膚病復萌，且有黃膽病之跡象，而經兒之糖尿病亦未能絕根，此皆內心憂慮之事。惟夫人字畫反有長進，乃足喜耳。

共匪情勢

一、毛匪病危之消息，其宣傳作用何在。

二、共區糧荒，二億人口缺乏食糧之宣傳，其用意何在。

三、各地糧食由共匪集中管理，以控制人民之生計。

四、國營商業與工業國營，小工商人已無法生存。

五、農民向都市流入集中，農村破產。

六、偽幣五萬圓大鈔在年杪發行，其經濟危急可在此通貨澎漲〔膨脹〕中完全暴露，經濟實已破產矣。

七、新五反運動。

八、各大行政區之匪閥已形成尾大不掉之勢，其內部鬥爭正在激烈進行之中。

九、偽全國人民代表之選舉與偽憲法尚未如期實施。

十、匪區之水利與交通之建設似有進步，但民不了〔聊〕生矣。

十一、韓戰停火實為共匪徼幸苟免之舉，其軍事、經濟或可由此整縮而挽救其崩潰之惟一良機。

十二、共匪宣布其所謂全國選舉與頒布憲草者，乃由其韓戰停火後對政治之一新措施也。

十三、韓戰雖已停火，但軍事對持〔峙〕之勢並未消除，而且其對越南空隙必轉求發展，故其軍事必難整縮，則其經濟之危機亦必難免除，乃為必然者。

十四、共匪幹部腐化正在加重，而其中央偽組織之控制力量是否仍能維持如故耶。

十四[1]、共匪政治與軍事之最大弱點，在其內部大行政區中之各大匪閥，只要其各大匪閥不能澈底整肅盡淨，則我反攻時共匪之崩潰必將更快無疑。

十五、軍事條件在於：甲、制度。乙、教育。丙、民族自主之精神。丁、科學化之組織。余信今日匪軍人數雖甚澎大，但其對基本條件必未注意，更未着手於此，而且其政治與經濟制度完全違反我國情與民心，只要我能在基本條件與組織制度上日有進步與力謀健全，則但問耕種不問收穫，何必計較反共抗俄之何日成功耶。

1　原文如此。

姓名錄

差　　9D 董信武　　27D 蘇維中　　臺中管區　　林　杞　　87A 周伯道

政工　黃凱白[1]　永嘉　校六　四五才　裝校副主任　曾任營長
　　　劉士澡[2]　江西　聯大幹校　卅六才　十師政主
　　　王式智[3]　臨海　政大　卅七才　廿七師政主

　　　　　景雲增[4]　45A 參長　　河北　四十二才
團長候補　張儒和[5]　9D 副參長　徐州　黃寶秋[6]　51D 副參長　南海

美工　張振遠[7]　山東　卅四　校十四　美工校　陸戰隊處長　曾任營長
　　　管伯英　　　　　　　　　　　　　　工兵學校　　應調營長
　　　江雲錦　　　　　　　　　　　　　　陸總

張乃維[8]　宜興　哈佛（外交）

1　黃凱白，字醒華，號復蘇，浙江永嘉人。1952 年任第四十五師政治部主任。
2　劉士澡，字士曾、吉若，1949 年 12 月隨軍至臺灣。時任第十師政治部主任，1957 年6 月出任行政院國軍退除役官兵就業輔導委員會人事室主任。
3　王式智，號賜志，浙江臨海人。時任第二十七師政治部主任，1959 年任陸軍步兵學校政治部主任。
4　景雲增，字沛霖，河北易縣人。1949 年任國防部第二廳第二處處長。1952 年 7 月任第九十六軍參謀長。11 月調第四十五軍參謀長。
5　張儒和，號如禾，江蘇銅山人。1952 年 7 月，任第八十七軍第九師參謀長。1954 年10 月，任第十師第二十九團團長。
6　黃寶秋，號定中，廣東南海人。時任第五十一師副參謀長，1958 年任第四十六師參謀長。
7　張振遠，時任海軍陸戰隊處長。後任海軍陸戰隊參謀長、海軍陸戰隊學校校長、第八十一師師長、海軍陸戰隊第二師師長等職務。
8　張乃維，號慎之，江蘇宜興人。原任駐聯合國代表辦事處三等秘書。1952 年 6 月回外交部辦公，8 月兼任臺灣大學政治系副教授，後任行政院新聞局顧問兼第二處處長。

劉道元¹　山東　北大留美　經濟　長人事行政與管理　設計委員

陸興善　武進　維金尼亞校一年　　美砲校　軍校十期　砲校

駱效賓²　無為　美步軍校十二期　卅七才　步校教處長

孫成城　遼陽　維金尼校二年　　　英軍校

胡　炘³　永嘉　美參　軍校十

黃毓峻⁴　臨沂　參一　卅八才　　　84D 參長　原 77i 團長

黃錫麟⁵　卅九　潮安　美海校　指揮艦隊參長

陳朝元〔原〕⁶　卅七　鹽城　校十四　美步校　曾任營長

魏濟民⁷　卅九　歷城　馬尾

崔霖山⁸　四〇　山西　校十二　大十九　八十軍副參長　應任團長

50A　張國英⁹　廿六師長　衛〔黃〕毓俊〔峻〕　77i　劉家福¹⁰　78i

1　劉道元，來臺後初任行政院設計委員會駐會委員，又應臺灣省立農學院之聘擔任農經系教授。

2　駱效賓，時任陸軍步兵學校教育處處長，1953 年 2 月另有任用先予免職。

3　胡炘，字炘之，浙江永嘉人。1952 年 11 月，調任總統府高級參謀，1953 年 8 月，調任大陳防衛司令部參謀長。1954 年 7 月調任第九軍第四十六師師長。

4　黃毓峻，號仲嶽，原任第二十六師第七十七團團長，時任第八十四師參謀長。

5　黃錫麟，1952 年 3 月任國防部總聯絡官辦公室海軍總聯絡官、總統府武官，1953 年 10 月任海軍艦隊指揮部參謀長。

6　陳朝原，號潮源，江蘇鹽城人。曾任駐法大使館副武官，1955 年 9 月出任國防部聯絡局副局長。

7　魏濟民，原任海軍軍官學校校長，1949 年 5 月間遭拘禁，1951 年 9 月 7 日由海軍總部軍法審判，以陰謀變更國憲等罪名判刑，12 月 27 日判決無罪。1953 年 6 月回任海軍總司令部海軍代將高級參謀。

8　崔霖山，時任第八十軍第三處處長，5 月入國防大學校聯合作戰系受訓。

9　張國英，字俊華，安徽阜陽人。1950 年 4 月，任第五十軍第三十六師師長。1954 年 7 月，任第一軍第二十六師師長。

10　劉家福，河北滄縣人。時任第二十六師第七十八團團長。

87A　吳淵明[1]　十師長　顏　宣[2]　26i　澎湖　陳其琰〔鋑〕[3]　25i

　　　　　　　　　　張洪昇[4]　28i

6A　趙善蔭[5]　202i　　梁　幹　203i

　　　趙榮琪[6]　卅一才　國立女師　臺北二女中學教員

　　　余夢燕　卅六才　留美　湘　英文中國郵報

文藝　虞君質[7]　四九才　帝大與清華

軍歌　張心洽[8]　卅四才　中國銀行副處長　哈佛

　　　桑錫青〔菁〕[9]　中央行秘處長　常熟　五三才

防大候補長

謝家駒[10]　卅七　　寧國　大二十　校十二　工　三補給區副　營長

王廣法[11]　卅八　　察省　美參校十一砲　聯總處長　營長

1　吳淵明，號琛，江西寧國人。1950 年 5 月，任第二二一師師長，7 月調任第八十七軍副軍長，10 月調任總統府參議。1954 年 10 月，任第八十七軍第十師師長。

2　顏宣，號金吾，四川梁山人。歷任第九師第二十六團團長、第十預備師副師長、代理師長。1955 年 5 月任國防部第五廳第一組副組長。

3　陳其鋑，時任第九師第二十五團團長。

4　張洪昇，字嘯東，時任第十師第二十八團團長，後任第四十九師副師長。

5　趙善蔭，1952 年 1 月任陸軍總部第四署代署長。時任第六十八師第二〇二團團長。後任第三十二師師長、第二軍團參謀長。

6　趙榮琪，時任臺灣省立臺北第二女子中學教員。

7　虞君質，1949 年移居臺灣，曾任臺灣師範大學教授，臺灣大學教授，及香港中文大學教授。主編《文藝創作》（月刊）第六十一至六十八期。1954 年 1 月，出任《文藝月報》主編。

8　張心洽，字鵬雲，1942 年起任中國銀行會計處副處長。1951 年，出任臺灣銀行國外部經理。

9　桑錫菁，字君儀，時任中央銀行秘書處處長，1954 年 8 月出任行政院副秘書長。

10　謝家駒，江西寧國人。時任聯合勤務總司令部補給處處長，8 月調任工兵第二十團團長。1954 年 6 月任第一軍團第五四一工兵指揮部指揮官。

11　王廣法，字立言，察哈爾陽原人。1950 年 9 月任聯合勤務總司令部第三補給分區司令部副司令，1953 年 8 月調任聯合勤務總司令部補給處處長。

柯遠芬　杜　鼎　　劉明奎　宋邦緯[1]

李昌來　四四　　校四　留英　　前通信兵校長　現任科學研究室委員

江雲錦　卅五才　蘇州　美工校　工校十五期　　陸總副組長　曾任營長

胡明允[2]　卅六才　成都　校十二　美運輸　　　運校主任教官　營長

華金祥[3]　卅八才　無錫　交十大十八　67A 參長　　曾任團長

鍾　松[4]　杜　鼎

王永樹[5]　四三才　淳安　高教班　政工校長

萬賡年　皖　　　燕京　閩署

周洪本[6]　四〇　　諸暨　浙大　李士英荐　招商局訓練會

何世統[7]　廿六名　胡翼烜　廿二名　鄭挺鋒[8]　十四名

尹　俊[9]　十六名　程雁飛[10]　廿一名　仙居　裝校教育長　校六　留法

1　宋邦緯，字希武，安徽合肥人。1953 年 7 月任聯合作戰中心陸軍組組長。1957 年 3 月，任第十軍副軍長。

2　胡明允，1950 年任聯合勤務總司令部運輸署專員，7 月在革命實踐研究院軍官訓練團第二期受訓。

3　華金祥，號康治，江蘇無錫人。1952 年 2 月，任國防部第三廳第二組組長，12 月調任第六十七軍參謀長。1955 年 3 月，任金門防衛司令部參謀長兼第一軍五十八師副師長。

4　鍾松，號常青、長青，1951 年 3 月調任江浙反共救國軍總指揮部副總指揮。1952 年 6 月，兼任浙江省政府委員、軍事處處長。1953 年 8 月調任省政府代理主席。

5　王永樹，字重三，浙江淳安人。1951 年 7 月任國防部總政治部第一組組長。1952 年 4 月至 1955 年 12 月任政工幹部學校校長。

6　周洪本，浙江諸暨人。1952 年 10 月出任中國國民黨航業海員黨部書記長。

7　何世統，號讓伯，貴州安龍人。1951 年 1 月出任第十九軍副軍長。1953 年 9 月調任第六十七軍軍長。

8　鄭挺鋒，原名庭烽，字耀臺，廣東文昌人。1950 年 6 月，任第五十軍軍長。1954 年調任澎湖防衛司令部副司令，7 月任代司令。

9　尹俊，字杰夫，1950 年 9 月，調升第十八軍副軍長。1951 年春，奉命代理軍長職務。

10　程雁飛，浙江仙居人。1950 年 6 月出任裝甲兵學校教育長。1954 年 3 月調任聯合勤務總司令部高參。

吳孝德[1]　四四　閩　　　校六　大十三　　五軍參長　副師長

孫陽昇[2]　四二　湘　　　湘幹校　　撫卹處副

劉恩蔭[3]　四二　陝　　　校六　　　留法　裝旅專員　總隊整編旅長

張光智[4]　四一　校七　　砲校　　湖北　八十七軍參長　團長

林秀欒[5]　四五　士官　　莆田　　保安處處長　　營長

陳　愚[6]　四四　校六　　滁縣　　聯勤運署組長　團長

吳劍秋[7]　四二　漢分七　四五軍副

葉枝芳[8]　四四　校六　高砲副司令　團長

汪錫鈞[9]　四四　校八　大十六　　中部防區參長　團長

楊吉升[10]　四一　漢分校七砲　防校　四廳主任　　團長

徐汝誠[11]　四五　校六　大十二

魏毅生[12]　四四　西北軍校　政治部組長

袁友牧[13]　湘　四一　校八　大十六　三廳組長　　團長　十三名

1　吳孝德，字蓋民，福建閩侯人。歷任總統特派戰地視察第十六組視察官、第五軍參謀長、第四軍參謀長。

2　孫陽昇，1953 年 1 月出任聯合勤務總司令部撫卹處副處長。1954 年 1 月調任國防部部長辦公室副主任。

3　劉恩蔭，字惠森，1949 年來臺，後任預備第二師師長。

4　張光智，號廣智，湖北黃陂人。1953 年 1 月出任第八十七師參謀長。1955 年 3 月，調任第十九師師長。

5　林秀欒，字大團，福建莆田人。1949 年初回任臺灣省警備總司令部第二處處長，9 月改任臺灣省保安司令部保安處處長。1953 年 2 月 4 日任福建省政府委員。

6　陳愚，時任聯勤總司令部運輸署陸運司司長。

7　吳劍秋，1953 年 7 月出任臺東師管區司令兼臺灣東部守備區司令部司令。

8　葉枝芳，1951 年 7 月出任空軍高射砲兵司令部副司令。1957 年 12 月升任司令。

9　汪錫鈞，原任國防部第一廳副廳長，1952 年 11 月受任臺灣中部防守區司令部參謀長，1954 年 9 月調任反共義士戰鬥團團長。

10　楊吉升，原任國防部第四廳辦公室主任，1953 年 2 月升任國防部第四廳第八組組長。

11　徐汝誠，字午生，浙江餘姚人。1950 年 3 月任國防部第三廳廳長。1951 年 4 月任第六十七軍軍長。1953 年 9 月任第六軍軍長。

12　魏毅生，1951 年 7 月出任國防部總政治部第四組組長。

13　袁友牧，1952 年 2 月出任國防部第三廳第五組組長，1953 年 7 月改任國防部第三廳第六組組長。

參校二期

1. 周雲飛[1]　校十七　廿九才　諸暨　19A　一九六師科長　　曾任營長

2. 戚駿良[2]　校十二砲　卅五才　泰興　　參校科長　　營長

3. 張家俊[3]　校十七　卅三才　江西　　6A　68D 科長　　副團長營長

4. 劉戈崙[4]　校十四　卅二才　河南　　政治部專員　　連長

5. 俞柏〔伯〕音[5]　校十三　卅七才　桐廬　軍校副總隊長　　團長

6. 張儒和　校十二　大廿二　銅山　　卅七才　九師副參長　　營長

7. 于新民[6]　校十六　南京　　卅四才　幼年兵總隊副　　團長

8. 江學海[7]　校十三　卅七才　江西　　6A　68D 副師長　　團長

9. 周麟仁[8]　校十八　卅一才　河南　　保安部參謀　　連長

10. 羅超羣[9]　校十六　卅一才　湖北　　陸總一署副組長　　連長

11. 鄒宇光[10]　卅八才　梅縣　　二廳組長

12. 鄒　凱[11]　卅八才　安東　　砲校初級班主任

20[12]. 李紹牧[13]　卅四才　湘潭　　54A　93D 團長　第廿名

1　周雲飛，號從龍，浙江諸暨人。1949 年 12 月任第一九六師第五八八團營長，1953 年
　　7 月調任陸軍指揮參謀學校教官，10 月調任第六軍第六十八師第二〇三團團長。
2　戚駿良，江蘇泰興人。時任陸軍指揮參謀學校科長。
3　張家俊，號奕泉、君霸，江西萍鄉人。時任第六軍第六十八師第三科科長，1954 年 9
　　月調任陸軍指揮參謀學校教官。
4　劉戈崙，曾任國防部總政治作戰部第四處處長。1973 年奉派擔任「中華民國駐越建設
　　團」團長，1975 年返國後，曾任聯勤總部政治作戰部主任、國防部總政治作戰部副主
　　任與臺灣警備總司令部副總司令等要職。
5　俞伯音，號正善，浙江桐廬人。時任陸軍傘兵總隊副總隊長，後任第六十九師師長。
6　于新民，江蘇南京人。曾任幼年兵總隊副總隊長。
7　江學海，字勉之，江西上高人。時任第六軍第六十八師副師長。1954 年 9 月，調任總
　　統府高級參謀。
8　周麟仁，河南人。時任臺灣省保安司令部參謀。
9　羅超羣，時任陸軍總司令部第一署副組長，孫立人新聞官。
10　鄒宇光，時任國防部第二廳組長，後任軍事外語學校代理校長。
11　鄒凱，號豈凡，安東鳳城人。時任陸軍砲兵學校初級班主任。
12　原文如此。
13　李紹牧，號翰誠，湖南湘潭人。1952 年 8 月，任第五十四師第九十三師第二七七團團
　　長。1954 年 7 月調任總統府參謀。

參校第一期

1. 王統佐　校十三　大廿二　贛榆　　澎湖第三處　　曾任副團長　卅五
2. 張德溥[1]　校十六　砲高班　吳興　砲校計畫科長　任營長　　卅三才
3. 金壽康[2]　校十六　皖含山　　參校教官　　　任連長　　卅四才
4. 徐美雄[3]　校十一　遼陽　　　裝甲旅處長　　任副團長　　卅七才
5. 楊敬斌[4]　校十七　岳陽　　　五二軍 34D 團長　　卅二才
6. 沈持倬[5]　校十四　上海　　　第二補給區科長　無部隊經歷　卅五才
7. 萬鵬程[6]　校十五　應派隊職　武進　卅二才　75A　46D 科長　曾任連長
　　　團附輜重
8. 汪繼志[7]　高級班　益陽　　　臺東師管區參長任大隊長　四五才
9. 劉殿犖[8]　校十六　江都　　　卅五才　保安部參謀　任團附副營長
10. 王　範[9]　校十七　海南　　　卅二才　參校教官　　任連長參謀
11. 黃　胄[10]　校十五　安徽　　　卅五才　六軍　　　　69D 砲營長

1　張德溥，號偉民，浙江吳興人。1955年至1956年在美國砲兵學校及飛彈學校受訓一年，研究砲兵與飛彈技術。回國後歷任砲兵指揮官、陸軍砲兵學校科長等職。

2　金壽康，號崇英，安徽含山人。時任陸軍指揮參謀學校教官。

3　徐美雄，後任裝甲兵第一師師長、裝甲兵訓練中心副指揮官。

4　楊敬斌，湖南岳陽人。1952年，調任第三十四師一〇〇團團長。1955年，升任金門防衛司令部副參謀長。1958年1月，派任第一軍團第三處處長。

5　沈持倬，上海人。時任聯勤司令部第二補給區運輸科科長。

6　萬鵬程，江蘇武進人。時任第七十五師第四十六團科長。

7　汪繼志，時任第五十四軍第八師參謀長，1954年5月調任臺東師管區司令部參謀長。

8　劉殿犖，江蘇江都人。時任臺灣省保安司令部參謀。

9　王範，廣東澄邁人。時任陸軍參謀指揮學校教官。

10　黃胄，號鐵笙，安徽懷寧人。時任第六十九師砲兵營營長。

	范伯超 [1]	高射砲副司令			
防大	劉景揚 [2]	校十　美參校	營口	四○才	裝旅副參長
一期	牟秉釗 [3]	海校廿六年	湖北	卅六才	海總指揮部處長
	沈伯賢 [4]	校十五	杭州	卅六才	87A 幹訓班組長（副團長）
	吳文義 [5]	校十	吉林	四○才	陸戰隊教育長（團長）
海	王昌銳 [6]	海校廿九期	湘	卅八才	永壽艦長
	王公堂 [7]	校十　大十七	卅九才	陸總副署長（副師長）	
海	傅洪讓 [8]	海校廿三年	四二才	第三艦隊參長	
	蔡人昌 [9]	校十一　大十八	攸縣	卅八才	第二局參謀（團長軍參長）
	鄭士瑞 [10]	校八　大十六	天津	四一才	第一廳組長（團長）
	王雨農 [11]	校七砲　大特	曾任團旅長	四三才	

1　范伯超，時任空軍高射砲兵司令部二級副司令，5 月入國防大學校聯合作戰系受訓。

2　劉景揚，又名久揚，號獨深，遼寧營口人。原任裝甲兵旅第四總隊總隊長，1953 年 2 月調任裝甲兵旅副參謀長。1954 年 4 月調任國防部第二廳副廳長。

3　牟秉釗，字履冰，湖北利川人。1950 年 10 月任海軍汾陽艦艦長，後升任海軍總司令部第二署第一處處長。1953 年 1 月調任該署第二處處長。1955 年 5 月，調任海軍洛陽艦艦長。

4　沈伯賢，號德先，浙江杭州人。時任第八十七軍幹部訓練班組長，5 月入國防大學校聯合作戰系受訓。

5　吳文義，吉林長春人。時任海軍陸戰隊幹部訓練班教育長，5 月入國防大學校聯合作戰系受訓。

6　王昌銳，時任海軍永壽艦艦長，5 月入國防大學校聯合作戰系受訓。

7　王公堂，字鳳來，山東高密人。1950 年 12 月任陸軍總司令部第二署副署長，1953 年 5 月入國防大學校聯合作戰系受訓，1954 年 7 月任第二軍第五十七師師長。

8　傅洪讓，號揖如，江西豐城人。1952 年 8 月，調任海軍第三艦隊參謀長。1954 年 4 月調任國防大學校教官。

9　蔡人昌，湖南攸縣人。時任總統府第二局陸軍參謀，5 月入國防大學校聯合作戰系受訓。1954 年 7 月，調任第十軍參謀長。

10　鄭士瑞，天津市人。時任國防部第一廳第一組陸軍組長，5 月入國防大學校聯合作戰系受訓。

11　王雨農，時任陸軍軍官學校預備幹部訓練班班主任。

應升　史逸中[1]　校十一　大十八　　曾任連長副署長　卅七才

團附　謝肇齊[2]　校六騎　英軍校　美參校　曾任旅師長　四六才　閩武平

　　　王國璋[3]　卅一　舒城　兵工校　聯勤上尉聯絡官（留美）

　　　羅中揚[4]　卅九　邵陽　校八　航二　警衛旅副

防大　張建勳〔勛〕[5]　卅七　河北　校十一　陸校廿四期副總隊長（團長）

陸大教官　鄭長海[6]　五組長
　　　　　諶志立[7]　校八　大十六　團長　　　四二才　沔陽
　　　　　薛敏泉　校六　大十一　閩　軍長　四四

7.馮啟聰[8]　粵　　四〇　　黃埔海校　　　海軍登陸艦隊司令

4.彭啟超　黃陂　四〇　　武漢分校七　　保安副參長　已任團長

10.陳御風[9]　遼寧　空軍三廳副

6.俞方瀾[10]　江西　卅八　　副師長　國防部參事室參謀　高教班

1　史逸中，號曾榮，江蘇溧陽人。時任陸軍軍官學校學生第二總隊總隊長，後任陸軍軍官學校預備幹部訓練班班主任。
2　謝肇齊，福建武平人。原任陸軍步兵學校教育長，1953年10月調任陸軍軍官學校教育長。1954年9月升任陸軍軍官學校校長。
3　王國璋，安徽舒城人。時任聯勤總司令部聯絡官。
4　羅中揚，號澄波，湖南邵陽人。原任情報學校教育長，1953年6月調任空軍警衛旅副旅長。
5　張建勛，時任陸軍軍官學校第二十四期學生總隊副總隊長，5月入國防大學校聯合作戰系受訓。
6　鄭長海，時任國防大學校教官第五組主任教官。
7　諶志立，時任國防大學校教官第一組陸軍主任教官。
8　馮啟聰，字伯曼，廣東番禺人。時任海軍登陸艦隊司令部司令，5月入國防大學校聯合作戰系受訓。1954年3月，調任海軍兩棲訓練司令部司令。
9　陳御風，本名步雲，遼寧蓋平人。原任國防部第三廳空軍副廳長、空軍總司令部第五署副署長，1953年4月升任署長。1954年10月調任空軍總司令部主計室主任。
10　俞方瀾，1952年9月出任國防部參事室高級參謀，1953年5月入國防大學校聯合作戰系受訓，7月調任國防大學校教官第三組陸軍教官。

3. 張　純[1]　湘鄉　四六　　東防副司令　　校五　大十五

8. 黎天鐸[2]　江西　四○　　陸戰隊總隊長　校十　大十八

李鈞世[3]　瓊山

9. 郭　永　五十二軍軍長

5. 張載宇　合肥　校七交　營長　四○　第二補給分區司令

2. 陳聲簧[4]　寧鄉　交輜　　四七　團長　基隆運輸司令

1. 鄭為元[5]　合肥　留義　　四○　團長　陸總第五署長　校八

防大　王公堂　高密　軍校十　防一　陸總二署副

孫世篤　吳江　兵工校　留美　卅七才　兵工署組長

王茂山[6]　天津　幹校　卅八才　海指揮部政治部

趙聚鈺　衡山　復旦　中信局　四四才　杭州、臺灣分局長

情報　王　昇　龍南　幹校　卅八才　幹校教育長

教育　王志鵠　崇明　意大利農學院　四八才　宜蘭農校長

游擊　傅　雲[7]　奉化　黨校　四六才　政治部組長

教育　潘振球　幹校　卅七才　成功中學校長

游擊　徐貴庠[8]　蕪湖　燕京　卅九才　游擊幹訓班政治部

魏毅生　河南　西北軍校中央警校軍高與情報校　政治部組長　四四才

1　張純，字紹寅，湖南湘陰人。1950 年 10 月，任臺灣東部防守區司令部副司令官。
　　1953 年 10 月，調任預備兵團副司令官。

2　黎天鐸，原任海軍總司令部第三署副署長，1953 年 4 月調任海軍陸戰隊警衛總隊總隊
　　長，5 月入國防大學校聯合作戰系受訓。

3　李鈞世，時任國防部大陸工作處專員，5 月入國防大學校聯合作戰系受訓。

4　陳聲簧，1950 年 10 月出任聯勤總司令部基隆運輸司令部司令，1953 年 5 月入國防大
　　學校聯合作戰系受訓。

5　鄭為元，安徽合肥人。1951 年 2 月，任陸軍總司令部第五署署長，1953 年 5 月，入國
　　防大學校聯合作戰系受訓。1954 年 7 月，升任第一軍團參謀長。

6　王茂山，1954 年 12 月升任海軍艦隊指揮部政治部政工主任。

7　傅雲，字壯飛，1951 年 8 月出任國防部總政治部第五組組長，1954 年調任臺灣省社會
　　處處長。

8　徐貴庠，安徽蕪湖人。時任國防部游擊幹部訓練班政治部主任。

賀　元[1]　山東　軍校五　俄步

楊　蔚[2]　河南　白萬祥[3]　山東

王維理[4]　無錫　復旦　卅九才　內調局處長　陳建中荐

蘇令德　雲南河西縣　講武堂十五期　高教班一陸大特班　四九才

曹　敏[5]　幹校教授　安徽　曾任皖省黨部書記長

錢伯英[6]　黃岡　校八　院十六　李彌指揮部參謀長　四二才

立委　張希哲[7]　粵陽江　政大　卅六才　教部司長　中宣部處長

趙耀東[8]　鎮江　留美（麻工）卅八才　中本紡織總經理

趙國才[9]　山西　漢陽兵工專校　留美　四二才　六一兵工廠長

金克和[10]　財部司長

郭克悌

關德懋[11]　皖　留德工大　駐德館秘書　行政院秘書　紡公司董事

1　賀元，號叔昭，山東日照人。時任雲南反共救國軍總指揮部政治部主任。
2　楊蔚，字庭芳，河南商城人。1950 年 6 月任國防部總政治部高級參謀兼設計委員，1957 年 7 月任內政部役政司司長。
3　白萬祥，字建生，山東聊城人。歷任第六軍政治部主任、第三軍政治部主任。1956 年 6 月，調任國防部總政治部第一組組長。
4　王維理，號干一，江蘇無錫人。時任內政部調查局第一處處長。
5　曹敏，字慎之，安徽太平人。曾任安徽省黨部書記長，1956 年 2 月，任國防部政工幹部學校主任教官。
6　錢伯英，號伯蔭，時任滇緬反共救國軍總指揮部參謀長。
7　張希哲，1950 年 3 月至 1951 年 1 月任教育部總務司司長。1950 年遞補為立法委員，長期任教育、僑政、外交等委員會委員。
8　趙耀東，1950 年擔任中本紡織公司總經理，1951 年籌建臺北紡織廠，1959 年派赴南越協助建立紡織廠。
9　趙國才，時任聯勤總司令部第六十一兵工廠廠長，後任聯勤總司令部兵工生產署署長、中正理工學院院長。
10　金克和，1949 年隨政府遷臺，任財政部參事，1951 年接掌財政部錢幣司司長，兼任外匯貿易審議小組華僑暨外國人投資審議委員會委員，代理央行貨幣政策與外匯管理等業務長達 16 年。
11　關德懋，1946 至 1953 年任中國紡織建設公司購料委員會副主任委員，參與中紡撤臺復廠事宜。1955 年啣命赴德，聯繫自由俄聯及安排德國議員訪華。

臺　　何建民 [1]　嘉義　中山大學　浙省府秘書　習藝所長　謝東閔荐

　　　謝耿民 [2]　餘姚　中山大學　石炭調整會　財廳長　國庫局長

　　　周友端 [3]　臨海　中國大學　財廳副　　　（任顯羣）

財　　鮑亦榮 [4]　紹興　之江大學　臺北捐稅處（任顯羣）

俄　　鄭學稼 [5]　閩　　東南大學　四九才　臺大法學教授（俄題）

教會　牛若望　霍濟克〔光〕

　　　葉明勳 [6]　浦城　　四一才　協和大學與金大　中華日報

　　　陳在和 [7]　閩　　　卅四才　馬尾　　　　　　參謀團副代表

　　　姚爾鈺 [8]　桂宗炎 [9]　海三署　四艦隊參長

　　　梁序昭

　　　馮啟聰

　　　馬明道　馬賦良 [10]　駐埃武官

　　　張平羣

　　　陳裕清 [11]

　　　董宗三〔山〕[12]

1　何建民，臺灣嘉義人。曾任浙江省政府秘書，時任臺灣省立習藝所所長。
2　謝耿民，浙江餘姚人。時任臺灣省政府委員兼財政廳廳長。
3　周友端，浙江臨海人。時任臺灣省政府財政廳副廳長。
4　鮑亦榮，字仁之，浙江紹興人。時任臺北市稅捐稽徵處處長。
5　鄭學稼，福建長樂人。歷任臺灣大學、政治作戰學校、政治大學東亞研究所教授。
6　葉明勳，字夏風，福建浦城人。1945 年 10 月，以中央通訊社臺灣特派員身分，由重慶偕同國民政府首批前進指揮所人員到臺灣。1946 年至 1950 年擔任中央通訊社臺北分社主任，並連任臺灣省新聞記者公會四屆理事長。1951 年至 1955 年擔任臺灣《中華日報》社社長。
7　陳在和，福建閩侯人。曾任海軍永順艦艦長，時任海軍總司令部參謀團副代表。
8　姚爾鈺，時任海軍總司令部第三署署長。
9　桂宗炎，廣東南海人。時任海軍第四艦隊參謀長。
10　馬賦良，新疆阿克蘇人。1947 年 12 月至 1951 年 3 月任駐伊斯坦堡領事館領事。
11　陳裕清，福建莆田人。曾任福建《中央日報》總編輯、中央宣傳部專員、中央海外部科長、紐約州《美洲日報》總編輯、《中央日報》駐美特派員。
12　董宗山，湖北天門人。時任國防部保密局副處長。

曹文彥[1]　朱撫松[2]　溫嶺　四五才　自由中國月刊　臺大教授

吳世英[3]　鄭南渭[4]

鄭寶南[5]

江濟〔季〕平[6]　｝　廷黼〔黻〕保　　廷黼〔黻〕荐

外交　魏學仁[7]

陳澤華[8]　紹興　柏林大學　四五才　委內瑞拉公使

陶振譽[9]　（外交部）漁業增產會

未入黨　鍾皎光[10]　梅縣　美理工大學　臺大機械系

　　　　蔣士彥〔彥士〕[11]　杭州　留美　農復會秘長

　　　　夏之驊[12]　六安皖　留美　閩農業改正處　農復會技正

　　　　王　民[13]　合肥　安大　新生報總主筆

　　　　王中柱[14]　武進　政大　卅九　中央日報撰述委員

1　曹文彥，字臥雲，浙江溫嶺人。1953 年 8 月任臺灣大學法律專修科教授，1954 年 6 月任教育部國際文教處處長。

2　朱撫松，湖北襄陽人。1950 年 5 月，任行政院簡任秘書。1952 年 5 月調任行政院參事，11 月調任外交部情報司司長。

3　吳世英，北平市人。時任駐韓大使館參事。

4　鄭南渭，浙江定海人。1950 年至 1965 年任臺灣銀行研究員，期間並擔任英文《中國日報》社長兼總編輯。1965 年 10 月，調任行政院新聞局駐舊金山辦事處主任。

5　鄭寶南，號南生，廣東番禺人。時任出席聯合國救濟善後總署第七屆大會副代表。

6　江季平，福建閩侯人。時任常駐聯合國代表團公使銜顧問兼秘書長。

7　魏學仁，字樂山，南京人。時任常駐聯合國代表團公使銜顧問。

8　陳澤華，浙江紹興人。1947 年 8 月 14 日受命為駐委內瑞拉臨時代辦，12 月 21 日到任，1953 年 8 月升參事，1954 年 8 月 12 日離任。

9　陶振譽，安徽天長人。1953 年 9 月任臺灣省立師範學院史地系教授，1955 年 2 月任中央研究院近代史研究所籌備處專任研究員。

10　鍾皎光，字高光，號明達，廣東梅縣人。1948 年前往臺灣大學機械系任教，1953 年任系主任，次年任臺灣大學工學院院長。

11　蔣彥士，浙江杭州人。1948 年至 1961 年擔任中國農村復興聯合委員會技正、秘書、副執行長、執行長、秘書長、委員等職。

12　夏之驊，號天馬，安徽六安人。時任中國農村復興委員會技正、組長。

13　王民，字嘯生，安徽合肥人。1953 年 3 月任行政院參事，仍任《臺灣新生報》總主筆。

14　王中柱，江蘇武進人。時任《中央日報》撰述委員。

謝然之 [1]

曾恩波 [2]　肇慶　燕京

李荊蓀　無錫　政校

錢　震 [3]　東海　政校

王家棫 [4]　常熟　沈宗琳 [5]　光華　中國公學

陳慶瑜 [6]　常熟　東南大學　財政次長

巴壺天　滁縣　自修　國譯編輯館　　　　　——（健中保）

徐澤宇〔予〕[7]　臨海　哥侖比亞碩士　中央日報　／

李蘊權 [8]　川　　中警　三九才　中行專員　黨務（羅才榮 [9]）

謝君韜 [10]　江陰　政校　三八才　招商局　　　　（李士英）

劉宗向　紹唐　錦州　政治部國魂月刊

吳邦護 [11]　對金融有研究

何得萱 [12]　湘鄉　留德　兵工校一期　兵工學校教長

1　謝然之，字炳文，浙江餘姚人。1949 年 5 月隨陳誠調往臺北，接任《臺灣新生報》社
　　長兼總編輯。
2　曾恩波，廣東肇慶人。時任中央通訊社總社英文部主任兼副總編輯。
3　錢震，字伯起，江蘇東海人。1950 年 2 月任《大華晚報》社社長，1953 年 7 月任《中
　　央日報》總編輯。
4　王家棫，筆名王孫、朴人，江蘇常熟人。歷任行政院新聞局副局長、局長、顧問，時
　　任中央通訊社副社長。
5　沈宗琳，江蘇江陰人。歷任中央通訊社編輯部副主任、主任、總編輯。
6　陳慶瑜，字瑾功，江蘇常熟人。時任財政部政務次長。
7　徐澤予，浙江臨海人。時任《中央日報》總經理。
8　李蘊權，號敦五、真如，四川三台人。時任中央銀行業務局專員。
9　羅才榮，號言侃，四川瀘縣人。1949 年任青年服務團副團長，旋轉任東部防守區政治
　　部主任。1952 年 3 月任中國國民黨中央改造委員會第二組副主任，11 月調任中央委員
　　會第一組副主任，至 1961 年 3 月離任。
10　謝君韜，江蘇江陰人。曾任招商局訓練委員會秘書、僑務委員會專門委員、華僑通訊
　　社社長。
11　吳邦護，號先培，四川合江人。時任內政部電檢處顧問。
12　何得萱，號樹之，湖南寧鄉人。時任兵工學校教育長。

劉岫青[1]　嵊　　政校　地政　　四八才　內政部司長

李煥之[2]　武進　大夏　四三才　立委　組織部

李國幹[3]　河南　清華　工試所主計室副

王任遠[4]　清苑　朝陽大學　四三才　立委北方特派員

洪其琛[5]　東臺　武漢大學　田糧署長

羅雲平[6]　安東　留德　工業學　四一才　臺省工學院教授

阮維周[7]　安徽　留美　臺大地質系主任（鳳翔[8]保）

徐家驥　江西　留法　五十二才　研究院講座

張有德[9]　吳興　電信專校　四十二才　國際電臺業務科長

程嘉垕[10]　南通　麻省理工　航空研究院副

阮毅成[11]　杭　　巴黎大學博士　五十才

1　劉岫青，號雨生，浙江嵊縣人。1949 年 9 月任內政部地政司司長，後任地政署副署長。

2　李煥之，江蘇武進人。1951 年遞補江蘇省第二選區第一屆立法委員。

3　李國幹，字作藩，河南商城人。時任工業試驗所主計室副主任，1955 年時任臺灣土地銀行監察人。

4　王任遠，河北清苑人。出身軍旅。1946 年為制憲國民大會代表。1948 年在天津市當選第一屆立法委員。1950 年隨政府播遷來臺，奉派組織大陸工作同志，負責北方地區的敵後佈建。

5　洪其琛，號獻庭，江蘇東臺人。時任財政部田糧署分配處處長。1960 年 6 月接任臺灣製鹽總廠總經理。

6　羅雲平，生於安東鳳城。1949 年 5 月在臺灣省立工學院擔任教授。1956 年 8 月任成功大學教授兼工學院院長。

7　阮維周，安徽滁縣人。1950 年起在臺灣大學地質系任教，從事岩石學與地球化學之教學和研究工作。其間曾任地質學系系主任和理學院院長達十年之久。

8　谷鳳翔，字岐山，察哈爾龍關人。1952 年 10 月，任中國國民黨中央委員會副秘書長。1954 年 6 月，調任司法行政部部長。

9　張有德，字聿修，浙江吳興人。時任交通部臺北國際電臺業務科科長。

10　程嘉垕，號伯高，江蘇南通人。1952 年 7 月任航空研究院副院長，1956 年 5 月調任空軍技術局副局長。

11　阮毅成，字靜生，號思寧，浙江餘姚人。歷任《臺灣日報》、《中央日報》社長、《東方雜誌》主編、中山學術文化基金會董事兼總幹事、政治大學教授兼法律系主任、世界新聞專科學校教授等職。

　　　　洛桑益西[1]　蒙藏委員　民社黨

　　　　歐陽鶩　瀋陽馮大　拉薩拉嘛

藏 —— 格桑曲批[2]　空參校　第一大隊參謀

　　　　劉恩霖[3]　遼　綏中　校十一　土陸大　曾任營長

回 —— 劉炳漢[4]　滄縣　校十一　土陸大　全上　參校教官

　　　　馬賦良　新疆　輔仁　資料組

左曙萍

姜漢卿[5]　衢縣　陸大十四　雲南總部　滇西指揮所參長　四二才

黃維良[6]　餘姚　校十三工　重大工科　美工校　卅六才　步校教官

黃建鏞〔墉〕　五十二軍副

　　　　馬福宗[7]　川　　兵琪〔棋〕室主任　不行

　　　　李念梓[8]　遼陽　幹校一　第十戰團政工主任　不實在

團區　謝復陽[9]　遼寧　洛分校四　卅九才

司令　郝培基[10]　校十四　　　　　花蓮團管區

1　洛桑益西，西康巴安人。民社黨籍，1949 年起任行政院蒙藏委員會委員。

2　格桑曲批，號世雄，西藏日喀則人。空軍參謀學校畢業，時任空軍第一大隊參謀。

3　劉恩霖，號霖之，遼寧綏中人。時任總統府戰略顧問委員會辦公室參謀。

4　劉炳漢，號和辰，河北滄縣人。時任陸軍指揮參謀學校教官。

5　姜漢卿，浙江衢縣人。1950 年 7 月至 1952 年 11 月任臺灣中部防守區參謀長。

6　黃維良，浙江餘姚人。時任陸軍步兵學校教育處科長。

7　馬福宗，四川人。1953 年 1 月任國防部第三廳兵棋室主任。

8　李念梓，遼寧遼陽人。1951 年 9 月任馬公要塞政治部主任。時任第十軍官戰鬥團政工
　　主任。1961 年 8 月任心理作戰總隊總隊長。

9　謝復陽，字東平，遼寧綏中人。歷任高雄團管區司令、雲林團管區司令兼雲林警備分
　　區指揮官，1959 年晉升臺東師管區副司令。

10　郝培基，河北棗城人。1951 年 3 月任第五十師第一五〇團團長，時任花蓮團管區司令。

傅嘯恆〔衡〕[1] 婁品璋[2] 通信 邱和義[3]（史政）同上？

？胡序荃[4] 軍校總隊長

？陳大綱[5] 兵工工程學院長

曾蔭槐[6] 江西 裝甲兵校

吳玉良[7] 溫嶺 四四才 校六大十三 陸總典範令研究會組長

張式琦[8] 湘鄉 卅三才 校十三大廿三期 卅二師副參長

32D 團長 {
謝實生[9] 南京 卅六才 校十二大廿一期
楊青坡[10] 河北 卅八才 陸大十九期 砲
李虎辰[11] 太安 卅四才 校十四期 趙琳[12] 劉安祺部

駱 斌[13] 河北 六一才 陸大九期 退役

---

1 傅嘯衡，湖南醴陵人。1951 年 3 月任第五十師第一四九團團長。
2 婁品璋，號瀕平，湖南瀏陽人。原任聯合勤務總司令部工程署器材司副司長、指揮官，1953 年 12 月調任聯合勤務總司令部工程署勤務組組長，1954 年 10 月調任陸海空聯合作戰通信人員訓練班主任。
3 邱和義，號德明，福建連江人。歷任國防部第三廳第一處副處長、第三廳組長，時任國防部史政處副處長。
4 胡序荃，號枕雪，貴州黎平人。時任陸軍軍官學校第二十四、二十五、二十六期學生總隊總隊長。
5 陳大綱，時任兵工工程學院院長。
6 曾蔭槐，字英懷，江西雩都人。1946 年任裝甲兵第一團團長，1949 年率部抵達臺灣。1956 年 1 月，任裝甲兵司令部副司令。
7 吳玉良，浙江溫嶺人。時任陸軍總部陸軍典範令研究會高級參謀兼組長。
8 張式琦，湖南湘潭人。時任第三十二師副參謀長，1958 年 5 月任臺灣省警備總司令部警備處處長。
9 謝實生，江蘇江寧人。原任國防部第三廳組長，時任第三十二師第九十四團團長，後任陸軍預備部隊訓練司令部副參謀長。
10 楊青坡，河北寧津人。時任第三十二師第九十五團團長，1959 年任陸軍總部第二署副署長。
11 李虎辰，山東泰安人。1951 年 1 月任第三十二師第九十六團團長。1955 年 5 月升任第三軍第三十二師參謀長。
12 趙琳，字靜塵，山東泰安人。曾任第三十二軍軍長。退役後，1958 年 1 月當選臺北市第四屆市議員。
13 駱斌，字江上，河北武邑人。曾任西北游擊幹訓班主任教官。

　　　徐　光[1]　子明　宜興　留德留美　歷史　臺大教授　六五才

　　　汪道淵　行政專校教授

　　　王建今[2]　鹽城　早稻田　　高級班　最高法院檢察官

　　　鄧翔宇[3]　湖北　法政學校　　　　　立委

　　　趙　琛[4]　五三才　東陽　檢察官

　　　劉修〔脩〕如[5]　四二才　湘　　社會司

　　　李荊蓀　卅四才　無錫　政校　中央日報總編輯

　　　葉明勳　卅七才　金大　　　　前中央社駐臺主任

　　　章任堪[6]

　　　崔承勳[7]　河南　軍校六　政治科　經濟部參事

政大　陳開泗　吳邦護（川）銀行（電檢處）　金克和　皖　錢幣司

　　　宋　澎[8]　河南　同濟　水利　建廳副（水利部次長）

1　徐光，字子明，江蘇宜興人。1948 年，渡海到臺灣，在臺灣大學主講西方史，後又兼
　　任東吳大學教授，主講《左傳》、《史記》。

2　王建今，江蘇鹽城人。1949 年 1 月任司法行政部主任秘書，5 月調任最高法院檢察官。
　　1969 年 12 月任最高法院檢察署檢察長。

3　鄧翔宇，字鶴九，湖北蒲圻人。曾任行政院參事、行政院第二組主任。1948 年由湖北
　　省第一區選為第一屆立法委員，任法制委員會委員。1958 年任立法院程序委員會召集
　　委員。

4　趙琛，字韻逸，浙江東陽人。1951 年 1 月，任行政院設計委員會委員兼司法組召集人。
　　1952 年任最高法院檢察署檢察長。

5　劉脩如，湖南新化人。抗戰勝利後為湖南省政府社會處處長。來臺後，任行政院內政
　　部社會司司長二十二年，擘劃社會行政、社會立法、社會福利等政策。

6　章任堪，浙江上虞人。歷任北平、南京、上海各地方法院及高等法院檢察官、推事、
　　東吳大學教授。抗戰勝利後，兼任《中央日報》主筆及中國國民黨中央設計委員會委
　　員。來臺後，任駐日大使館參事，1957 年起在臺北從事律師業務。

7　崔承勳，號雨亭，河南商城人。時任經濟部參事室簡派專員。

8　宋澎，字海涵，河南林縣人。歷任同蒲鐵路北段工程局局長兼總工程師、全國水利委
　　員會處長、經濟部水利司司長、河南省政府委員兼建設廳廳長、經濟部顧問兼水利署
　　署長。1947 年被選為行憲國民大會代表，1951 年 2 月任中國國民黨工礦黨部改造委員。

毛樹駿[1]　湘　　七五才　古樂研究

胡秋原[2]　雷笑〔嘯〕岑[3]　李秋生[4]

鄧傳楷　江陰　華盛頓大學　暨南？

孫桂藉〔籍〕[5]　哈爾濱　北平大學　立委　長春市長

陶振譽　皖　　清華與東京帝大　漁業增產委會

吳南如　宜興　華盛頓大學

俄通　卜道明　朱新民[6]　勾增啟[7]　蔡以典[8]　高　森[9]

馮世範　紹興　牛津　四七才　研究員　糧食部司長　中宣部處長

朱撫松　湖北　滬江大學　卅九才　情報司長

謝壽康　次彭　江西　留比

吳澤湘[10]　邵毓麟　川人　留英

1　毛樹駿，字覺民，湖南長沙人。曾任漢口國學專修館館長、湖南國學館主講，來臺後從事著述。

2　胡秋原，原名曾佑，筆名未明、石明、冰禪，湖北黃陂人。1948 年被選為立法委員。1951 年，到臺灣從事文化教育工作，歷任臺灣師範大學、政治作戰學校教授，中央研究院近代史研究所研究員。

3　雷嘯岑，筆名「馬五先生」，湖南嘉禾人。1947 年當選第一屆國民大會湖南省嘉禾縣代表。1949 年 7 月去香港、任《香港時報》社總主筆。

4　李秋生，號陳賓、旦文，北平人。1949 年 8 月擔任《香港時報》（Hong Kong Times）總編輯兼主筆、《正言報》總編輯。

5　孫桂籍，山東掖縣人。1948 年，經選舉成為哈爾濱市第一屆立法院立法委員。1949 年到臺灣，歷任中國國民黨第七屆、第九屆候補中央委員、中國國民黨中央黨部文化工作委員會委員等職務。

6　朱新民，字翼南，江蘇吳縣人。歷任總裁辦公室駐港辦事處主任、行政院政府發言人辦公室顧問、第一組組長。1954 年 5 月任行政院新聞局第一處處長。

7　勾增啟，號捷三，北平人。1950 年 7 月任外交部西亞司專門委員。1955 年 6 月派任駐伊拉克公使。

8　蔡以典，號孟平，湖南湘潭人。1949 年 2 月任外交部專員兼代科長。1953 年 4 月任駐伊朗大使館一等秘書。1954 年 2 月 3 日出任駐伊朗大使館一等秘書暫代館務。

9　高森，號恆山，河南南台人。時任國防部第二廳第三組副組長，主管蘇聯情報。

10　吳澤湘，字醴泉，四川成都人。1945 年 3 月受任駐智利公使，1946 年 12 月，駐智利公使館升格為大使館，升任大使。1950 年 3 月離任。回臺後，任外交部顧問。

方　豪[1]

凌〔淩〕鴻勳〔勛〕　哥倫比亞大學

曹文彥　溫嶺　留美　臺大教授　長英文　中央秘書

雷炎均[2]　國防部總聯絡官　臺山　航校三

汪子清[3]　漢口　卅八才　校十三　留英情報學校　情校教育處長　曾任希臘
　　　　武官

常持琇[4]　山東　卅三才　校十四　大廿一　五十軍副參長　50A　27D 團長

蒲啟長[5]　川　　卅九才　校十一　大十九　史政處　二百師參長？

孔令晟　常熟　卅五　　校十五　大廿二　陸戰隊一旅參長

孫世篤　吳江　兵工學校　留美兵工校　兵工署技術組長　卅七

糜壽泉[6]　萍鄉　軍需學校學員隊　75D 預財組長　卅六才

　　　辜振甫[7]　屏東　臺大與帝大經財　卅七才　葉明勳荐

臺藉〔籍〕劉兼善　屏東　早稻田政經　前臺省府委員

鄭　果

1　方豪，字杰人，浙江杭縣人。天主教神父，歷史學家。時任臺灣大學歷史學系教授。
2　雷炎均，出生於美國華盛頓州西雅圖。祖籍廣東台山。抗戰勝利後任中華民國駐日軍
　　事代表團員，在臺歷任美軍協防司令部主任聯絡官、中華民國空軍情報署署長、作戰
　　署署長、作戰司令、空軍副總司令。
3　汪子清，漢口人。曾任派駐希臘武官處武官，1946 年 11 月任國防部情報軍官訓練班
　　教務主任。1947 年 7 月情報軍官訓練班擴大為國防部情報學校，任教務處處長。1951
　　年 5 月任國防部情報參謀訓練班教務組組長。
4　常持琇，山東堂邑人。1951 年升任第五十軍作戰處處長，1953 年調任第五十軍第二十七
　　師第七十九團團長。
5　蒲啟長，字克五，四川崇寧人。時任第二〇〇師參謀長。
6　糜壽泉，江西萍鄉人。時任第七十五師預算財務組組長。
7　辜振甫，字公亮，彰化鹿港人，生於臺北市，來自鹿港辜家，為富商辜顯榮五子。1953
　　年 2 月，任經濟部顧問。1954 年 4 月，任臺灣水泥股份有限公司協理，11 月兼任常務
　　董事，1955 年 6 月辭協理職，專任常務董事。

邱希賀　戴傑夫[1]

謝志雨　葉會西

吳劍秋　漢分校　江陰　臺東師管區

陳寶華　鄂　　校七　　九十二師師長　　四二才

李其芬　阜陽　校六工　團長　　四六才　　任步校高班主任

張其中　焦嶺　校四步　大參班　四六才

王寓農　杭州　校七砲　砲校一　大特班　四二才

謝肇齊　武平　校六　　留英美參校（騎科）四五才

馬公亮[2]　嵊　　高教班一　交輜一　代四十一師長

趙　霞　王意〔寓〕農

許朗軒

胡祖峻[3]　十六期　　一廳參謀　　沔陽（人事分類）

高　森　　　　　　　　二廳對俄問題

徐鳳鳴　遼陽　交大與軍需學校　國防部預算局長

賀　元　日照　校五　俄步校　　政治部俄蒙問題

徐晴嵐[4]　端木愷

宋邦緯　杜　鼎

王雲五　周德偉　王　蓬

1　戴傑夫，號澤清，湖北沔陽人。時任第八十軍第五十一師副師長，1953 年 11 月升任
　　師長。

2　馬公亮，字月浪，浙江嵊縣人。1952 年 6 月，任第九軍第四十一師副師長，1954 年 7 月，
　　任第四十一師師長，1958 年 2 月任第九軍副軍長。

3　胡祖峻，號仲圃，湖北沔陽人。1950 年 7 月任國防部第一廳參謀，後升副主任。1955
　　年 3 月調任國防部計畫局法制官。

4　徐晴嵐，四川萬縣人。1950 年 8 月任中國國民黨中央改造委員會第六組副主任。1952
　　年 11 月任國民黨中央委員會第六組副主任。1956 年 12 月調任設計考核委員會副主任
　　委員。

歐陽鷟　四十一才　東北人　西藏拉麻僧

陳乃寧[1]　卅七才　溫嶺　浙大工科　交通部民航局

沈　偉　卅五才　江陰　校十七　　輜重　汽車第一團補給組長

1　陳乃寧，浙江溫嶺人。1950 年 1 月至 1962 年 11 月任交通部民航局技術處處長。

索引

蔣中正日記
Chiang Kai-shek Diaries

索引

蔣中正日記 (1953)
Chiang Kai-shek Diaries, 1953

著　　　者：蔣中正
授權出版：國史館館長 陳儀深
統籌策劃：源流成文化
總 編 輯：呂芳上 源流成
責任編輯：高純淑 張傳欣 蔣緒慧
封面設計：溫心忻 源流成
排　　版：蔣緒慧

出 版 者：民國歷史文化學社有限公司
臺北市大安區羅斯福路三段 37 號 7 樓之 1
TEL：+886-2-2369-6912

國史館
Academia Historica
臺北市中正區長沙街一段 2 號
TEL：+886-2-2316-1000

贊助出版：蔣經國國際學術交流基金會
Chiang Ching-kuo Foundation for International Scholarly Exchange

世界大同 文創股份有限公司
AGCMT CREATION CORP.

總 發 行：源流成文化股份有限公司
臺北市大安區羅斯福路三段 37 號 7 樓之 1
TEL：+886-2-2369-6912
FAX：+886-2-2369-6990

初版一刷：2023 年 10 月 31 日
定　　價：新臺幣 850 元
　　　　　美　元　32 元
ＩＳＢＮ：978-626-7370-25-4（精裝）
　　　　　978-626-7370-27-8（1948-1954 套書）

Republic of China History and Culture Society
http://www.rchcs.com.tw

ISBN 978-626-7370-25-4

9 786267 370254

蔣中正日記 (1953) = Chiang Kai-shek diaries,
1953/ 蔣中正著 . -- 初版 . -- 臺北市：民國歷史
文化學社有限公司 , 國史館 , 2023.10
　面；　公分
ISBN 978-626-7370-25-4(精裝)

1.CST: 蔣中正 2.CST: 傳記

005.32　　　　　　　　　　　112015567